LE JARGON & JOBELIN

DE

François Villon

SUIVI DU

JARGON AU THÉATRE

Texte, Variantes, Traduction, Notices, Notes & Glossaires

PAR

LUCIEN SCHÖNE

PARIS

ALPHONSE LEMERRE, ÉDITEUR

23-31, PASSAGE CHOISEUL, 23-31

M DCCC LXXXVIII

LE JARGON ET JOBELIN

DE

François Villon

SUIVI DU

JARGON AU THÉATRE

Tous droits réservés

LE JARGON & JOBELIN

DE

François Villon

SUIVI DU

JARGON AU THÉATRE

Texte, Variantes, Traduction, Notices, Notes & Glossaires

PAR

LUCIEN SCHÖNE

PARIS
ALPHONSE LEMERRE, ÉDITEUR
23-31, PASSAGE CHOISEUL, 23-31
—
M DCCC XXXVIII

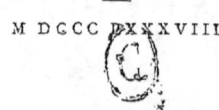

NOTICE

NOTICE

§ I

LA VIE ET LES OEUVRES DE FRANÇOIS VILLON

Les nombreux détails relevés dans les vers du poète ont repréſenté, juſqu'à nos jours, la partie la plus curieuſe et la plus exacte de ſa biographie, au profit de laquelle aucun document certain ne nous était parvenu. Villon a lié intimement les menus actes de ſon exiſtence à ſes poéſies : l'œuvre

& l'homme forment ainsi un tout, une unité; il conte ses joies & ses peines, exprime ses douleurs, confesse ses fautes, libelle de bons conseils, sans jamais abandonner la tournure persiflante & joyeuse de son esprit, & ce ton de commandement qui lui est particulier.

Né à Paris en 1431, François Villon[1], écolier de la grande Université parisienne (et probablement reçu *maître-és-arts*), composa, en 1456, ses *Lays*[2] ou *Petit Testament*, pièce spirituelle qui nous fait déjà connaître ses mauvaises relations, en même temps que sa pratique des choses & des hommes de justice : cachots du Chastelet[3], geôliers[4], juges & procureurs[5].

---

1 Il avait pris le nom de son protecteur, Guillaume de Villon, chanoine de Saint-Benoît à Paris. Des lettres de rémission, extraites des Archives nationales par M. Longnon et par M. Vitu, ont établi qu'il se nommait *Des Loges* ou *De Montcorbier*, mais le public continuera à l'appeler *Villon*, sans tenir compte de ces patientes recherches.

2 *Legs*. Le titre de *Petit Testament*, qui a prévalu, n'avait pas été donné par l'auteur (V. le huitain LXV du *Grand Testament*).

3 Huitain XXII :   *Voire mais, j'auray les Trois liés*
                   S'ils me meinent en Chastellet.

4 Huitain XXIX : Il lègue à ses amis : *son miroir...*
                   Et la grâce de la geolière.

5 Huitain XXI :   *Item à maistre Jehan Mautainé* (juge examinateur)
                  . . . .
                   Et à mon procureur Fournier...

L'année précédente, après avoir bleffé grièvement un prêtre dans une rixe, il avait été forcé de quitter momentanément Paris. Les pourfuites, les procès, les corrections, fe preffent & s'accumulent enfuite dans cette période mouvementée de fa vie, à laquelle fe rattachent les *Ballades en Jargon;* vraifemblablement, les fix ou fept pièces en furent écrites dans un court efpace de temps, fuivant de fort près l'apparition du *Petit Teftament.*

Une information judiciaire, dernièrement exhumée des Archives[1], nous le montre à la même époque (1456-57) au milieu de fes compagnons, écoliers, déclaffés de tous ordres, habitués du Petit-Pont[2] ou réfugiés de Notre-Dame[3]. Son intelligence s'appliquait alors à crocheter quelques coffres bien garnis[4], &, sans doute, à perpétrer ces farces légendaires qui, fous le nom

---

1 A. Longnon, 1877.
2 C'était le lieu principal de réunion pour la bohême du temps (V. au Gloffaire).
3 L'immenfe cathédrale jouiffait du droit d'afile ; tout un monde de larrons s'agitait fous la courbe gracieufe de fes arceaux, témoins de conciliabules peu édifiants.
4 Vol important au collège de Navarre (rue de la Montagne-Sainte-Geneviève : École polytechnique), objet de l'information judiciaire dont il eft queftion plus haut (V. au Gloffaire les mots : BERART, COFFRES).

de *Repeues Franches*, nous ont été tranfmifes par fes admirateurs[1].

Malheureux avec fes maîtreffes, trompé par l'une, accufé de blafphème par une autre[2], traîné à la charrette & battu aux carrefours de la ville[3], ayant un jour fubi l'horrible queftion par l'eau[4], condamné à la potence[5], le pauvre Villon finit par échouer à Meung-fur-Loire, près d'Orléans, dans un cul-de-baffe-foffe, on ne fait pour quel motif.

C'eft là qu'il paffa, fuivant fon témoignage[6], l'été de 1461 fous la rude main de l'évêque Thibault d'Auffigny, foumis au régime le plus dur. Nous l'y retrouvons à une date précife, le 1er ou le 2 octobre de la même année, lorfque Louis XI, rentrant en France à la mort de fon

---

[1] Les *Repeues Franches* ne font pas de Villon, c'eft maintenant un point incontefté; on les trouve cependant, à la fuite des œuvres du poète, dans la plupart des éditions.
[2] V. Sauve (fa) au Gloffaire.
[3] Pour les détails fur cette correction, v. Pelle au Gloffaire des Miftères.
[4] V. Baudrouse au Gloffaire.
[5] Un habile appel au Parlement le fauva de ce dernier pas. Trois pièces de Villon, dont deux petits chefs-d'œuvre, font les feuls documents connus à propos de ce grave événement de fa vie, mais elles font fort précifes : *Ballade au moment d'eftre pendu, Ballade de l'Appel, Requefte au Parlement* (pour remercier et obtenir un furfis).
[6] Premiers huitains du *Grand Teftament*.

père pour prendre poſſeſſion du trône, s'arrêta à Meung[1] et fit mettre le priſonnier en liberté : ſujet de vive reconnaiſſance pour le poète, en oppoſition avec l'âpre rancune contre l'évêque & ſes officiers, rancune ſi ſouvent & ſi curieuſement manifeſtée dans le *Grand Teſtament*[2].

La compoſition de ce dernier ouvrage marque pour Villon le terme de ſa vie aventureuſe. Probablement rimé loin de Paris[3], dans un état de calme & de bien-être que le poète n'avait pas encore connu, le *Grand Teſtament*[4] eſt rempli de bons conſeils, de profonds retours ſur ſoi-même, de conſidérations philoſophiques, adroitement coupés par les lays & les rondeaux, par les vives & originales ballades intercalées dans le texte. Il conſtitue, avec les pièces précédemment nom-

---

1 La Collection des *Ordonnances des Rois de France* contient, aux deux dates précitées, des lettres ou édits de Louis XI, ſignés dans cette petite ville.
2 Dernier vers du huitain II :

Tel luy ſoit Dieu qu'il m'a eſté !

3 En Anjou, où il avait un oncle religieux ; peut-être à Saint-Maixent, petite ville du Poitou qui paraît avoir ſervi de retraite à ſes dernières années.
4 La date de 1461 eſt donnée par le premier huitain, mais cet ouvrage contient diverſes pièces ſe rapportant aux différentes époques de la vie de l'auteur. On ignore abſolument quand il fut terminé.

mées & diverfes autres dont on trouvera les rubriques en note¹, tout ce qui nous eft parvenu de François Villon.

Ce n'eft pas à propos du Jargon qu'il convient d'examiner fon mérite littéraire, mérite complétement reconnu en nos temps modernes & chaque jour apprécié à plus haut titre², ainfi que fa prodigieufe habileté de verfificateur.

Son penchant marqué vers l'archaïfme nous a confervé de bien charmantes expreffions, accroiffant ainfi la fomme de reconnaiffance que lui

---

1 Voici les plus remarquables :

Épitaphe ou Ballade au moment d'eftre pendu avec fes compagnons.
Le Débat du Cœur et du Corps (ballade).
Épiftre à fes amis (ballade écrite de fon cachot de Meung).
Requefte à Monfeigneur de Bourbon (pour obtenir le prêt de quelques écus).
Ballade au nom de la Fortune.
Ballade contre les médifans de la France.

On ajoute généralement :

Le Franc-Archer de Baignollet et *Le Dialogue de Mallepaye et de Baillevent*, deux bijoux anonymes de notre théâtre comique ; le premier a toutes les apparences d'une œuvre de Villon ; le fecond, daté par la bataille de Nancy (1477), dont il eft queftion au vers 210, n'eft certainement pas de notre auteur.

2 « Villon n'eft pas feulement le poète fupérieur du XV⁵ siècle, « mais il eft auffi le premier poète, dans le vrai fens du mot, « qu'ait eu la France moderne, et il s'eft écoulé un long temps « avant que d'autres fuffent dignes d'être mis à côté de lui. » (*Anatole de Montaiglon, Les Poëtes Français, Paris, 1862. Tome I.*)

doivent fes fucceffeurs. Imité par fes contemporains[1], imité de Clément Marot[2] à Théodore de Banville[3], Villon fut le premier à exprimer du langage populaire les formes concifes, nettes, naïves & fouvent remplies d'une fpirituelle bonhomie, montrant ainfi la voie fuivie par Rabelais, Mathurin Regnier & La Fontaine[4].

---

[1] Le *Jardin de Plaifance,* forte d'anthologie publiée vers la fin du XVᵉ fiècle, renferme un grand nombre d'imitations de Villon ; plufieurs éditeurs ont cru pouvoir lui attribuer une partie de ces pièces. Le § *Ballade nouvelle,* de notre Notice, énumère divers ouvrages de la même époque, évidemment inspirés par les vaillantes rimes du pauvre écolier.

[2] V. notamment l'Épitre XXX, tirée de la *Requefte à Monfeigneur de Bourbon.*

[3] *Odes Funambulefques.*

[4] Les réminifcences contenues dans *Gargantua* et dans *Pantagruel* démontrent que Rabelais poffédait en fa mémoire l'œuvre de Villon. Il en ferait de même pour La Fontaine, au témoignage du Père Du Cerceau : *Lettre à M. De....,* à la fuite de l'édition Le Couftelier, Paris, 1723.

§ II

LE JARGON ET JOBELIN[1]

FRANÇOIS VILLON a laiſſé ſous ce titre ſix ballades jointes à la première édition de ſes œuvres, en 1489, et depuis régulièrement reproduites dans les trente éditions diverſes du poète pariſien.

---

1 Le titre eſt libellé d'après Pierre Levet ; on rencontre dans d'autres éditions : *Le Jargon ou Jobelin*.
  Le vers 18 des *Repeues Franches* (antérieures de quelques années à ces publications) nous fournit : *Jargon Jobelin* ; ce ſerait, je crois, la plus ancienne et la meilleure appellation, car il n'eſt nullement certain que la rubrique ſoit de Villon. D'autres exemples de pièces du poète, décorées d'un titre par les éditeurs, autoriſent l'émiſſion de ce doute.
  Villon n'emploie *Jobelin* dans aucun de ſes vers ; on ne peut donc préciſer ce qu'il entendrait en qualifiant ainſi ſon Jargon. Notre mot *Jobard* paraiſſant deſcendre de la même ſource, l'explication

On ne sauroit dire si le public de son temps comprenoit aisément ce langage ; ce qui est certain, c'est qu'en 1532 la tradition en étoit déjà presque éteinte, car CLÉMENT MAROT, dans la préface des Œuvres de Villon, publiées à cette date par ordre de François Ier, s'exprimoit ainsi :

« Touchant le Iargon, je le laisse à corriger
« & exposer aux successeurs de Villon en l'art de
« la pinse & du croq. »

Trois siècles après, l'abbé PROMPSAULT, en commentateur laborieux *(Paris, Techener, 1832, in-8°)* essayoit de traduire la première ballade dans l'espoir d'y rencontrer quelques renseignements sur l'existence de l'auteur, mais sans obtenir aucun bon résultat[1].

---

la plus plausible seroit : *Langage pour attraper les jobards,* comme aux passages suivants : *Repeues Franches,* vers 17 :

    Les hoirs du deffunct Pathelin
    Qui sçavez jargon jobelin.

Farce de Colin, filz de Thévot le maire, Anc. Th. français, II, 399 :

    Je n'entens point son jobelin.
    Parle-il françoys ou latin ?

Postérieurement, *jobelin* devint, avec *badin, naudin* et tant d'autres, l'un des nombreux synonymes de niais, nigaud, jobard.

1 On trouvera aux mots : *Blanchir, Essurger, Flos, Floterie, Plain,* des détails qui semblent confirmer une opinion déjà émise par M. Campaux : Villon connaissait bien le métier de tanneur ou mégissier, auquel le pauvre écolier a peut-être demandé quelquefois son pain. C'est la seule indication biographique nouvelle.

Dans son ouvrage détaillé sur Villon & ses œuvres, M. CAMPAUX *(Paris, Durand, 1859, page 266)* se borne à exprimer le regret de ne pas comprendre ces ballades, « l'interprétation « du Jargon offrant de l'intérêt au point de vue « de l'histoire de notre langue. »

M. PIERRE JANNET, l'un des meilleurs éditeurs du poète *(Nouvelle Collection Jannet-Picard, Paris, 1867)*, dit dans sa note sur le Jargon, page 224 : « Tous les éditeurs de Villon « ont reculé devant l'explication de ces ballades « en argot. Je suis leur exemple ; mais cela ne « doit pas décourager ceux qui voudraient tenter « l'entreprise. En recueillant avec soin toutes les « variantes des anciennes éditions, en rappro-« chant les ballades de Villon des monuments « assez nombreux de ce langage qui nous restent « du XVe siècle & du commencement du XVIe, « on arriverait probablement à quelque chose de « satisfaisant. »

M. PAUL LACROIX écrit à son tour dans l'édition *Jouaust, 1877, page 301 :* « Nous « avions l'espoir de traduire enfin le Jargon qui « n'était plus déjà très intelligible du temps de « Marot, mais il nous a fallu renoncer à ce

« travail, pour lequel nous manquions de toute
« eſpèce de ſecours philologiques, car l'argot du
« xvᵉ ſiècle diffère complétement de celui qui
« eſt encore en uſage dans le bas peuple. Pour
« éviter de nous tromper comme Prompſault,
« nous laiſſerons au lecteur le ſoin de chercher
« le mot d'une énigme devant laquelle tous les
« OEdipes modernes ont reculé. »

Enfin, le dernier en date des commentateurs, M. Louis Moland *(Paris, Garnier frères, 1879, page 185)* ſe borne à cette note ſommaire : « Pas plus que nos prédéceſſeurs, nous n'avons « la prétention de traduire ces pièces écrites en « argot du temps. »

Après ces nombreux érudits & un eſpace de quatre ſiècles écoulés ſur l'œuvre, il y aurait eu témérité à eſſayer une interprétation du Jargon Jobelin en ſuivant la tradition, ſi une nouvelle voie ne m'avait ouvert en partie ce rébus du temps de Charles VII : j'avais cru y reconnaître, en effet, l'emploi de mots étrangers au vieux français, & la réflexion me vint bientôt que la longue occupation anglaiſe[1] devait avoir

---

[1] La guerre de Cent ans prit fin en 1453. — Le Jargon date de 1455-1456.

laiffé des traces dans le langage populaire & furtout dans le vocabulaire de la population hantée par Maiftre François.

Nous retrouvons donc ici quelques veftiges du baragouin bizarre évidemment parlé dans les ruelles de Paris entre les Anglais, armée, pourvoyeurs, etc., etc., & la portion du peuple frayant avec eux.

L'ennemi avait évacué Paris en 1436[1], après l'avoir occupé près de vingt ans, mais pendant treize ou quatorze ans encore, il reftait aux abords de la capitale, occupant la Normandie jufqu'à Vernon[2]; on peut donc admettre que, durant cette période, dont une grande partie s'écoula au milieu des meilleures relations entre les deux camps, l'ufage de certains mots fut entretenu dans les tavernes, dans les ruelles & chez la Groffe Margot & Marion l'Ydolle[3], tandis que les prifonniers le confervaient dans leur milieu fpécial.

Il faut rappeler ici que les Anglais avaient en

---

[1] Villon avait alors cinq ans.
[2] Le fiège de Vernon, à quinze lieues de Paris, n'eut lieu qu'en août 1449.
[3] Ces perfonnages figurent dans le *Grand Teftament*.

France, à ce moment, de nombreux partisans dans toutes les classes. D'autre part, les Écossais étaient venus combattre dans nos rangs, & former ainsi la souche de la garde royale écossaise.

Dans son *Pantagruel*, Rabelais plaisante le langage « *Escosse-François* » de ces mercenaires[1], & l'on rencontre dans cet auteur, dans Clément Marot & dans les Farces du temps, les dernières expressions anglaises résistant encore : *Drinc*[2], *Dringuer*[3], *Drongart*[4], *Fallot*[5], *Goudfallot*[6], *Guodepie*[7], *Gaudepiser*[8], *Sarpe*[9], etc. On voit que ce sont des termes de cabaret ; les jurons, les exclamations persistent aussi volontiers : Villon, dans ses poésies, emploie *Brelare*

---

[1] Livre IV, chap. XL.
[2] Cl. Marot : *Rondeau du Guay,* vers 10 — *Drink,* boire, ou substantivement : le boire, la boisson.
[3] Cl. Marot : *Second colloque d'Erasme,* vers 377 — boire, absorber.
[4] *Farce du Cousturier,* anc. Th. français, t. II, page 174 — *Dronkard,* ivrogne (Palsgrave, page 215).
[5] Marot : *Épitaphe de Jean Serre,* vers 2 — *Fellow,* compagnon.
[6] Rabelais : *Pant. III,* ch. XLIII — *Good fellow,* bon compagnon, bon garçon.
[7] Rabelais : *Pant. IV,* ch. XL — *Goodpie,* bon pâté, bon gâteau, tarte.
[8] Rabelais : *Pant. II,* ch. XIII — Verbe formé sur le mot ci-dessus : mettre en tarte, en gâteau.
[9] Rabelais : *Pant. II,* ch. XVII — *Sharp,* fripon, coquin (V. SARPES, au Glossaire).

Bigod[1], *Hohecte*[2], tandis que, pendant de longues années encore, le peuple appellera les Anglais : *Godons*[3], en souvenir de leur juron favori : *Goddam!* & décernera le titre de *Mil-*

---

[1] *By'r lord by God!* Par notre Seigneur Dieu! (*Grand Teſtament*, huitain CXL). Les commentateurs de Villon l'ont toujours expliqué par l'allemand : *Verloren bey Gott!* (perdu, mon Dieu!) qui ne s'accorde pas avec le ſens du huitain ; mais déjà, M. PROFILET, dans une thèſe ſur Villon (Faculté de Nancy, 31 mai 1856) avait ſignalé ce juron comme anglais, et M. RA-THERY, dans un ouvrage où l'on ne s'attendrait pas à le rencontrer (*Relations ſociales et intellectuelles entre l'Angleterre et la France*, Paris, 1856, in-8°, page 17) cite le *Brelare Bigod* de Villon et en donne auſſi l'interprétation rapportée plus haut.— Notre mot français *bigot*, paraît même avoir tiré ſa ſignification moderne du *By God* des inſulaires pour qualifier les gens qui invoquent Dieu à tout propos (V. Littré). La prononciation de *Bygod* au XVᵉ ſiècle eſt aiſée à reproduire : dans la ſtrophe de Villon ce juron ſert de rime à la *Groſſe Margot*.

Mais voici un exemple concluant, tiré d'un ouvrage écrit en 1488 par l'hiſtorien Robert Gaguin :

> *Jamais Françoys bien ne ſaura*
> *Jurer bi god, ni brelare,*
> *By my troſt*, ...

Le Paſſe-Temps d'Oyſiveté, reproduit dans les *Anc. Poéſies franç.* VII, 271.

[2] *Ho-Height!* Cette interjection eſt ſouvent corrigée par les éditeurs faute d'être compriſe (*Grand Teſtament*, huitain XCVII).

[3] Ce ſurnom était univerſellement adopté ; dans le *Miſtère du Siège d'Orléans* Jeanne d'Arc et les autres perſonnages l'emploient à tout inſtant pour déſigner les Anglais.

Le Courroux de la mortᵉ contre les Angloys (époque de Louis XII), *lour* (mylord) à tous les gens richement vêtus[1].

L'auteur inconnu du *Miſtère du Siège d'Or-léans*[2] (écrit entre 1439 & 1450 en une langue correcte) laiſſe parfois échapper un de ces mots étrangers francifés par l'ufage; c'eſt ainfi qu'au vers 20,079, *La Hire* nous furprend en répondant à *la Pucelle*:

> Ne vous fouciez, j'entent bien,
> Devant les vois a ce drader[3].

En raifon de la longue durée du contact avec l'ennemi, on doit confidérer ces citations comme bien faibles, car, en dehors de l'armée & de fa fuite, l'établiſſement des Anglais dans certaines provinces avait amené des alliances dont Mon-

---

reproduit dans les *Anciennes Poéſies françaises,* tome II, page 79 :
> *Par quoy je tiens mes ennemys*
> *Ces paillars godons d'Angleterre...*

Guillaume Crétin, *Invective fur la journée des Éperons* (1513), vers 23 :
> *Criant : qui vive! aux godons d'Angleterre...*

[1] V. MILLOURS au Gloſſaire des Miſtéres.
[2] *Documents inédits fur l'Hiſtoire de France,* Imprim. impér., 1862.
[3] « Je vais devant afin de les effrayer. » *Drede,* frayeur, crainte, effroi (Palfgrave, page 528, actuellement *dread*).

taigne fe plaint encore[1] : « Il eſt une nation à
« laquelle ceux de mon quartier ont eu jadis ſi
« privée accointance qu'il reſte encore en ma
« maiſon aucune trace de leur ancien couſinage. »
Auſſi faut-il obſerver, par contre, la connaiſſance
alors fort répandue de la langue françaiſe parmi
les envahiſſeurs[2] & l'incorporation dans l'armée
anglaiſe d'un grand nombre d'habitants des provinces occupées.

Cette longue juſtification, s'appliquant à la
préſence de vocables anglais[3], ne doit pas tromper ſur la compoſition philologique du Jargon
de Villon ; ces ballades ſont écrites en un vieux
français ſouvent obſcur ou déjà hors d'uſage à
cette époque, parſemé d'expreſſions à double

---

[1] *Eſſais*, liv. II, chap. 12.
[2] Rathery, de la Bibliothèque nationale, ouvrage cité ; les curieuſes dates ſuivantes ſont relevées par l'auteur ſur ce ſujet, page 7 :
« Juſqu'en 1362, en Angleterre, les plaidoiries avaient lieu en
« français ; juſqu'en 1385, les enfants étaient aſtreints, dans les
« écoles à ſe ſervir du français pour leurs devoirs et leçons ;
« juſqu'en 1435, les actes du Parlement, et, juſqu'en 1483, les
« actes publics des rois étaient rédigés en français. »
[3] Après la dernière occupation germanique, on pouvait entendre, dans nos provinces de l'Eſt, les gens du peuple et ſurtout les enfants demander de la « *flêche,* » des « *cartoffes,* » avant d'aller au « *chloffe.* » Je crois volontiers que ces cacophoniques défor- mations de *fleiſch* (viande), *kartoffel* (pomme de terre), *ſchlaf* (repos, ſommeil), ſubſiſtent encore en ces contrées, avec quelques autres d'un emploi auſſi fréquent.

entente : tout femble indiquer, de la part de l'auteur, l'intention d'accumuler les obftacles. Les termes affimilables à l'argot y figurent en nombre prefque égal aux mots étrangers, une trentaine environ ; mais les derniers conftituaient la principale difficulté de la traduction, le refte ne devant pas réfifter à un long travail de patience, ainfi que l'avait prévu M. Pierre Jannet, dans le paffage cité aux premières lignes de ce paragraphe.

Villon paraît avoir mis une certaine régularité dans la formation des fubftantifs fuivants, tous d'exemple unique & concourant tous à lui faciliter la rime ; auffi peut-on vraifemblablement lui en attribuer la paternité :

Arderie, Arrerie, Droguerie, Efterie, Faerie, Faierie, Flogie, Floterie, Hurterie, Luezie, Mouargie, Riflerie, Rurie, Suerie, Turterie.

Souvent les mots étrangers font placés par couples, affortis en vue de la rime, comme : *Bris, Fardis; Droguerie, Faerie; Hirenalle, Pirenalle; Mouargie, Flogie*, etc., conftituant un excellent contrôle pour les hypothèfes qui fubfiftent encore.

Devant la hardieffe de quelques-unes d'entre

elles, on voudra bien se souvenir que la reproduction correcte des vocables tirés de langues étrangères est un souci, une obligation du temps présent ; nos arrière-parents n'ont point connu ce souci & se sont dispensés de cette obligation[1]. Alors que nous nous efforçons de prononcer & d'écrire purement les néologismes adoptés par l'usage : *high-life, steeple-chase, railway* & tant d'autres, ceux qui nous ont été transmis antérieurement sont, pour la plupart, méconnaissables. Qui discerne aujourd'hui, à moins d'une légère

---

1 Pendant que Villon rimait ses ballades, voici comment, à des dates précises, les noms des personnages connus étaient écorchés par le public :

Salisbury, Suffolk, Worcester, Cornwall, grands seigneurs anglais qui figurent dans les chansons sur le comte de Warvick (1470-71), devenaient *Sallebrich, Seuffort, Vrursel, Croneuil*.

(*Chants historiques et populaires du temps de Charles VII et de Louis XI*, publiées pour la première fois d'après le manuscrit original par M. Le Roux de Lincy, Paris, 1857, pages 151 à 175).

Le Mistère du Siège d'Orléans, déjà cité (1436-50), ne massacre pas moins les noms de ses principaux acteurs. On y rencontre aussi *Sallebry, Suffort*, etc., à côté de *Fouquambergue* (Falconbridge).

Robert Gaguin écrit *Sestre, Vuetmaistre*, pour Chester, Westminster (*Le Passe-Temps d'Oysiveté*, 1488, première strophe).

Les auteurs de nos fabliaux sont plus fantaisistes :

Cocelestre (Glocester) dans *De Connebert*. — *Nichole* et *Cantorbile* (Lincoln, Canterbury) dans *La Male Honte*.

(*Recueil général des Fabliaux*, tome V, pages 95, 97, 161).

étude spéciale, l'origine de *Bicêtre, Boulingrin, Redingote?*[1]

Un point refte à déterminer : François Villon parle-t-il un langage vivant, ou s'eft-il plu à compofer ces pièces pour le divertiffement de fon entourage & de la gent écolière ou bafochienne[2] ? Je pencherais volontiers pour cette dernière explication. Nous ferions ainfi devant une fantaisie[3], une broderie exécutée sur le Jargon populaire que nous retrouvons dans le Théâtre du temps, & que nous allons examiner dans une autre partie de cet ouvrage.

Villon s'adreffe d'ailleurs uniquement à fes plus proches amis, & le principal objet, la feule

---

1 *Bicêtre*, château élevé aux portes de Paris par le cardinal de *Winchefter* (XIIIe fiècle). Au temps de Villon, on l'appelait encore *l'iceftre* (*Petit Teft.* XIX et *Grand Teft.* CXXVI). Rabelais écrit *Oinceftre*.
Boulingrin : *bowling green*, rond de verdure.
Redingote : *riding coat*, habit de cheval.

2 Les *Complaintes et Épitaphes du Roy de la Bazoche* (1501) font écrites par André de la Vigne dans une langue prefque entièrement fortie de fon imagination. Ce n'eft pas une réminifcence de Villon, car le latin y a la plus grande part, mais la pièce était à fignaler (V. *Anc. Poëfies franc.*, tome XIII, 383.)

3 La fantaifie du poète a toujours fa part acquife, car (quel que foit le jugement porté fur le langage) il n'eft pas poffible de confidérer ces Ballades comme une correfpondance férieufe entre complices ou prifonniers.

raifon d'être de ces *Ballades en Jargon Jobelin*, font les exhortations & les confeils impératifs prodigués par l'auteur à fes compagnons.

Quelques-unes fe terminent par la recommandation de revenir au bien, de retourner au travail; l'enfemble a beaucoup d'analogie pour le fond & fouvent auffi pour la forme avec la *Belle Leçon de Villon aux Enfans perduz* & la *Ballade de Bonne Doctrine à ceulx de mauvaife vie,* comptées parmi les meilleures œuvres du pauvre écolier.

§ III

BIBLIOGRAPHIE

LE Jargon Jobelin eſt reproduit dans toutes les éditions de Villon, mais, le texte étant reſté incompris de tous les éditeurs, les corrections & la ponctuation en font arbitraires ; il était donc néceſſaire de ſe reporter aux premières impreſſions qui nous ſont parvenues.

La première eſt celle de Pierre Levet, Paris, 1489 ; il exiſte cependant une édition ſans lieu ni date que l'abbé Prompſault eſtimait la plus ancienne & ſur laquelle M. Brunet, dans le

Manuel du Libraire[1], ne fe prononce pas formellement : elle fait partie du Recueil Y. 4,404 de la Bibliothèque Nationale.

Ces deux textes font reproduits ici comme les plus anciens, en prenant pour bafe celui de P. Levet, qui a fur l'autre l'avantage d'être daté.

On trouvera auffi en variantes les deux éditions de Jehan Trepperel, le fecond imprimeur parifien, l'une datée de 1497, & l'autre fans date, mais fixée peu après 1500 par M. Brunet. (Recueil 4,458, Bibliothèque Nationale.)

Ces quatre éditions font gothiques & fans ponctuation.

Parmi les modernes, le texte d'un exemplaire de Le Couftelier, Paris, 1723[2], annoté par La Monnoye, eft le feul qu'il convenait de publier en variante ; cet érudit paraît avoir eu fous les yeux des manufcrits ou des éditions difparus

---

[1] Cet ouvrage contient des détails très complets fur les autres édit. de Villon. Deux proviennent encore du XVe fiècle : Germain Bineaut, vers 1490, et Pierre Caron, vers 1500.

[2] Cet exemplaire appartient au British Muféum. Il a été reproduit par M. P. Jannet dans la *Nouv. Collection Jannet-Picard*, Paris, 1867.
M. A. de Montaiglon, ami fidèle de M. Jannet, aurait, m'affure-t-on, participé à la révifion du texte. Si ce dire eft exact, une autorité s'ajouterait ainfi à celle de La Monnoye : nouveau motif pour choifir ce type des éditions corrigées.

aujourd'hui. Ses rares & prudentes corrections marquent bien la limite à obferver, auffi me fuis-je interdit tout remaniement arbitraire, foit de l'orthographe, foit de la conftruction des vers[1].

---

[1] Ce travail était terminé lorfque M. A. Vitu a publié (Paris, Charpentier, avril 1884) *Le Jargon du XVe fiècle* avec une traduction raifonnée des ballades de Villon. Les différences d'interprétation font nombreufes entre ces deux publications; une grande partie provient de l'établiffement du texte; M. A. Vitu, s'étant uniquement fervi de l'édit. Pierre Levet, 1489, a opéré des rectifications et des corrections qu'il ne fe ferait probablement pas cru autorifé à faire, s'il avait eu fous les yeux la réunion des éditions primitives.

Le but de fon ouvrage, indiqué en fous-titre : « Étude philologique, » lui a fouvent fait oublier Villon pour la pourfuite d'une étymologie. Cherchant feulement ici à traduire exactement le poète, à rendre acceffible à tous le dédale de fon Jargon, je me fuis efforcé de fuivre le vocabulaire et les idées habituelles, la rhétorique et l'efprit de faillies propres à l'écolier parifien.

Dans les cas douteux ou malaifés, j'ai configné dans le Gloffaire l'opinion de M. Vitu pour aider à la découverte de la vérité.

Le Jargon du XVe fiècle attribue à François Villon cinq ballades extraites d'un ancien manufcrit, fur lequel on trouvera des détails au § *Ballade nouvelle,* avec les raifons qui m'ont déterminé à n'admettre qu'une feule de ces pièces.

§ IV

UNE BALLADE NOUVELLE

Un ouvrage récemment paru a publié cinq ballades [1], extraites d'un manuſcrit français appartenant à la Bibliothèque Royale de Stockholm [2], en les attribuant à François Villon.

Après quelques mots ſur le manuſcrit & le crédit qu'il convient d'accorder au copiſte, nous examinerons ces pièces en argot tranſcrites dans l'un des cahiers, en expoſant les motifs qui nous

---

1 *Le Jargon du XVe ſiècle*. Ces ballades y ſont numérotées : VII, VIII, IX, X, XI.
2 Il eſt inſcrit ſous le n° LIII, et non pas 4111, comme l'imprime l'ouvrage déſigné plus haut (page 83, en note).

ont décidé à reproduire l'une d'elles & à repousser les autres.

Le volume avait appartenu à Claude Fauchet, historiographe de France sous Henri IV ; c'est la réunion, sous une même couverture, de cahiers d'épaisseur variable, comptant ensemble 280 feuillets environ, papier in-4°. Les paléographes considèrent son écriture comme provenant de la fin du quinzième ou du commencement du seizième siècle. Les premières pages sont occupées par de médiocres ballades en français de l'époque ; aucun titre particulier ne les distingue l'une de l'autre ; puis viennent à la suite, & toujours sans aucune rubrique, celles dont nous nous occupons. Le milieu du recueil contient le *Grand* & le *Petit Testament* [1] ; un long poème obscur termine cette réunion d'ouvrages dissemblables. Le *Jargon Jobelin* n'y figure point, & rien n'indique, dans le manuscrit, que Villon soit l'auteur des ballades en argot conservées par l'écrivain.

Claude Fauchet, trompé par le vers initial de la première :

En Parouart la grant masse gaudie...

---

[1] Les *Testaments* commencent sur un cahier séparé.

copié sur celui de Villon, a noté en marge : *Ceci est imprimé avec les œuvres de Villon l'an 1532, par Galiot du Pré.* L'édition ainsi signalée par le possesseur du volume ne renferme nullement ce qu'il y croyait rencontrer [1], mais seulement les pièces anciennes & toujours considérées comme authentiques.

Avant d'avoir été mis en lumière par M. A. Vitu, ce recueil n'était pas inconnu; Fauchet en avait tiré la pièce suivante [2], amplification de l'épitaphe de Villon, que M. Longnon publia avec les corrections, lorsqu'il eut retrouvé le manuscrit (V. *Romania*, 1873) :

> *Je suis François dont il me poise*
> *Nommé Corbeil en mon seurnom*
> *Natif d'Auvars emprés Pontoise*
> *Et du commun nommé Villon*
> *Une corde de demye toise*
> *Ce ne feust ung joli appel*

---

[1] M. A. Vitu (page 124) cite aussi cette note comme erronée : « L'exact Fauchet n'avait lu que le premier vers. En comparant « le reste avec la première ballade du Jargon, on voit combien « les deux pièces diffèrent entre elles. »
[2] Le texte transmis par Fauchet dans son ouvrage *Origines des Chevaliers, Armoiries et Héraux* (1599, édité en 1610), n'est pas exactement conforme.

Sceuſt bien mon col que mon cul poiſe
Le jeu ne me ſembloit point bel [1].

M. Louis Moland, après avoir reproduit ces vers (*Œuvres de Villon*, Paris Garnier frères 1879, page XIII de la préface), ajoute : « Il reſſort « clairement de l'examen attentif de ce huitain « qu'il n'eſt que l'œuvre d'un ſcribe qui, ſachant « que Villon n'avait pas été pendu, a voulu mo-« difier l'épitaphe dans ce ſens. »

M. P. Jannet avait dit précédemment : « Pour « moi, je crois, avec le Père du Cerceau, Daunou « & beaucoup d'autres, qu'on ne doit tenir aucun « compte de ce huitain, amplification maladroite « de l'épitaphe en quatre vers. » [2]

Il eſt certain que le rédacteur s'eſt montré peu ſcrupuleux ; il avait d'abord donné place, ſur ſon manuſcrit, au quatrain authentique de Villon, puis il l'a biffé pour le remplacer, au

---

1 Voici, d'après les bonnes éditions, le *Quatrain que feit Villon quant il fut jugé à mourir* :

Je ſuis François, dont ce me poiſe,
Né de Paris empres Ponthoiſe ;
Or, d'une corde d'une toiſe,
Saura mon col que mon cul poiſe.

2 *Œuvres de Villon*, préface, page VI, Nouv. Collect. Jannet-Picard.

commencement de la page suivante, par cette élucubration.

On comprendra donc avec quelle réserve il convenait d'examiner les pièces jusqu'alors inconnues translatées par la même main. L'une d'elles, occupant le verso du feuillet 26, forme à l'envoi l'acrostiche de Villon[1]; c'est une signature souvent employée par le poète, & M. A. Vitu a tiré de ce même envoi plusieurs anagrammes curieux que le seul hasard eut difficilement amenés[2]. Cette pièce figure donc ici à la suite des anciennes ballades comme appartenant vraisemblablement à notre auteur. Si on l'examine dans tous ses détails, on trouve : les rimes

---

[1] L'acrostiche est irrégulier; il s'établit en prenant deux lettres au quatrième vers. Cette Ballade porte le n° X dans le *Jargon du XVe siècle*.

[2] Cependant il faut observer que l'alphabet presque entier entre dans leur composition, si l'on en retranche *b, k, x, z*, rarement nécessaires, *y* et *j* représentés par l'*i*, et le *v* représenté par *u* consonne. Ainsi le quatrième vers possède : *a - c - d - e - f - g - i - l - n - o - p - r - s - u*; le cinquième vers : *a - b - c - d - e - f - i - l - n - o - p - r - s - t - u*; les combinaisons que l'on en peut tirer sont donc nombreuses. Exemple, le vers,

Noue beaucoup dont il reçoit fressouc.

sur lequel est construit cet anagramme,

Escoute li ouvre du bon poète François,

se lirait encore, si l'on en voulait faire un jeu :

O Foi! Vitu s'abuse pour donner cet écolc.

entrecroifées fuivant le mode habituel de Villon; le furnom de *Benards*, déjà octroyé à fa bande, lancé dès le premier vers; le terme d'école *Couplez* dont les feuls exemples font dans Villon & Rabelais (V. au Gloffaire); quelques mots d'anglais francifés; des expreffions *(Plain, Flos)* paraiffant fe rapporter à l'induftrie du mégiffier déjà mife en fcène dans l'ancienne ballade V, au troifième octave.

La ballade du feuillet 26, verfo, fe diftingue ainfi complètement de fes voifines, & il était jufte de la reproduire; on n'y rencontre aucun des termes d'argot plus moderne, aucun des procédés de verfification que nous allons relever dans celles-ci. Si c'eft un paftiche de Villon, il eft habilement conçu, exécuté avec un foin minutieux; le ton impératif, le mouvement général, font bien ceux du poète, & l'évocation de fes infortunes en amour ajoute à la reffemblance.

Mais que dire des autres pièces du manufcrit de Stockholm? Comment les attribuer à Villon? Leur fituation dans le recueil ne peut fuffire fi l'on n'y ajoute aucun argument hiftorique, littéraire ou philologique. Bien au contraire, toutes les conjectures, tous les détails qui militent en faveur de celle qui poffède l'acroftiche, fe retournent contre les autres ; elles ne contiennent aucune penfée, aucun fait fe rapportant à l'exiftence de Villon, aucune de ces expreffions, de ces tours de phrafe qui lui appartiennent. Où font la verve de l'écolier parifien, la facture & le rythme de fon vers, aifés cependant à reconnaître, malgré l'obfcurité du langage, dans les ballades anciennement publiées [1] ?

Que deviendrait la poéfie fous le couvert de laquelle fe préfentent ces pièces inconnues ? Un certain accord des confonnances, indéfiniffable, mais qui fe peut comparer à celui des couleurs entre elles, réfonne toujours fous la plume du poète véritable ; notre imitateur de Villon, s'il parvient à concilier la rime & la mefure, ne femble pas doué de cette délicateffe du tympan : les fyllabes s'entrechoquent fouvent dans fes vers avec un bruit défagréable. Parfois le mouvement des ftrophes rappelle beaucoup plus la profe filandreufe que les huitains alertes & concis du fpirituel *Maiftre François*.

Voici, fur chacune des quatre pièces fignalées,

---

[1] L'expérience de la lecture à haute voix eft concluante à ce fujet.

une strophe qui nous servira d'exemple & suffira à les faire connaître :

BALLADE VII, DIZAIN III

Que faictes vous toute menestrandie
Antonnez poix et marques six à six
Et les plantez au bien en paillardie
Sur la sorne que sires sont rassis
Sornillez moy ces georgetz si farciz
Puis eschequez sur gours passans tous neufz
Se seyme oyez soiez beaucoup broueulx
Plantez vos hiftz jusques elles rappasse
Car qui est grup il est tout roupieulx
Mais le pis est mariage m'en passe.

BALLADE VIII, DIZAIN II

Croqueurs de pain et plommeurs affectez
Gaigneurs aussi vendengeurs de costé
Belistriens perpetuels des prez
Qui sur la roue avez lardons clamez
En jobelin ou vous avez esté
Par le terrant pour le franc ront querir
Et aussi pour la marque fournir
Avez tendu au pain et aux menicles
Pour tant se font adoubter et cremir
Angles bossus rouastres et staricles.

BALLADE IX, STROPHE II

Apres moller lue ung gueulx qui vault
Pour mieux hyer defriver la couloire
C'eft pour livrer aux arques ung affault
De meffement maquiller a lefquerre
Puis dift ung gueulx j'ai paulme deux florins
L'autre pollift martins et dollequins
Et la marque fouvent le gaing choifit
A dragangier puis dift : le mieux fourny
Picquons au veau Saint Jacques je m'efpince
Efchecquer fault quant la pye eft juchie
Pour les duppes faire brouer au mynffe.

BALLADE XI, STROPHE I

Se devers quay par un temps du vernas
Veiz abrouer a la vergne cygault
Marques de plant dames et audinas
Et puis marchans tous telz que au meflier fault
Gueux affinez allegrucs et floars
Mareux arves pimpres dorlotz et fars
Qui par ufaige a la vergne jolye
Abrouerent au flot de toutes pars
Pour maintenir la joyeufe folie.

Dans les ballades IX et XI, l'auteur prend le ton de conteur, ou le tranfmet à un perfonnage imaginaire pour narrer & dialoguer à sa fantaisie. Ce procédé, alourdissant la courte marche d'une ballade, est inconnu de Villon, qui ignorait aussi le suivant : certains vers, devant les exigences de la mesure, commencent par une conjonction, un adverbe, ou sont surchargés d'autant. On peut juger, sur les extraits qui précèdent, de la profusion des *pour*, — *puis*, — *et*, — *que*, — *aussi*, comme dans l'exemple suivant :

Et puis marchans tous telz que au mestier fault.

Ce n'est point tout; la ballade VIII contient le passage qui suit, vers 22, 23 :

Gueulx gourgourans par qui gueulx sont gourez
Quant abrouart sur la sorne a brouez...

& la ballade IX, vers 24, 25 :

Puis feist on faire asault avec un sault
Apres doubtant de ses anges l'assault...

Ce jeu des assonances, rebondissant l'une sur l'autre, est une mode des premières années du seizième siècle; les maîtres du genre furent

André de la Vigne & Guillaume Crétin[1]. Si l'on en peut rencontrer de plus anciens exemples, notamment dans Rutebeuf, ce n'eſt toutefois pas dans Villon, qui s'eſt ſagement abſtenu de cet inutile exercice. Voici donc qu'après avoir écarté de notre poète ces mauvaiſes ballades, la dernière remarque conduirait à placer leur compoſition à l'époque où le manuſcrit fut rédigé, c'eſt-à-dire entre 1500 & 1540; l'examen attentif de leur vocabulaire confirme cette propoſition.

La première pièce (VII) eſt un paſtiche; ſon vers initial, nous l'avons déjà vu, avait trompé l'érudit Fauchet; le vers 12 eſt tiré de la *Ballade au moment d'eſtre pendu*; le vers 14 eſt un mélange des refrains du *Jargon Jobelin :* les vers 22 à 25 [2] répètent les rimes de Villon aux vers 2 à 5 de ſa première ballade. Nous n'avons pas d'exemple, dans tout l'œuvre du poète, de ſemblables réminiſcences; ſon intariſſable fantaiſie, la richeſſe de ſa langue, ne l'obligeaient point à ſe répéter.

La pièce ſuivante (VIII) eſt d'une grande fai-

---

[1] Clément Marot ſacrifie encore à ce goût du public : Épitre VII *au Roy;* Épitre XXV *au Chancelier Du Prat;* et juſque dans l'*Élégie du riche infortuné Seigneur de Semblançay* (1527).
[2] Ce ſont les vers 2 à 5 de l'extrait que nous reproduiſons.

blesse de rimes; les cinq premières de chaque strophe, toutes en *é* ou *ez*, ne sont guère plus que des assonances. La mémoire de Villon ne peut s'en charger.

Le texte de ces ballades, & particulièrement celui de la troisième (IX) & celui de la dernière (XI), est parsemé d'expressions appartenant au *Jargon réformé* ou argot du XVIe siècle : *marques* (avec le sens de *filles, femmes*), *maquiller, macquin, riffault, gier, gitrement, rouastres, staricles, babillangier*[1], *arvés, arton (pain)*; ce dernier sert aussi à désigner tout le vocabulaire : *langage de l'Arty*.

Dans sa *Philologie de l'Argot*, M. Francisque Michel, après avoir donné d'amples détails sur cette production de la Renaissance[2], successivement appelée *Blesquin, Arty, Jargon réformé*, constate la profonde différence qui la sépare du langage de Villon[3].

---

[1] V. *Philologie de l'Argot*, page xlviij, colonne 1, ligne 20.
[2] Il en donne aussi, en notes, une bibliographie très complète.
[3] Introduction, page xj : « Considérablement enrichi et perfectionné, « s'il faut en croire Henri Estienne, le jargon du XVIe siècle « ressemblait aussi peu à celui de Villon et de ses compagnons « qu'à la langue dont nous avons un recueil bien plus ample « dans le siècle suivant. »
Page XXIX : « Après cela, on comprend que lors même que

Le berceau de ce nouvel argot métaphorique paraît être, en effet, l'Italie, & ce sont nos expéditions dans cette contrée qui lui ont servi de véhicule ; il forme la base de notre argot moderne dans lequel on peut retrouver ses traces. Nos voisins prirent aussi pour modèle ce pays favorisé : l'allemand conserve à l'argot le nom d'*italien rouge (Rothwelsch)* [1].

L'emploi de cet élément nouveau, inconnu à Villon, inconnu aux auteurs des Mistères du xve siècle, marque d'un trait vif la distance qui sépare les anciennes ballades de celles du manuscrit de Stockholm.

L'expression la plus importante pour la fixation de la date est *roastre* ou *rouastre* [2]; ce surnom a été décerné au bourreau parce qu'il appliquait le supplice de la *roue*. Or, l'édit de François Ier, introduisant cette peine en France, est de janvier 1534 (1535 nouveau style); il fut enregistré au

---

« l'on aurait, dans toute sa pureté, le *Jargon* et *Jobelin* de Villon, « il soit difficile de l'entendre, tout en ayant un vocabulaire du « langage *blesquin* en usage dans le siècle suivant. »

1 V. Borrow, *The Zincali,* London, John Murray, 1841, tome II, page 132 : *On Robber language;* et F. Michel, pages xxv et xxvj.
2 Employé aux ballades VII et VIII; dans cette dernière, il est répété au refrain.

Parlement le 11 [1], & publié à fon de trompe le même jour dans les carrefours de Paris [2]. On peut admettre, il eft vrai, qu'il régularifait une fituation préexiftante, mais pour un petit nombre d'années feulement. Déjà en ufage en Allemagne, ce fupplice a pu être appliqué dans les provinces, aujourd'hui françaifes, qui faifaient alors partie de l'empire de Charles-Quint, ou qui fe trouvaient momentanément fous fa domination; mais il n'y a point de doute qu'il ne fût ignoré au temps de Villon & jufqu'au commencement du feizième fiècle, les exemples abondent pour le démontrer & pour conftater en même temps l'abfence du fobriquet *rouaftre, rouart* [3], fous fes différentes formes.

Ainfi Villon, dans fa *Ballade contre les Médifans de la France*, accumule toutes les tortures & toutes les peines claffées en fa mémoire; il ne demande point d'expofer fur la roue les médifans

---

[1] Ifambert, *Recueil des Lois françaifes*, tome XII, page 400. — Sauval, *Recherches des Antiquités de Paris*, tome II, 599.
[2] *Journal d'un Bourgeois de Paris fous le règne de François Ier*, page 452, Collection de la Société de l'Hiftoire de France, Paris, 1854.
[3] V. ces mots au Gloffaire des Miftères, ainfi que Ror, au Gloffaire de Villon.

contre lesquels il fulmine. La *Ballade Joyeuse des Taverniers*[1] énumère plus exactement encore les supplices connus à cette époque[2].

Le *Journal d'un Bourgeois de Paris sous François I*[er], que nous venons de citer, fournit un excellent contrôle; c'est ainsi que relatant au jour le jour les exécutions nombreuses dont il est témoin, il fait passer sous nos yeux des criminels pendus, décapités, brûlés, écartelés ou bouillis, mais c'est seulement vers la fin de son *Journal*, après la publication de l'édit de 1534, qu'il rapporte des exécutions sur la roue.

Les mistères du xve siècle, avec leur innombrable armée de bourreaux & de *tyrants*, tous affublés d'un surnom caractéristique *(Grippart, Trenchart, Frappart, Grongnart*, etc.), ne présentent aucun exemple de *Roastre*. M. A. Vitu, dans son Vocabulaire, a dû rappeler, à défaut de plus ancien, la *Vie de Saint-Christophe* (1527); on voit quel long espace nous sépare ici de Villon.

---

[1] Elle a été attribuée à Villon et figure dans la plupart des éditions modernes, mais elle a été reconnue pour appartenir à Octavien de Saint-Gelais (1509).

[2] On peut consulter aussi : *Discours de la Vermine et Prestraille de Lyon*, M. C. XII, reproduit dans les *Anc. Poésies françaises*, tome VII, vers 8 à 12, de la page 44. — *Moralité des Enfans de Maintenant*, tome III, 59, *Anc. Théâtre français*.

Dans les *Actes des Apôtres*, le bourreau *Daru* offre ainsi ses services :

ÉGÉE

Et que sçais-tu faire?

DARU

Bien pendre,
Rostir, brusler, escarteler,
Battre de verges, descoller,
Trayner, escorcher, enfouyr,
Et si on se combat, fouyr,
Aussy bien qu'oncques fait personne [1].

La lecture des couplets du bourreau *Gournay* & de son valet *Micet*, extraits du *Viel Testament* & reproduits dans le présent volume, achèveront notre démonstration. Ces deux témoins, bien placés pour nous initier à leur aimable besogne, sont aussi muets que leur confrère *Daru* à l'égard de la roue.

---

[1] Ce passage est reproduit dans l'*Histoire du Théâtre François aux dépens de la Compagnie,* par les frères Parfait, Amsterdam-Paris, 1735, tome II, page 399. — Lorsque *Daru* s'est présenté au public, il l'a fait à peu près dans les mêmes termes, confirmant ceux-ci, mais la tirade est longue ; on la trouvera dans l'ouvrage ci-dessus, page 387, et dans l'*Histoire du Théâtre en France*, tome I, page 276.

Après la mife en vigueur de l'Ordonnance de
1534, les imaginations, frappées par l'horreur
de ce fupplice, en forment auffitôt le furnom du
bourreau, puis du Prévôt, & rapidement il devient d'un emploi fréquent ; Rabelais s'en empare
& Cotgrave lui donne place en fon dictionnaire
Français-Anglais.

Les autres mots du XVIe fiècle que l'on peut
relever dans le manufcrit de Stockholm n'offrent
point la même précifion ; nous en examinerons
feulement quelques-uns : *Marque* (*logis* dans
Villon), prend la fignification de *fille*, *femme*
dans le langage *blefquin* (de l'italien *marchefe*;
argot italien ou fourbefque : *marcona*). — *Verne*
ou *Vergne*, d'abord *printemps*, *printanier*, prend
le fens de *ville*, *habitation* (fens entendu dans les
ballades que nous repouffons), feulement dans le
blefquin. — *Staricles* (*juges*, *chefs*), expreffion
d'origine flave, ne nous a été affurément point
tranfmis par un peuple de cette race, mais par l'entremife des Italiens à la fuite du courant formé
par nos expéditions guerrières. Ce mot a encore cours en Orient, fous la forme *Starofte*,
pour défigner certains agents de nos confulats.

Enfin, la ballade VIII contient, on l'aura peut-être remarqué, le paffage fuivant :

Qui fur la roue avez lardons clamez
En jobelin. . . .

Il ne femble pas que l'on dût rencontrer cette expreffion : *en jobelin*, chez Villon, pas plus que l'on ne chercherait *patelin* ou *pateliner* dans la *Farce de Maiftre Pathelin*. Ces néologifmes n'ont pu prendre rang qu'après la diffufion des ouvrages dont ils font tirés.

Quant à faire du poète le Vaugelas des brigands du xve fiècle, cela ne paraît guère admiffible; il ne faut point confidérer François Villon, malgré fes infractions à l'honnêteté, comme une forte de Cartouche ou de Mandrin du moyen-âge; fes complices appartiennent à l'entourage des écoles, ce font des écoliers, des lettrés comme lui, & la protection du chanoine Guillaume de Villon, celle de Charles d'Orléans, fon titre de *maitre-ès-arts* obtenu fort jeune, les bons fentiments dont il fait preuve dans le *Grand Teftament*, témoignent contre une fituation que la découverte de fon procès a récemment pouffée au noir.

Tout lui était bon, il est vrai, pour vivre, &
vivre gaiement, mais n'est-il pas équitable de le
mesurer aux mœurs de ses contemporains ?

Le plus honnête, le plus charmant homme de
son temps, René d'Anjou, ne croyait pas alors
déroger en empochant par deux fois la dot apportée, par la fille de Louis XI, à son petit-fils le duc
de Calabre, & cela, sans que ce projet de royale
union fût jamais consommé. Cette duplicité, qui
conduirait aujourd'hui devant les tribunaux, était
du meilleur ton.

La société peut maintenant absoudre Villon de
ses méfaits : elle s'est payée sur lui en menue
monnaie. Peu d'écrivains ont été pareillement
dépouillés, plagiés, pillés sans vergogne; une
énumération de pièces & d'ouvrages serait ici
fastidieuse, & si l'on admet, comme je suis prêt à
l'accepter, qu'il soit l'auteur de *Maistre Pathelin*,
la liste serait interminable [1].

---

[1] Nous avons déjà cité les *Repeues Franches*, longtemps attribuées à François Villon, le *Jardin de Plaisance,* et, dans le § *Jargon au Théâtre*, la *Vie de Saint-Christophe*, dont l'auteur emprunte au *Jargon Jobelin*. Une nomenclature commencerait par les pièces du théâtre comique :

Le Testament de Pathelin, Le Débat de l'Homme et de la Femme, Le Franc-Archer de Cherré, etc. etc.

C'eſt pourquoi, devant des imitateurs qui le ſerrent quelquefois de fort près, il eſt prudent, tout en publiant cette *nouvelle Ballade*, de laiſſer ſubſiſter quelques doutes ſur ſon authenticité.

Les emprunts, les paſtiches, & le nombre d'éditions atteint en ces premiers temps de l'imprimerie, atteſtent que le ſuccès du poète populaire avait été immenſe. Son preſtige, ſa réputation d'eſprit[1] durèrent juſqu'au mouvement philologique qui transforma notre langue à la ſuite des guerres d'Italie; dès lors, les difficultés de lecture, l'émiſſion bizarre des penſées, la conſtruction compliquée de la phraſe, obligeant les cerveaux à trop d'efforts, firent délaiſſer ces œuvres auxquelles on revient aujourd'hui avec paſſion.

---

1 *La Vie et Treſpaſſement de Caillette* (fou du roi Louis XII, mort en 1514), vers 30 :
   Si fin ne fut qu'eſtoit Francoys Villon.
Anciennes Poëſies françaiſes, tome X.

§ V

LE JARGON AU THÉATRE

Les Ballades de Villon font le texte le plus complet, parvenu du moyen-âge jufqu'à nous, en cet obfcur langage; on peut même conjecturer que leur diffufion parmi le public lui fit prendre en goût ce nouvel élément comique, car les Miftères, fpectacle populaire par excellence, contiennent volontiers, à partir de cette époque, des fcènes dans lefquelles *mendiants*, *foudards*, *beliftres*, *tyrants* ou *bourreaux* parlent auffi un làngage particulier. L'attribution de cette priorité à Villon eft une fimple hypothèfe; nous ne connaiffons pas tous les Miftères, &, parmi ceux dont nous poſſédons les pièces, beaucoup n'ont pas de date de compoſition aſſez préciſe pour un exact claſſement chronologique.

Les auteurs du théâtre comique[1], Farces, Soties, Sermons Joyeux, etc., au milieu du ſtyle vulgaire & bouffon, & des licences de tout genre dont ils uſaient ſans réſerve, vont rarement juſqu'à ce que nous appelons aujourd'hui l'argot. On en rencontre cependant des exemples iſolés, peut-être des expreſſions paſſées pour un moment dans la langue courante, mais jamais ne ſe préſente une phraſe, un vers entier qui eût embarraſſé le ſpectateur du temps[2].

Il n'en eſt pas de même dans les Miſtères; certains d'entre eux contiennent des ſcènes qui

---

[1] Leurs noms ſont, pour la plupart, reſtés inconnus. On n'attachait alors aucune importance aux ouvrages deſtinés à la ſcène ; c'eſt ainſi qu'un chef-d'œuvre comme *Maiſtre Pathelin* eſt reſté anonyme.

[2] Quelquefois le latin macaronique, ou latin de cuiſine, concourt dans ces pièces au divertiſſement de l'auditoire ; il eſt généralement aiſé d'en ſaiſir le ſens. — La Farce de *Maiſtre Pathelin* contient une ſcène célèbre, entremêlée de tirades en divers patois, devant laquelle le public devait reſter tout auſſi ébahi que le drapier *Guillaume*. Ces procédés de comique forcé ſe retrouvent dans le théâtre moderne : la caricature du latin dans *Le Malade Imaginaire*, celle de l'élocution des payſans et des bègues dans *Le Mariage de Figaro,* puis les vaudevilles ont uſé et abuſé du parler riſible de nos voiſins d'outre-mer.

ne devaient pas être aifément comprifes par tous les affiftants[1].

Cette différence, relevée entre deux fpectacles déjà fi éloignés par leur but (l'un cherchant feulement à diftraire, l'autre prétendant édifier en même temps fon public), vient appuyer les conclufions des hiftoriens de notre ancien théâtre. Le Miftère, fatisfaifant furtout aux yeux & à l'imagination[2], était & eft refté jufqu'à fes derniers moments le fpectacle favori du peuple, des illettrés, tandis que les pièces comiques s'adreffaient aux étudiants, aux clercs[3], à la bourgeoifie. Les Farces & les Soties, par leurs allufions fouvent difficiles à faifir, fuppofent une certaine culture de l'intelligence pour dégager la fatire des bouffonneries qui l'entourent, du burlefque qui la diffimule.

---

[1] Serait-il paradoxal d'entrevoir un indice de l'unification, de l'épuration du langage ufuel, dans cette mife à la fcène du jargon et des patois? Le comique et le ridicule qui en jailliffaient fur les perfonnages n'ont-ils pas été de vigoureux agents pour déterminer la maffe à délaiffer les idiomes locaux, et à s'exprimer plus correctement?
[2] Rien ne reffemble plus à une féerie moderne que certains miftères : changements inceffants du lieu de la fcène, trucs, diableries, etc., jufqu'aux motets ou chanfons intercalés par l'auteur pour donner aux machiniftes le temps d'accomplir leur befogne.
[3] Dans le fens ancien de : *gens inftruits, lettrés*.

Avec quelle ardeur l'un & l'autre spectacle était suivi ! « C'est alors que la scène, dans
« chaque ville où elle se dresse, est vraiment le
« foyer de la vie publique. Aujourd'hui que le
« théâtre n'est plus qu'une distraction parmi tant
« d'autres, nous ne saurions nous figurer ce qu'il
« était pour le peuple du moyen-âge, quand la
« scène, au lieu d'être comme à présent confinée
« dans un édifice distinct & occupée par une
« classe d'hommes spéciaux, était ouverte à tous
« & s'érigeait partout ; quand les acteurs, pris
« dans toutes les classes de la société, se comp-
« taient par centaines, quand les pièces duraient
« plusieurs journées, quand les représentations,
« rares, mais interminables, s'offraient comme le
« seul point lumineux & joyeux dans une série
« de mois ou d'années décolorées & monotones.
« Qui saura la passion du moyen-âge pour son
« théâtre sera prêt à convenir que, si l'on ignore
« ce théâtre, on ignore en même temps une
« partie considérable du moyen-âge[1]. »

Nous reproduisons ici, avec une courte note sur la pièce dont ils sont extraits, les passages les

---

1 *Histoire du Théâtre en France*, page 16 de l'Introduction.

plus compacts & les plus curieux quant à l'emploi du Jargon, provenant des Miſtères ſuivants :

Le Viel Testament (1458?);

Les Actes des Apôtres, des frères Gréban (1460 environ)[1];

La Passion, de Jean Michel (1486);

La Vie de Saint Christophe, de Chevalet (1527).

Ils ſont parmi les plus remarquables & les plus dignes d'être conſervés; d'autres, comme *Saint Creſpin & Saint Creſpinien, la Réſurrection* (de Jean Michel), *la Vengeance de Noſtre-Seigneur,* etc., contiennent auſſi des expreſſions jargonneſques, mais iſolées, & ſans qu'il ſoit poſſible d'en tirer une citation de quelque importance.

Le vocabulaire de ce langage eſt d'ailleurs fort reſtreint; certains ſubſtantifs, certains verbes caractériſtiques : *Aubert, Beffleur, Endoſſe, Enter-*

---

[1] *Le Jargon du XVe ſiècle,* donne par erreur 1541 comme étant la date de cet ouvrage (page 76 du Diſcours préliminaire). Les noms des auteurs ſuffiſent pour le placer au milieu du XVe ſiècle. La quatrième édition connue des *Actes des Apôtres,* Paris, Les Angeliers frères, eſt de 1541.

ver, *Brouer*, *Vendenger*, reviennent à tout propos; aussi le petit glossaire, imprimé plus loin, suffit-il pour entendre tout ce qui en a été semé dans cette partie de notre littérature dramatique, où le burlesque s'allie à la dévotion superstitieuse du moyen-âge.

Ce travail explicatif n'avait pas encore été entrepris; M. Francisque Michel s'était borné à l'indiquer en publiant la plus grande partie des textes à déchiffrer. *(Philologie de l'Argot*, Introduction, page xxxix.)

Après un glossaire comme celui du Jargon de Villon, dont elle forme le complément essentiel, la traduction de ce Jargon populaire présentait peu de difficulté; elle était indispensable pour bien marquer la limite entre ce qui était intelligible à la masse du public, & la partie uniquement comprise par l'entourage de l'écolier parisien.

C'est pour mieux préciser cette limite, qu'après quelques hésitations, provoquées par la crainte de compliquer les recherches, nous avons séparé les deux glossaires. On peut ainsi juger rapidement la construction des deux idiomes.

Le long extrait de *la Vie de saint Christophe* (représentée à Grenoble le 9 juin 1527), que nous traduisons plus loin, nécessite un examen particulier. L'auteur, maistre Chevalet, poète viennois[1], paraît y avoir mis à contribution le jargon de Villon[2], en même temps qu'il lui empruntait quelques rimes[3].

Comment le public dauphinois pouvait-il prendre plaisir à l'audition de cet étrange langage, alors incompris de Clément Marot? Il se contentait probablement de comprendre à demi, aidé de la mimique des acteurs, & accroissait

---

[1] Les rares renseignements parvenus sur Chevalet nous le montrent toujours résidant en Dauphiné. En 1506, il faisait représenter à Vienne *Saints Phocas et Zacharie,* et trois années après, appelé à Romans pour retoucher un mistère, il est qualifié dans les comptes de la ville : « *Grand satiste de Vienne.* »

[2] A partir du vers 40, la scène des *tyrants* reproduite plus loin contient les mots suivants, tirés pour la plupart des deux premières ballades du Jargon et dont on ne retrouve aucun exemple, ni dans les autres mistères, ni ailleurs :

Allegruc (potence), *Berouart* (sobriquet appliqué aux compagnons), *Coffres massis* (cachots), *Lambourreur* (surnom du bourreau), *Mathegaudie* (prison), *Marieux* (geôlier), etc. On voit qu'une certaine association d'idées réunit entre eux ces termes bizarres.

[3] Le passage suivant rappelle le premier huitain de la Ballade I :

J'estois assis.
Quant ce vint entre cinq et six
. . . .
Et de paour d'estre circoncis
Des ances . . . .

La rime de *assis* avec *cinq et six* est particulière à Villon ; on la retrouve plusieurs fois au cours de ses diverses œuvres.

encore par l'imagination les effets comiques du dialogue.

Il eſt préſumable que le poète, chargé d'exécuter en un court laps de temps une œuvre dramatique d'environ 20,000 vers.¹, & cherchant à ſatisfaire au goût des ſpeɛtateurs, à une mode établie, ſe ſera ſervi du Jargon de Villon, à ce moment déjà répandu par de nombreuſes éditions², pour compléter ſon inſtruction jargonneſque & faire parler ſes perſonnages; maiſtre Chevalet éclaire donc la traduction de Villon par de nombreux exemples, quoiqu'il écrive à ſoixante-dix ans de diſtance.

Avec *la Vie de ſaint Chriſtophe*, nous touchons à la dernière heure du Jargon; à Paris, un tout autre vocabulaire était en uſage depuis le commencement du XVIᵉ ſiècle, cette fois inintelligible à la population honnête, à la partie paiſible du

---

1 Ces pièces à grand ſpectacle étaient le plus ſouvent commandées par une municipalité ou une confrérie. Deſtinées à célébrer une fête, un anniverſaire local, elles obligeaient l'auteur à terminer ſon œuvre à jour fixe. Il y a ainſi des exemples ſurprenants : Andrieu de la Vigne acheva en cinq ſemaines le *Miſtère de Saint-Martin*, compoſé de vingt mille vers, pour la ville de Seurre (Bourgogne).
2 Onze éditions de Villon, antérieures à 1527, ſont parvenues juſqu'à nous, et il en circulait certainement d'autres aujourd'hui diſparues.

vulgaire, sous le nom de *Langage de l'Arty*, *Blesquin*, & plus tard d'*Argot réformé*. Ce fut la souche de notre argot actuel, qui en recèle encore de nombreux débris.

Le dictionnaire de l'Académie française définit ainsi le mot Argot : « Certain langage des « gueux & des voleurs qui n'est intelligible « qu'entre eux. » Si l'on s'en tient, comme on doit le faire, à cette définition, le langage des *tyrants* & *belistres* s'agitant dans les Mistères, compris de dix mille spectateurs, n'est pas de l'argot. Je ne crois pas qu'on puisse l'appliquer non plus aux ballades de Villon ; je persiste à les considérer comme une fantaisie du poète, plutôt que comme le monument unique d'un idiome disparu. J'emploie cependant quelquefois, au cours de ces pages, ce mot ou ses dérivés pour la clarté de la démonstration ; on voudra bien me le pardonner.

L'argot, tel que nous l'entendons aujourd'hui, ne daterait donc que du commencement du XVIe siècle, mais les jargons ou langages particuliers ont existé de tout temps ; cela paraît une vérité qui n'a nul besoin d'être démontrée. Les esclaves, les écoliers, les ouvriers, les fripons, & tous ceux auxquels un intérêt quelconque commande de ne pas se laisser trop rapidement entendre, ont dû les créer pour dérober leurs petits secrets ou communiquer avec sécurité; un certain nombre de vocables convenus entre les initiés, quelques mots étrangers ou patois mêlés à la langue mère, suffisent pour dérouter aussitôt les intrus.

Nous possédons un curieux exemple en ce genre & des plus anciens. Dans un Mistère du XIIIe siècle, *le Jeu de saint Nicolas*, l'auteur, Jean Bodel, entremêle les paroles qu'il prête à trois coquins de mots aujourd'hui incompréhensibles[1].

Lorsque ces personnages, installés à la taverne, veulent éviter d'être compris par le tavernier, le dialogue devient pour un moment fort obscur[2]:

CLIKÈS

Sentiffiés pour le marc dou coi
Et pour son geugon qui la feme.

PINCEDÉS

Voire & qui main bignon li teme
Quant il trait le bai sans le marc.

---

1 Répandus dans les pages 169, 170 et 181 à 187, édition du *Théâtre Français au Moyen-Age,* par MM. F. Michel et Montmerqué. Paris, Didot, 1839. Un nouvel examen approfondi m'a démontré qu'ils sont en fort petit nombre.
2 Le valet de la taverne, Caignet, boit avec eux ; aussi leur a-t-il

Qualifié d'argot par les éditeurs, & resté sans traduction, ce passage, reproduit postérieurement par M. Francisque Michel, ne lui paraît plus mériter sûrement cette dénomination [1]. Je crois qu'il faut voir ici une sorte de bas-langage, de patois des environs d'Arras, patrie & résidence de Jean Bodel, & lieu probable de la représentation.

La scène se passe en pays musulman, mais les acteurs ont pris soin d'avertir le public qu'ils sont en réalité dans un cabaret artésien ou flamand. L'un d'eux s'écrie [2], avec l'accent du pays dont il parle :

C'est chi blés de Henin.

Ce bourg est à mi-chemin entre Arras & Lille. Parmi les lacunes, en somme peu nom-

---

servi du vin d'un prix plus élevé qu'ils ne paient. Il les a priés de n'en rien dire. Je n'ai pu traduire le premier vers de façon satisfaisante ; le second se lit facilement : *Et pour son valet qui l'a versé.* En employant le flamand pour expliquer *teme* et *bai,* les seuls mots présentant une difficulté, la réplique de Pincedés s'accorde bien avec l'action : *C'est vrai, et par mainte torgnole le corrige quand il tire le vin sans la lie.* Dans une autre scène, on rencontre *Willecome* (bienvenue), locution caractéristique des langues du Nord.

[1] *Philologie de l'Argot,* Introduction, page viij.
[2] Page 181 du *Théâtre Français au moyen-âge.*

breufes, de la traduction, quelques-unes paraiffent provenir de mots français incompris du traducteur; ce font donc là, à n'en point douter, de faibles traces d'un jargon local.

Nous allons effayer de rencontrer la preuve qu'antérieurement au xve fiècle un vocabulaire particulier, fourmillant de termes bizarres, retentiffait déjà dans les ruelles, autour des bancs des écoliers, ou fe répercutait aux murailles des tavernes : fonds primitif auquel ont puifé Villon & les auteurs des Miftères.

Peu d'années après la repréfentation du *Jeu de faint Nicolas* apparaiffait « le noble *Romant « de la Rose*[1]. » Dans cet ancien monument de notre littérature, lorfque Jean de Meung veut donner une allure vulgaire au dialogue, ou diffimuler quelque érotifme, fes vers nous tranfmettent des expreffions bien voifines du Jargon[2]; on en trouvera plus loin de curieux exemples :

Vers 9.249 :   Pour moi mener tel *rigolage*,

---

[1] Villon, au huitain XV du *Grand Teflament*.
[2] La partie de l'œuvre qui appartient à Guillaume de Lorris n'en contient pas.

| | Pour moi menés-vous tel bobant¹?
| | Qui cuidés-vous aller lobant²?

Vers 9.259 : A cui *parés-vous ces chaſtaignes* ³?
              Qui me puet faire plus d'engaignes⁴?
              Vous faites de moi *chape à pluie* ⁵ !

Vers 13.710 : Quant de ma biauté me fovient
              Qui ces valez faifoit triper⁶ !
              Tant les faifoie *desfriper* ⁷
              Que ce n'iert fe merveille non.

Vers 14.046 : Bon fait acointer homes riches...
              S'il eſt qui bien *plumer* les fache.

Vers 16.322 : Et li vilains *crole la hure* ⁸.

Vers 9.885 : Toutes fe font *hurtebiller* ⁹.

---

1 *Forfanterie, esbrouffe.*
2 *Qui croyez-vous aller plaifantant, trompant.*
3 Cette locution fe rencontre une feconde fois au vers 17393. La meilleure traduction en paraît être : *tromper par une fauſſe apparence.* En jargon moderne : *monter le coup.*
4 *Plus de défagréments, d'inventions défagréables.*
5 *Manteau pour la pluie ;* au figuré : *fouffre-douleur.*
6 *Qui faifait treſſaillir ces jeunes gens.*
7 Roquefort explique *desfriper* par : *prodiguer, diſſiper ;* M. Francifque Michel traduit par *fécher* dans l'édition du *Roman de la Roſe*, Firmin Didot. L'exemple eſt unique. Je crois qu'il fignifie *dépouiller, fe dépouiller*, au propre, et prend au figuré le fens donné par Roquefort.
8 *Branle la tête.*
9 *Hurter* ou *heurter avec des billes*, terme érotique.

    Une paſtourelle gentille
    Et un berger, en un verger,
    L'autrehier en jouant à la bille...
      Clément Marot, chanfon XXV, du Jour de Noël.

V. plus loin, vers 22.659 : *martelez rebillans.*

Vers 14.277 : Et comme bónne baiſſelete¹
Tiengne la *chambre Vénus* nete.

Vers 20.600 : ..... puiſſent-ils perdre
Et *l'aumoſnière* & *les eſtales*²
Dont ils ont ſignes d'eſtre males!
Les *martiaus* dedens atachiés
Puiſſent-ils avoir errachiés!

Vers 7.894 : : Chaſcune qui les va nommant
Les apele ne ſai comment :
*Borces, hernois, riens, piches, pines*³,
Auſinc cum ce fuſſent eſpines.

Vers 22.592 : Tout mon *hernois* tel que le port⁴...

Vers 22.648 : Le *palis* au *bordon* briſai⁵...
S'ai moi dedans *l'archière* mis.

Vers 22.655 : Mès pour nule riens ne leſſaſſe
Que le *bordon* tout n'i paſſaſſe.
Outre le paſſai ſens demore⁶,
Mès *l'eſcherpe* defors demore⁷

---

1 Jeune et jolie fille, *griſette*.
2 Ce qui conſtitue un *étalon*.
3 *Piches*, probablement de *pichoun*, expreſſion méridionale : petit.
4 *Tel que je le porte*.
5 L'obſtacle virginal qui arrètait le *bordon*.
6 *Sans retard*.
7 *Reſte dehors*.

O les *martelez rebillans* [1],
Qui defors erent pendillans.

Ces citations d'un ouvrage correct, savant & d'auſſi bonne réputation, ne paraiſſent laiſſer aucun doute ſur ce que pouvait être à la même époque le langage du peuple, de la populace, ſur lequel aucun document n'eſt arrivé à nous. Il était évidemment parſemé, tout comme au temps de Villon [2], d'expreſſions étranges, mobiles, & (ce qui eſt bien un caractère diſtinctif du Jargon & de l'Argot) parfois pourvu d'une grande richeſſe, d'une ſurabondance de mots & d'images pour exprimer la même idée [3].

Quelques-uns des termes érotiques ſe retrou-

---

1 *Avec les martelez rebillans* (les génitoires), *qui dehors étaient pendillants.* — *Apologie des Chamberières qui ont perdu leur mariage à la blancque* (loterie), Paris, Alain Lotrian, ſans date (1520 environ) :

> *Ung point y a qui me conforte :*
> *Je ſuis encores auſſi forte,*
> *Auſſi puiſſante, auſſi habille,*
> *Pour gaigner au jeu de la bille,*
> *Que je fus jour de mon jeune aage.*

2 Je ne partage point, on le voit, l'opinion de M. A. Vitu, qui fait collaborer les Bohémiens ou Tſiganes avec l'écolier pariſien (*Le Jargon du XVe ſiècle*, Diſcours préliminaire).

3 Dix mots différents ſervent à repréſenter le *phallus* ou l'une de ſes parties, dans les quelques vers que nous venons de reproduire.

vent dans les *Cent Nouvelles nouvelles*[1], dans Rabelais, mais la plupart, obéiſſant aux lois de mutation qui modifient conſtamment ces vocables, avaient déjà diſparu au XVIᵉ ſiècle.

Nos trouvères pourraient auſſi apporter leur appui à cet eſſai de démonſtration ; on les rencontrera dans les gloſſaires, Rutebeuf en tête, mais ils n'ont point l'ancienne & durable autorité du *Roman de la Roſe*.

Le poète Coquillart, preſque contemporain de Villon, les divers auteurs de Farces & l'univerſel Rabelais contribuent auſſi à l'éclairciſſement de nos gloſſaires. Tous les efforts ont été dirigés ſur ce point : éviter de prendre, dans les ouvrages poſtérieurs à *Pantagruel*, des citations juſtificatives pour un élément du langage auſſi variable que celui dont nous nous occupons.

---

1 *La Nouvelle XC* contient *harnoys* avec un ſens obſcène déjà tout autre que celui donné par le *Roman de la Roſe*.

BALLADES

TEXTE ET TRADUCTION

BALLADE I

A Parouart la grant mathe[1] *gaudie*
  Ou accollez font duppez et noirciz
  Et p[2] *les anges*[3] *fuiuant la paillardie*
  Sont greffiz et print cinq ou fix
  La font blesfleurs[4] *au plus hault bout affis*
  Pour le euaige[5] *et bien hault mis au vent*

Le texte eft celui de Pierre Levet. Pour les éditions données en variantes, voyez le § *Bibliographie*.
1 Les deux édit. Treperel *le grand mache*.
2 Treperel 1500 *De p* — La Monnoye *De par*. Le figne abréviatif placé ici fous le *p* eft fouvent ufité dans les anciennes impreffions pour doubler une confonne. Nous l'avons reproduit feulement aux endroits fort rares où la partie abrégée refte douteufe.
3 Bibliothèque nationale, Recueil 4404 *angels*.
4 R. 4404 *bleffleurs* — Les deux édit. Trep. *blefleurs* — La Mon. *bleffeurs*.
5 R. 4404 *le evage* — Les deux édit. Trep. *le evagie* — La Mon. *l'evagie*.

BALLADE I

A Paris, la grande prison (le grand Chatelet),
   Où les prisonniers sont accouplés & mis à l'ombre,
Et, suivant la paillardise des sergents,
Sont pincés & pris cinq ou six (compagnons) [1],
(Là sont dupeurs, au plus haut bout assis [2],
Pour la vengeance) & bien haut mis au vent [3].

---

[1] Ce vers semble se rapporter au procès où Villon faillit être pendu ; il dit dans son *Épitaphe* :
   Vous nous voyez cy attachés cinq, six...
mais il faut observer qu'il emploie souvent ces deux chiffres pour la rime.

[2] Ce sont les juges examinateurs, présidant aussi à la torture ; ils étaient sur des sièges élevés, et l'accusé, sur la sellette, siège très bas.

[3] Accrochés à la potence, au gibet. Villon, *Épitaphe au moment d'être pendu*, vers 26 :
   Puis çà, puis là, comme le vent varie,
   A son plaisir sans cesser nous charrie
   Plus becquetés d'oyseaulx que dez à couldre.

Escheques¹ moy toft ces coffres maffis
Car vendengeurs des ances circuncis
S'en brouent du tout a neant
Efchec efchec pour le fardis
 Broues moy fur² gours paffans
Aduifes moy bien toft le blanc
Et pietonnes³ au large fus les champs
Qu'au mariage ne foiez⁴ fur le banc
Plus qu'un fac n'eft de plaftre blanc⁵
Si gruppes eftes des carireux⁶
Rebiguez⁷ moy toft ces enterueux⁸
Et leur monftres des trois le bris
Quen claues⁹ ne foies deux et deux
Efchec efchec pour le fardis¹⁰
Plantes aux hurmes¹¹ vos picons
De paour des bifans fi tres durs
Et auffi d'eftre fur les ioncs

---

1 Les deux édit. Trep. *Efceves.*
  La Mon. *efcevez.*
2 La Mon. *fur ces gours paffans.*
3 On peut lire *piâonnes*, mais *pietonnes* eft évidemment le fens.
4 Trep. 1500 *ne fois.*
5 La Mon. *fac de plaftre n'eft blanc.*
6 R. 4404 *carieux.*
7 R. 4404 *Rebignes.*
  La Mon. *Rebignez.*
8 R. 4404 *entreveux.*
9 Trep. 1500 et La Mon. *Que clavés.*
10 Les deux édit. Trep. *les fardis.*
11 Trep. 1500 *au lhurmes*, et au vers fuivant *De pour di.*

Esquivez-moi vite ces cachots massifs,
Car d'adroits voleurs, des oreilles circoncis,
En deviennent de tout à rien.
 Échec ! échec ! pour le gardien (*ou :* le guet) !
Avancez-moi sur ces gros & riches passans [1] ;
Advisez-moi bien vite la liberté
Et courez au large sur les champs ;
Qu'au mariage ne soyez sur le banc [2]
Plus qu'un sac de plâtre n'est blanc [3] !
Si vous êtes des compagnons empoignés,
Guettez-moi bien vite ces intervenants
Et montrez-leur, de vous trois, le derrière [4],
Que sous clef ne soyez deux à deux [5].
 Échec ! échec ! pour le gardien (*ou :* le guet) !
Prodiguez, aux bancs, vos paroles (vos langues) [6],
De peur des coins tellement durs [7],
Et aussi, (de peur) d'être sur les joncs [8]

---

1 Il parle sans doute ici du guet des métiers ou guet bourgeois (V. Bal. IV, vers 14). C'est le *gros messieurs* dont se sert La Fontaine, *vers 24, Le Renard, le Loup & le Cheval:*
 Ceux du loup, gros messieurs, l'on fait apprendre à lire.
2 *Mariage,* opération d'enchaîner les prisonniers deux à deux, de les marier.
3 Cette locution affirmative se retrouve dans la *Farce de Pathelin, vers 367.*
4 V. *Trois* au Glossaire. Ce sont les trois amis auxquels ces conseils sont adressés.
5 Enchaînés deux à deux, mariés. V. *Mariage, Marieux* au Glossaire.
6 Le banc, le siège de la torture par les coins (brodequins).
7 *Coins,* instruments de torture enfoncés à coups de maillet entre des planches (ou brodequins) liées autour des jambes du patient, assis sur un siège bas.
8 *Joncs,* les herbes aquatiques coupées dans les nombreux marais entourant alors Paris, et formant la litière des cachots.

En mahes¹ en coffres en gros murs
Eschari² ces ne soies point durs³
Que le grant can ne vous face efforez⁴
Songears ne soies pour dorez⁵
Et babignes tousiours aux ys
Des fires pour les desboufes⁶
Eschec eschec pour le fardis
 Prince Froart dis arques petits
 L'ung des fires si ne soit endormis
 Leuez au bec que ne soies greffiz⁷
 Et que vos emps n'en aient du pis⁸
 Eschec eschec pour le fardis⁹

---

1 Trep. 1500 *mars*.
2 R. 4404 *escharices* en un seul mot — Le Mon. *escharricez, ne soyez durs*.
3 Trep. 1500 *dars*.
4 Trep. 1500 *effore* — La Mon. *efforer*.
5 R. 4404 *dores* — La Mon. *dorer*.
6 La Mon. *Deboufer*.
7 Trep. 1500 *griffis*.
8 R. 4404 *vous emps en aient du pis* — Trep. 1497 *vous emps n'en aient* — Trep. 1500 *vous n'en aient* — La Mon. *vous n'en ayez*.
9 Les deux éditions Trep. *les fardis*.

En prifon, en cachots, en gros murs [1];
Affirmez (foutenez), ne foyez pas emprifonnés !
Que le Prévôt ne vous faffe élever en l'air [2] !
Songeurs (embarraffés) ne foyez pour diffimuler,
Et bavardez (répondez) toujours aux paroles
Des juges, pour les dépifter.
Échec ! échec ! pour le gardien (*ou :* le guet) !
Prince Pervers, dit Petit-Pont [3],
L'un des gens qui ne font endormis,
Ayez le nez au vent, que ne foyez pincé
Et que votre exiftence n'en ait du mal.
Échec ! échec ! pour le gardien (*ou :* le guet) !

---

1 *Villon, Épiftre en forme de ballade à fes amis,* écrite dans fon cachot de Meung-fur-Loire, vers 19 :

> *De murs efpoix on luy a fait bandeaux :*
> *Le laifferez-là, le povre Villon ?*

2 *Efforer* eft à double entente, il fignifie : *fécher, deffécher (au gibet),* en même temps que : *prendre fon effor, s'élever en l'air,* image de la pendaifon.

3 Le *Petit-Pont,* entre Notre-Dame et le Petit Chaftelet, rendez-vous préféré de la bohême et des gens fans aveu. Il ferait peut-être préférable de tranfcrire : *dit du Petit-Pont* (V. au Gloffaire).

BALLADE II

Coquillars¹ ennaruans² a Ruel
   Men ys vous chante que gardes
Que n'y laiſſez et corps et pel³
Quon fiſt Colin leſcallier⁴
   Deuant la roe babiller⁵
Il babigna pour ſon salut
Pas ne ſcauoit oingnons peller
Dont lamboureux lui rompt le ſuc

---

1 Trep. 1500 *Coquellars*.
2 R. 4404, et les deux édit. Trep. *enarvans*.
  La Mon. *narvans*.
3 Trep. 1497, le vers ſe termine par deux points :
4 La Mon. *Com fiſt Colin de l'Eſcaillier*.
  Trep. 1500 *leſcaillier*.
5 Trep. 1497, à la fin du vers deux points :

BALLADE II

Coquillars, enferrés à Rueil [1],
  Ma voix vous chante que preniez garde
Que vous n'y laiffiez & corps & peau.
Comme fit Colin de Cayeux [2]
Devant le tréteau, parlez [3] ;
Il bavarda, pour fon falut ;
Pas ne favait fe mettre à pleurer (comme vous)
Pour Lamboureux qui rompt la nuque [4].

---

1 *Coquillars,* l'un des furnoms de la bande. — *Rueil,* bourg des environs de Paris, fut, en effet, le théâtre de leurs exploits. — *Enferrés* peut fe comprendre auffi : *cernés.*
2 Cet ami fut cependant pendu quelques années plus tard, en 1461.
3 *Tréteau,* l'un des inftruments de torture pour appliquer la queftion, en ufage au Châtelet ; les autres : *brodequins* et *eau* font auffi nommés dans ces ballades (V. *Roe, Bifans, Baudroufe*). On remarquera que Villon répète plufieurs fois le confeil de parler, de répondre habilement, de dépifter les juges, au lieu de fe laiffer torturer.
4 *Lamboureux,* fobriquet du bourreau ou tourmenteur juré.

BALLADE II

Changes andoffes fouvent
   Et tires tout droit au tremble[1]
   Et efchiques toft en brouant
   Qu'en la iarte ne foiez emple[2]
   Montigny y fut par exemple
   Bien atache[3] *au hallegrup*
   Et y iargonnaft-il le tremple[4]
   Dont lamboureux[5] *lui rompt le fuc*
Gailleurs faitz[6] *en piperie*
   Pour ruer les ninars au loing
   A la fault[7] *toft fans fuerie*
   Que les mignons ne foient au gaing
   Farciz d'ung plumbis[8] *a coing*
   Qui griffe ou gard le duc[9]
   Et de la dure fi tres loing
   Dont lamboureux lui rompt le fuc
Prince erriere du Ruel[10]

---

1 R. 4404, Trep. 1500 et La Mon. *tremble.*
   Trep. 1497 *temble.*
   L'édit. P. Levet étant la feule qui donne *temple*, j'ai cru devoir écrire : tremble.
2 R. 4404 et La Mon. *ample* — Villon au huitain CLXVI du *Grand Teftament*, fait rimer *branle* avec *tremble*. La confonne intermédiaire difparaiffait donc dans la prononciation.
3 Les deux édit. Trep. et La Mon. *eftache.*
4 La Mon. *temple.*
5 La Mon. *Lamboureur* à chaque refrain.
6 La Mon. *bien faitz.*
7 R. 4404 et la Mon. *l'affault* (V. *Sault,* au Gloffaire).
8 Trep. 1500 *plumas.*
   La Mon. *Tout farcis d'un plumas.*
9 La Mon. *qui griefve et garde.*
10 La Mon. *arrière de.*
   Trep. 1500 *errier du.*

Changez manteaux (*ou :* vêtements) fouvent,
  Et dirigez-vous tout droit au tremble [1],
  Et difféminez-vous vite en fuyant
  Qu'en la diffenfion ne foyez pris plus tard [2] !
  Montigny y fut, par exemple [3],
  Bien fufpendu à la potence,
  Et il y jargonna avec les pieds [4]
  Pour Lamboureux, qui rompt la nuque.
Gaillards, habiles en piperie,
  Pour rejeter les nigauds au loin,
  A l'affaut, vite, fans rechignade !
  Que les mignons ne foient au gain [5],
  Lardés d'un plumbis à coins [6]
  Qui griffe ou jardine la tête [7] !
  Et de la prifon ainfi foient très loin
  Pour Lamboureux, qui rompt la nuque.
Prince, arrière de Rueil,

---

1 Sans doute un arbre fervant de réunion, de but, dans le voifinage de Rueil. Ce lieu, familier au poète, eft auffi nommé dans fa *Belle leçon aux Enfans perdus*. Au huitain CXXXVI du *Grand Teftament* il cite le *mont Valèrien*, la haute colline au pied de laquelle s'étend le village.
2 *Emplier* ou *amplier,* ancien terme de palais : différer, remettre une caufe ou renvoyer un criminel jufqu'à plus ample information.
3 Sous-entendu probable : *faute d'avoir écouté ces confeils*. Montigny, ami de Villon, avait été récemment pendu.
4 C'eft une image des convulfions du pendu (V. *Jargonnaft*, au Gloffaire).
5 Par ironie ou antiphrafe, pour : *que les amis ne foient à la peine*.
6 Sorte de calotte de plomb garnie intérieurement de pointes ou *coins*.
7 Cette image étrange eft bien dans la manière de Villon. On dit actuellement, avec le même fens : *labourer la tête, les côtes*, etc.

Et n'euſſies vous denier ne pluc
Qu'au giffle ne laiſſez l'appel[1]
Pour lamboureux qui rompt le ſuc

---

[1] La Mon. *Que au giffle ne laiſſez la pel.*
Toutes les autres édit. *lappel* en un ſeul mot et avec deux p.

Et n'euffiez-vous denier ni rien à manger [1],
Qu'en la bouche ne laiffiez l'appel [2]
Crainte de Lamboureux, qui rompt la nuque.

---

[1] *Pluc* fignifie : *nourriture, pitance, maraude,* dans les exemples cités au Gloffaire. Ici, il a le fens de cette locution : *quelque chofe à vous mettre fous la dent.*

[2] C'est-à-dire : *ne manquez pas d'en appeler.* — Villon devait mettre à profit fon propre confeil : condamné à la potence, il en appela au Parlement de Paris et la fentence fut changée en exil. L'Envoi de la *Ballade de l'Appel,* qu'il compofa à cette occafion, peut fe rapprocher de celui-ci :

> *Prince, fi j'euffe eu la pépie,*
> *Piéça [a] je fuffe où eft Clotaire [b]*
> *Aux champs debout comme ung efpic.*
> *Eftoit-il lors temps de me taire ?*

[a] Depuis longtemps.
[b] Au gibet de Montfaucon, sur la route de Saint-Denis, où est enterré Clotaire.

BALLADE III

Spelicans
Qui en tous temps
Auances dedens le pogoiz
Gourde piarde
Et ſur la tarde
Deſbourſez les pouvres nyais
Et pour souſtenir vous pois [1]
Les duppes ſont priues de caire
Sans faire haire
Ne hault braire [2]
Metz [3] *plantez ilz ſont comme ioncz*
Par [4] *les ſires qui ſont ſi longs*

On aura remarqué l'emploi, ſans aucune règle, de l's et du ʒ ſoit pour former la ſeconde perſonne pluriel des verbes ou la terminaiſon de leur infinitif, ſoit ſimplement comme finale ou ſigne du pluriel dans les autres mots ; les vers 3, 6, 11, 15 contiennent ces divers exemples. — Nous n'avons point reproduit les nombreuſes variantes occaſionnnées par ces licences orthographiques, elles n'auraient offert aucun intérêt.

[1] La Mon. *voſtre pois.*
[2] Les deux édit. Trep. *braiere.*
[3] R. 4404 *mes* — La Mon. *mais.*
[4] La Mon. *Pour.*

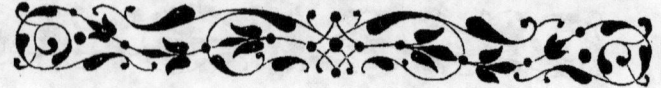

BALLADE III

      Sorciers,
    Qui en tout temps
Allongez (la main) dedans les poches [1],
    (Piliers de taverne) [2]
    Et fur le foir
Enlevez la bourfe aux pauvres niais,
Pour foutenir votre poids [3]
Ceux qui font pris font privés de foins [4],
    Sans pouvoir fe faire entendre
    Ni parler haut,
Mais plantés ils font comme joncs [5]
Par les gens qui font fi longs [6].

---

[1] *Avancez*, employé auffi Bal. VI, vers 22, a, dans les deux cas, le fens de : *Allongez*.
[2] Injure incidente adreffée par Villon à fa bande qui l'a laiffé entre les mains du guet (V. *Gourde Piarde*, au Gloffaire).
[3] *Poids* s'entendait alors : *peines, foucis, ennuis*.
[4] C'eft-à-dire : *Vous ne vous inquiétez pas de ceux qui ont été pincés pour vous avoir foutenu.* — Dans la ftrophe fuivante, il reproche à fes amis de s'être laiffés dérouter, de ne pas être intervenus pour repouffer le guet, etc.
[5] Sous-entendu : *dans le cachot*, où la litière était de *joncs*.
[6] Par la faute des gens qui font fi lents à nous fecourir.

Souvent aux arques
A leurs marques
Se laiſſent tous desbouſes[1]
Pour ruer
Et enteruer
Pour leur contre que lors faiſons
La fee les arques[2] *vous reſpons*
Et rue deux coups ou trois[3]
Aux gallois
Deux ou trois
Nineront[4] *treſtout au frontz*
Pour[5] *les ſires qui ſont ſi longs*

Et pour ce benardz
Coquillars
Rebecquez vous de la montioye
Qui deſuoye
Voſtre proye
Et vous fera du tout[6] *brouer*
Pour ioncher et enteruer[7]
Qui eſt aux pigons bien chair[8]

---

1 La Mon. *desbouſer.*
2 La Mon. *La fée aux arques vous reſpond.*
3 La Mon. *ou bien troys.*
4 La Mon. *mineront.*
5 R. 4404 *Par.*
6 La Mon. *de tout.*
7 Toutes les éditions donnent ce vers diviſé en deux, ſoit treize pour la ſtrophe, tandis que les autres ſtrophes ſont de douze vers. C'eſt une indication pour couper auſſi le ſens de la phraſe à cet endroit.
8 R. 4404 et La Mon. *cher.*

Souvent aux arches,
   A leurs logis,
Se laiſſent tous dévoyer
   Pour rejeter (le guet)
   Et intervenir
Pour leur ami comme nous faiſons (en pareil cas).
La Fée des arches vous répète [1] :
Eh ! lance deux coups, ou bien trois,
   Aux pendeurs (*ou :* aux gaillards) ;
   Deux ou trois
Quilleront bien tous au front [2]
Pour les gens qui ſont ſi longs.

Et pour cela, Benards [3],
   Coquillars,
Réjouiſſez-vous de l'indication [4]
   Qui détourne (du chemin des ſergents)
   Votre proie [5],
Et vous fera ſauver (fuir) de tout
Par fourberie ; & intervenez
(Ce qui doit être aux pigeons bien cher [6])

---

1 Villon perſonnifie les arches, lieu de réunion habituel de la bande.
2 Ils (les ſpélicans) *quilleront, viſeront.*
3 *Benards, Coquillars,* ſurnoms de la bande.
4 *Montjoie,* tas de pierres ſervant alors à indiquer les routes, les chemins.
5 *Votre proie,* ce ſont les *Benards,* proie échappée aux ſergents.
6 *Pigeons,* terme d'amitié pour ſes amis, déjà employé dans le *Petit Teſtament.* Au huitain XXIX, il fait figurer, parmi les légataires, ſes camarades empriſonnés :
    Les *pigons qui ſont en l'eſſoine*
    Enſerrés ſous trappe voliére.

Pour rifler
Et placquer
Les angelz de mal tous rons
Pour les fires qui font fi longs

De paour des hurmes
Et des grumes
Rafurez[1] *vous en droguerie*
Et faierie[2]
Et ne foiez plus fur les ioncz
Pour les fires qui font fi longs[3]

---

1 La Mon. *Raffurez*.
2 La Mon. *faerie;* toutes les autres édit. : *faierie*.
3 Trep. 1497 *qui font longs*.

Pour chaffer ¹
Et écharper ²
Les fergents de mal tout pleins
Pour les gens qui font fi longs.

De peur des bancs ³
Et des réprimandes ⁴,
Raffurez-vous dans le travail ⁵
Et la candeur,
Et ne foyez plus fur les joncs,
Pour les gens qui font fi longs.

---

1 Donner la chaffe.
2 *Placquer*, fe traduit exactement par : *faire des plaies*.
3 Le banc des accufés, la fellette, le banc du *mariage* (V. ce mot) et le banc de la torture.
4 *Gronderies, admonitions* ; probablement un terme d'école.
5 *Raffurez-vous*, dans le fens de : *Remettez-vous de ce trouble, de ce aventures*.

BALLADE IV

Saupicquez[1] *fronans*[2] *des gours arques*
Pour defboufes[3] *beauffire dieux*
Allez ailleurs planter voz marques
Benards vous eftes rouges gueux[4]
Berart[5] *s'en va chez les ioncheurs*[6]
Et babigne qu'il a plongis

---

1 R. 4404 et les deux édit. Trep. *Saupicqs*.
 La Mon. *Saupicquets*.
2 La Mon. *frouans*. — Les édit. primitives portent bien : *fronans*.
3 Les deux édit. Trep. *defhoufes*.
 La Mon. *defhoufer*.
4 Dans les deux édit. Trep. *gueux* manque à la fin de ce vers.
5 Dans les deux édit. Trep. *Bearat*.
6 La Mon. *Joucheux*.

BALLADE IV

Fils de truies, renfrognés, des groffes arches [1],
  Pour dépifter, beaufire Dieu [2] !
Allez ailleurs placer vos logis !
Benards, vous êtes de malins gueux !
Tabarie s'en va chez les trompeurs [3]
  Et bavarde qu'il a plongé (trempé dans le vol) :

---

[1] Les *arches* des ponts, lieu de réunion de la bande des Benards, et, probablement, domicile de quelques-uns d'entre eux.
[2] Cette exclamation fe rencontre auffi dans la *Requefte de Villon à Monfeigneur de Bourbon* (V. au Gloffaire).
[3] Le nom de *Berart*, écrit : *Bearat* dans deux éditions, donne prefque l'anagramme de *Tabarie*, le compagnon de Villon, d'abord feul arrêté et mis à la queftion pour le vol d'un *coffre* au collège de Navarre (V. *Berart*.)

Mes freres foiez embraieux [1]
Et gardez les coffres maffis
Se gruppes eftes defgrappez [2]
De ces angelz fi graueliffes
Incontinent mantheaulx et chappes [3]
Pour lemboue ferez eclipfes
De vos farges [4] *feres befifles*
Tout debout nompas [5] *affis*
Pour ce gardes d'eftre griffez
En [6] *ces gros coffres maffis*
Niaiz qui feront attrapez [7]
   Bien toft s'en brouent au halle [8]
   Plus ny [9] *vault que toft ne happes*
   La baudroufe de quatre talle [10]
   Deftires fait la hirenalle [11]
   Quant le gofier [12] *eft affegis* [13]

---

1 La Mon. *embrayeux*.
  Trep. 1500 *embrajeu*.
2 R. 4404 *defgruppes*, et au commencement du vers *fi*. — Les deux édit. Trep. *fi*.
3 R. 4404, Trep. 1497 et La Mon. *cappes*.
  Trep. 1500 *capes*.
4 Dans P. Levet, on peut lire *farges* ou *farges*.
  Trep. 1500 et La Mon. *farges*.
  R. 4404 et Trep. 1497 *farges*.
5 R. 4404 *non pas*.
  La Mon. *et non pas*.
6 La Mon. *Dedens*.
7 R. 4404 *atrapes*.
8 R. 4404 *halles*.
9 Les deux édit. Trep. et La Mon. *Plus ne*.
10 Les deux édit. Trep. *taille* — R. 4404 *talles*.
11 Les autres édit. *hairenalle*.
12 Trep. 1497 *gofier* — Trep. 1500 *goffecr* — La Mon. *goffer*.
13 Trep. 1497 et La Mon. *affiegis*.

Mes frères, foyez ombrageux
Et gardez les coffres maffifs [1].
Si vous êtes empoignés, décrochez-vous
De ces fergents fi tombe-de-la-vie ;
Incontinent, manteaux & capes
Pour Lamboureux feront éclipfes [2] ;
De vos fergents ferez hors,
(Tout debout & non pas affis [3]) ;
Pour cela, gardez-vous d'être pincés
Dedans ces gros cachots maffifs.
Les niais qui feront attrapés
Bientôt s'en iront à la potence ;
Rien ne fert que tôt vous happiez
La baudruche de quatre toiles [4] ;
Deftirer fait la pointe des cheveux
Quand le gofier eft ainfi affiégé,

---

1 *Coffres maffis* eft ici dans fon fens propre, c'eft le coffre, ou le contenu du coffre volé.
2 *Lamboue* paraît être une abréviation ou une faute pour : *Lamboureux*, furnom donné dans ces ballades au bourreau ou tourmenteur juré de la Prévôté.
3 Ce vers eft une de ces incidentes bizarres dont l'auteur nous offre de nombreux exemples ; il indique qu'il entend parler des fergents de la Prévôté, les feuls à craindre. Le peuple avait donné le furnom de *guet dormant* ou *guet affis*, au guet des métiers ou guet bourgeois, enfermé le foir dans les corps-de-garde dont il ne fortait guère ; et par oppofition : *guet debout*, au guet de la Prévôté qui parcourait la ville (V. *Sarges*). Aux premiers vers de la bal. VI, Villon engage fes amis à roffer le guet bourgeois :

> *Et frappes en la hurlerie*
> *Sur les beaulx fires bas affis.*

4 La *baudruche* ou *peau de quatre toiles* : la queftion par l'eau, entonnée dans le gofier du patient à travers une épaiffeur de linge (V. *Baudroufe*, au Gloffaire).

88 BALLADE IV

Et ſi hurcque la pirenalle [1]
Au ſaillir des coffres maſſis
Prince des gayeuls [2] *les ſarpes* [3]
Que vos contrez ne ſoient greffis
Pour doubte [4] *de frouer aux arques*
Gardes vous des coffres maſſis

1 R. 4404 *pirenaille.*
2 Les autres édit. *gayeulx.*
3 La Mon. *à leurs marques,* correction adoptée par la plupart des édit. modernes, en vue de la rime avec *arques.* Elle a le défaut de s'éloigner complètement du texte des quatre éditions primitives. La correction : *les ſarques* ferait préférable ; on aurait ainſi un ſynonyme de *ſarpes,* ce qui rendrait plauſible la faute perſiſtante des imprimeurs (V. *Sarpes,* au Gloſſaire).
4 Trép. 1500 *boubte.*

Et la poire d'angoiffe le heurte (le bleffe) auffi [1],
Au fortir de ces cachots maffifs.
Prince des Joyeux-les-coquins
Que vos compagnons ne foient pincés !
Par crainte de rompre avec les arches [2],
Gardez-vous des cachots maffifs !

---

1 Dans le *Grand Teftament, huitain LXIII,* Villon fe plaindra de
l'évêque d'Orléans, Thibault d'Auffigny:

> *Qui tant d'eau froide m'a faict boyre*
> *En ung bas lieu, non pas en hault;*
> *Manger d'angoiffe mainte poire.*

2 Les arches font perfonnifiées, comme on l'a déjà précédemment
rencontré ; c'était le lieu de réunion de la bande. *Rompre avec
les arches,* en être violemment féparé.

6.

BALLADE V

Ioncheurs ionchans en ioncherie
    Rebignez[1] bien ou ioncherez
    Qu'oſtac n'embroue voſtre arerie[2]
    Ou accoles ſont voz ainſnez
    Pouſſez de la quille et brouez
    Car toſt ſeriez rouppieux[3]
    Eſchet qu'acollez ne ſoies
    Par[4] la poe du marieux
Bendez vous contre la faerie
    Quanques[5] vous auront[6] deſbouſes

---

1 R. 4404 *Rebignes*.
  Trep. 1497 *Robignez*.
  Trep. 1500 *Robiguez*.
2 R. 4404 *arriere* — Les deux édit. Trep. et La Mon. *arrerie*.
3 R. 4404 *car trop feries roupieux*.
4 R. 4404 *Pour*.
5 R. 4404 et les deux édit. Trep. *Quant*.
6 La Mon. *aurez*.

BALLADE V

Joncheurs, jonchans en joncherie ¹,
    Guettez bien où vous joncherez,
    Que Tofca m'emmène votre bande ²
    Où attachés deux à deux font vos aînés ;
Jouez de la jambe & fuyez,
    Car tôt feriez attrapés (penauds).
    Advienne qu'accolés ne foyez ³
    Par la patte du marieux ⁴ !
Raidiffez-vous contre la peur
    Quant vous aurez dépifté,

---

1 Synonymes de *tromperie, rufe, friponnerie*, etc.
2 *Tofca* eft un officier de police dont Villon parle auffi dans le *Grand Teftament* ; *Oftac* par anagramme.
3 Sous-entendu : *je fouhaite qu'il advienne*, etc. — *Accolés* fignifie : attachés deux à deux, mariés.
4 Le *marieux*, celui qui accolait, mariait les prifonniers. Ce mot n'a pas d'équivalent dans la langue (V. au Gloffaire : *Accolés, mariage, marieux*).

N'eſtant a juc la rifflerie
Des angelz[1] *et leurs aſſoces*
Berard[2] *ſi vous puiſt*[3] *renuerſez*
Si greffir laiſſes voz[4] *carrieux*
La dure bien toſt renuerſes[5]
Pour la poe du marieux
Enteruez a la floterie
Chanter[6] *leur trois ſans point ſonger*
Qu'en aſtes[7] *ne ſoies en ſurie*
Blanchir voz[8] *cuirs et eſſurgez*[9]
Bignes la mathe ſans targer
Que vos ans n'en[10] *ſoient ruppieux*
Plantes ailleurs otre ſieges aſſegier[11]
Pour la poe du marieux

---

1 Les deux édit. Trep. *anges*.
2 Les deux édit. Trep. *Berad*.
3 La Mon. *ſe povez*.
4 R. 4404 *vous carrieux*.
5 La répétition de *renverſez* dans le texte eſt évidemment une faute; Villon n'était pas auſſi pauvre de rimes. M. Louis Moland (Garnier frères, 1879) a corrigé par *n'en verrez*. — M. Vitu (Jargon du xv° ſiecle) adopte auſſi cette correction.
6 La Mon. *Chantez*.
7 La Mon. *artes*.
8 Trep. 1500 *vous*.
9 La Mon. *eſſurger*.
10 Les deux édit. Trep. et La Mon. *ne ſoient*.
11 R. 4404 *Plantes ailleurs contre aſſeger*.
   Trep. 1497 *Plantes ailleurs otre ſieges aſſieger*.
   Trep. 1500 et La Mon. *contre aſſieger*.

Étant à bas la pourfuite [1]
Des fergents & leurs affociés.
Berard, fi vous pouvez, renverfez [2],
Si pincer laiffez vos compagnons ;
La prifon bientôt n'en verrez
Crainte de la patte du marieux.
Initiez-vous à la tannerie [3] ;
Chantez-leur, vous trois, fans plus y penfer [4] ;
Qu'en l'atelier ne foyez en rechignade
A blanchir vos cuirs & à effurger [5].
Regardez la prifon, fans entrer (*ou :* fans payer) [6],
Que vos années n'en foient attrapées (penaudes) ;
Placez ailleurs, outre (plus loin), l'endroit à loger [7],
Crainte de la patte du marieux.

---

1 *N'eſtant à juc* fe traduit mot à mot par : *n'étant en haut.* — *Juc* eſt le radical des mots *jucher, juchoir.*
2 *Berard,* déjà nommé au vers 5 de la ballade précédente, le compagnon qui a été pris et dont les révélations font à craindre (fans doute *Tabarie* par anagramme). *Renverfer* eſt ici au figuré, et dans le fens ancien de *retourner, détourner :* retro vertere.
3 *Floterie* défigne l'atelier où fe font les opérations de tannerie ou plutôt de mégifferie dont il eſt queſtion plus loin (V. au Gloffaire : *Blanchir, Effurger, Flos, Floterie, Plain*).
4 Le poète s'adreffe probablement aux trois amis déjà défignés au huitain II de la première ballade (V. *Trois,* au Gloffaire).
5 *Blanchir,* paffer les peaux au lait de chaux pour en enlever le poil. — *Effurger,* enlever la laine furge fur les peaux de moutons — Termes de métier.
6 *Targer,* mot à double entente, fuivant le procédé familier à l'auteur. La *targe* était une monnaie bretonne répandue en France, et fignifiait auffi verrou, d'où *targette,* petit verrou, eſt parvenu jufqu'à nous. On peut donc comprendre : *fans donner des targes, fans payer ;* et : *fans ouvrir les verrous, fans entrer.*
7 Ce vers peut fe traduire différemment, fuivant la leçon adoptée, mais le fens reſte le même : *logez ailleurs, amis.*

Prince benardz[1] en efterie
　Querez couplaus[2] pour ramboureux[3]
　Et au tour[4] de vos ys luezie[5]
　Pour la poe du marieux

---

1 Les deux édit. Trep. et La Mon. *benard* — R. 4404 *benards*.
2 Trep. 1500 *coupaus* — La Mon. *coupans*.
3 R. 4404 *renboureux* — Trep. 1500 *raboureux* — La Mon. *Lamboureux*.
4 La Mon. *autour* en un feul mot.
5 Les deux édit. Trep. *leuezie* — La Mon. *tuerie*.

Prince Benard, en votre plaidoirie (*ou :* comparution),
  Cherchez bons arguments pour Lamboureux [1],
  Et autour de vos paroles, habileté (malice) [2],
  Crainte de la patte du marieux.

---

[1] C'eſt-à-dire : *pour tromper les juges, pour éviter Lamboureux* (ſur-nom du tourmenteur juré dans ces ballades).
[2] On peut lire : *à l'entour de vos paroles,* ou : *à votre tour de parler,* ſuivant que l'on conſidère *autour* comme écrit en un ſeul mot ou en deux.

BALLADE VI

Contres de la gaudiſſerie
  Enteruez touſiours blanc pour bis
  Et frappes en la hurterie
  Sur les beaulx ſires bas aſſis
  Ruez des fueilles [1] *cinq ou ſix*
  Et vous gardes bien de la roe
  Qui au [2] *ſires plante du gris*
  Et [3] *leur faiſant faire la moe*

Cette pièce eſt la plus fidèlement reproduite par les imprimeurs du XVe ſiècle ; la plupart des variantes ne ſont que les corrections effectuées dans l'édit. dite de La Monnoye. Quelques vers incomplets ſubſiſtent cependant encore vers la fin de la Ballade, il ſerait téméraire de ſonger aujourd'hui à les compléter.

1 Trep. 1500 *de fueilles.*
   La Mon. *de feuilles.*
2 La Mon. *aux.*
3 La Mon. *En.*

BALLADE VI

Compagnons de la gaudifferie [1],
    Entrevoyez toujours gaîté pour tristesse [2],
    Et frappez, en la bataillerie,
    Sur les beaux sires du guet bourgeois [3] ;
    Renversez, de ces bandits, cinq ou six ;
    Et gardez-vous bien du tréteau [4]
    Qui aux gens implante de la douleur
    Et leur fait faire la grimace.

---

[1] Villon, après la *Ballade de Bonne Doctrine*, remplie comme celle-ci de conseils aux mêmes amis, débute de même :
> *A vous parle, compaings de galles,*
> *Qui estes de tous bons accords....*

(*C'est à vous que je parle, compagnons de gaudisseries, qui êtes de toutes les bonnes noces*).

[2] *Blanc, Bis, Gris*, sont, au figuré ; le choix des expressions pour les traduire est donc très grand. C'est ici la locution moderne : *Voyez tout en rose, ne voyez pas tout en noir.*

[3] Le *guet bourgeois* ou *guet assis*, ainsi nommé parcequ'il ne se dérangeait pas volontiers, et restait assis dans les corps-de-garde (V. la note du vers 14, bal. IV).

[4] Instrument de torture pour l'application de la question (V. *Roe*).

La giffle[1] *gardes de rurie*[2]
 Que vos corps n'en aient du pis
 Et que point à la turterie
 En la hurme ne foies affis
 Prens du blanc laiffe du bis[3]
 Ruez par les fondes[4] *la poe*
 Car le bizac a voir aduis
 Fait aux beroars faire la moe
Plantes de la mouargie[5]
 Puis ça puis la pour l'urtis[6]
 Et n'efpargne[7] *point la flogie*
 Des doulx dieux fur les patis
 Vos ens foient affez hardis
 Pour leur auancer la droe
 Mais foient memoradis[8]
 Qu'on ne vous face la moe[9]

---

1 Les deux édit. Trep. *Gliffle*.
2 Les deux édit. Trep. *ruire*.
3 La Mon. *Prenez du blanc, laiffez du bis.*
4 Les deux édit. Trep. *Rues par les frondes*.
5 Peut-être doit-on lire ici : *movargie*.
6 La Mon. *l'artis*.
7 Les deux édit. Trep. *n'efpergne*.
 La Mon. *n'efpargnez*.
8 La Mon. *mémorandis*.
9 L'édit. Pierre Levet donne : *Qu'on ne vous face faire la moe*, mais les quatre édit. reproduites ici donnent le vers : *Qu'on ne vous face la moe.*

La bouche, gardez-la du ruiffelage [1]
   Que vos corps n'en aient du mal,
   Et que point à la torture (à la queftion),
   Dans le banc ne foyez affis [2] !
   Prenez de la gaîté, laiffez la trifteffe [3],
   Mettez les mains dans vos poches [4] ;
   Car le cachot, à vrai dire,
   Fait aux beroars faire la grimace [5].
Faites beaucoup de fauchage [6] ;
   Puis ici, puis là, pour le heurt,
   N'épargnez point la fente
   Des doux amours, sur l'herbe des patis [7] ;
   Que vos êtres foient affez hardis
   Pour leur allonger le trait,
   Mais fe rappellent (mon confeil) :
   Qu'on ne vous faffe la grimace !

---

1 La queftion par l'eau, entonnée dans la bouche (V. *Baudroufe*, *Rurie*).
2 Le banc où s'appliquait la queftion par les brodequins (V. *Bifans*, *Hurme*). C'eft, on le voit, une énumération des divers modes de torture employés au Châtelet dans les interrogatoires.
3 On peut entendre auffi : *Prenez de la liberté, laiffez-là l'ombre du cachot.*
4 Mot à mot : *Enfoncez par les poches la patte.*
5 V. au Gloffaire les divers effais d'explication de *beroars*.
6 Villon commence de même le troifième huitain de la *Ballade de Bonne Doctrine à ceulx de mauvaife vie*, adreffée à fes anciens compagnons :

>   *De telles ordures te reculles,*
>   *Laboure, fauche champs et prez...*

7 *Patis*, ancien mot encore en ufage : *paturage, prairie*. La traduction eft reftée obfcure devant la paftorale érotique de ce huitain ; il faut donner aux mots : *heurt, fente, trait*, un fens équivoque obfcène.

Prince qui n'a bauderie
Pour eſchever de la ſoe
Danger de grup[1] *en arderie*
Fait au ſires faire la moe

---

1 La Mon. *Danger du grup.*

Prince, celui qui n'a affez de bonne humeur,
  Pour s'éviter de la femer (de la répandre),
  Craigne d'être accroché en brûlerie¹ :
  Ce qui fait aux gens faire la grimace.

---

1 *Arderie* eft formé fur le verbe *arder* ou *ardoir : brûler ;* mais on ne brûlait ni les voleurs, ni les meurtriers, il s'agit donc ici du fupplice des faux-monnayeurs : le chaudron d'huile bouillante (V. *Arderie,* au Gloffaire).

BALLADE NOUVELLE

Brouez benards efchequez a la faulve[1]
　Car efcornez vous eftes a la roue
　Fourbe joncheur chacun de vous fe faulve
　Efchec efchec coquille fi s'en broue[2]
　Cornette court nul planteur ne fi[3] joue
　Qui eft en plant en ce coffre joyeulx
　Pour ces raifons il a ains qu'il s'efcroue

Il n'eft pas abfolument certain que cette pièce foit de François Villon ; elle ne figure pas dans les édit. primitives, mais feulement dans un manufcrit rédigé poftérieurement (V. la Notice au Ballade nouvelle).

1 L'emploi, quatre fois répété à la rime, de *faulve* ou *fauve*, avec un fens différent à chaque apparition, eft l'une des difficultés que l'auteur s'eft contraint à furmonter dans cette ballade ; l'Envoi contient un acroftiche et divers anagrammes.
2 Le Jargon du XV° fiècle, page 133 : fe s'enbroue.
3 Le Jargon du XV° fiècle,　　d°　　: fe.

BALLADE NOUVELLE

Fuyez, Benards, échappez aux mauvais coups [1],
   Car maltraités vous êtes à la roue [2] ;
   Que chacun de vous, fourbe, joncheur, ſe ſauve !
   Échec ! échec ! malice eſt de s'en aller.
   De corde de potence nul priſonnier ne ſe moque
   Qui eſt en plan en cette triſte priſon [3] ;
   Pour ces raiſons, il a, (mais s'il ſe laiſſe écrouer),

---

1 *Benards* eſt le ſurnom de la bande le plus ſouvent répété dans les autres ballades. — Les coups ſont probablement une alluſion à « *la pelle au cul* », punition que Villon ſubit un jour ſur une plainte ou dénonciation de ſa maîtreſſe ; le patient était promené à travers la ville, demi-nu, attaché à une charrette, et frappé à chaque carrefour (V. *ſa Sauve*, au Gloſſaire).
2 Il s'agit ici de la *roue* de la charrette (V. la note 1) ou de la *roue* du tréteau (V. *Roe*) ; le ſupplice de la roue était encore inconnu.
3 *Coffre joyeulx* eſt ironique, c'eſt le pendant de *mathe gaudie*: épouſe joyeuſe, au premier vers de la bal. I. La répétition *en-an-en*, dans ce ſixième vers, ne doit pas être de Villon.

Ionc¹ verdoiant havre du marieux.
Maint coquillart efcorne de fa fauve
 Et defboufe de fon cuer² ou poue
 Beau de bourdes blandy de langue fauve
 Quide³ au ront faire aux grunes⁴ la moue
 Pour quarre⁵ bien affin qu'on ne le noe
 Couples⁶ vous trois a fes⁷ beaulx fires dieux
 Ou vous aurez le ruffle en la joue
 Ionc verdoyant havre du marieux.
Qui⁸ ſtat plain en gaudie ne ſe mauve
 Luez au bec que l'on ne vous encloue
 C'eſt mon advis tout autre confeil fauve
 Car quoy aucun de la faulx ne ſe loue
 La fin en eſt telle quelle⁹ deloue
 Car qui eſt grup il a mais s'eſt au mieulx
 Par la vergne tout au long de la broue¹⁰
 Ionc verdoiant havre du marieux.

---

1 *Le Jargon du XV*ᵉ *fiècle*, page 133 : *Jour*.
2 On peut lire : *ence*. Le mot eſt douteux. *Ence* ſe traduiroit par : *oreille*.
3 *Le Jargon du XV*ᵉ *fiècle*, page 134 : *Quidant*.
4 *Le Jargon du XV*ᵉ *fiècle*, d° : *Gremes*. Le mot eſt douteux.
5 Lire en un ſeul mot : *Pourquarre*.
6 *Le Jargon du XV*ᵉ *fiècle* : *Couplez*.
7 On écrivait indifféremment *fes* ou *ces*. Ici, c'eſt un pronom démonſtratif.
8 *Le Jargon du XV*ᵉ *fiècle*, page 134 : *Que*.
9 Ce vers eſt écrit en marge — Le mot *quelle*, abrégé de ſes finales, eſt douteux.
10 On peut lire : *boue* ou *broue*.

BALLADE NOUVELLE

  Jonc verdoyant, affre du geôlier [1].
Certain Coquillart, méprifé de fa maîtreffe (fa truie) [2],
  Et hors du chemin de fon cœur ou fa main,
  Beau de menfonges, artificieux, de langage fourbe
Efpère au tribunal faire aux remontrances la grimace [3],
  Cherche tous les moyens afin qu'on ne l'enchaîne :
  Argumentez bien, vous trois, à ces beaux juges !
  Ou, fi vous avez le bredouillage en la bouche [4],
  Jonc verdoyant, affre du geôlier [5].
Qui eft plein de gaîté, ne fe change !
  Faites attention que l'on ne vous enferme,
  C'eft mon avis, tout autre confeil réfervé ;
  Car, quoi! perfonne de la mort ne fe loue ;
  Pareille fin eft telle, qu'elle eft blamée.
  Car, qui eft empoigné, il a, (encore eft-ce au mieux) [6],
  Par le printemps, tout au long de la fuyante,
  Jonc verdoyant, affre du geôlier.

---

1 *Jonc verdoyant*, la litière de joncs du cachot (V. *Joncs*). — *Affre*, tombé hors d'ufage, traduit feul exactement *Havre* : horreur, effroi, avec une idée de cruauté, de douleur. — Le *marieux*, celui qui mariait les prifonniers, qui les enchaînait ou les *accolait* deux à deux ; *geôlier* n'eft là qu'à défaut de meilleure expreffion.
2 Villon paraît être mis ici en fcène (V. au Gloffaire : *Sa Sauve*, avec les autres qualifications adreffées par le poète à fes maîtreffes).
3 Je fuppofe *ront* fignifiant : *le rond des juges, le tribunal ;* c'eft une interprétation tout-à-fait arbitraire.
4 Dans les ballades II et VI, on rencontre de même « *la giffle* » (autrefois : la joue) pour : la bouche (V. *Giffle, Ruffle*).
5 Répéter le verbe au commencement du refrain : *Vous aurez jonc verdoyant*, etc.
6 *Encore eft-ce le mieux qui puiffe lui arriver, d'être, par ce printemps, tout au long de la fuyante* (le temps, la vie), *fur le jonc verdoyant*, etc. (car il pourrait être pendu).

7.

106   BALLADE NOUVELLE

NOTE ive David¹ faint archquant² la baboue
ehan mon amy qui les fueilles defnoue
e vendengeur³ beffleur comme une choue
ing de fon plain de fes flos curieulx
oe beaucop⁴ dont il reçoit freffoue
onc verdoiant havre du marieux.

---

1 Les finales font douteufes, on peut lire : *David, daviet* ou *daviot*.
2 Les finales font douteufes,   d°   : *archquant, archquin*.
3 Les finales font douteufes,   d°   : *vendengeur, vendengent*.
4 *Le Jargon du XV° fiècle*, page 135, rectifie l'orthographe : *noue beaucoup*. Cet ouvrage de M. A. Vitu, donne de curieux anagrammes conftruits fur chaque vers de cet envoi, et qu'il n'eft pas poffible d'attribuer à un fimple hafard. Voici textuellement ceux des vers 3, 4, 5, les plus intéreffants :
« Vers 3 : *F. de Moncorbeulh, fere vengence me vueul*.
« Vers 4 : *François Villon, loing de eulx defpefs*. Ce qui, par un
« changement qui fe peut tolérer, de l'avant-dernier *s* en *r*
« donnerait : *François Villon, loin de eulx defpers*, c'eft-à-dire :
« défefpéré.
« Vers 4, 2° : *D. François Villon des Loges, U. P. S., en exil*. C'eft-
« à-dire : *Dominus François Villon des Loges, Univerfitatis Pari-
« fienfis Scholaris, en exil*.
« Vers 5 : *Efcoute li ouvre du bon poete Francois*. »

Vive le davier, faint ouvrant les coffres! La grimace [1],
  Jean, mon ami, qui les bandits dépouille [2].
L'habile voleur, fourbe comme une chouette,
  Loin de fon atelier, de fes amis foucieux,
Navigue beaucoup, dont il reçoit fraîcheur... [3]
  Jonc verdoyant, affre du geôlier.

---

1 *Davier, daviet* ou *daviot*, levier ou crochet des voleurs ; ce qu'ils nomment maintenant : *un monfeigneur*.
2 Il s'agit probablement de Jehan Mautainct, juge examinateur au Chaftelet, chargé d'inftruire un vol commis au collège de Navarre par la bande de Villon ; il eft cité dans les deux *Teftaments*. L'auteur, après s'être mis en fûreté, lui fait de loin *la baboue, la grimace*. — Si c'eft bien ici notre poëte qui parle, la *navigation* de l'avant-dernier vers eft celle d'Orléans à Blois ou à Angers ; ces villes lui ont, à plufieurs reprifes, fervi de refuge.
3 Ce vers eft peu compréhenfible, cependant fa traduction ne peut fubir que de légères variantes. M. A. Vitu l'interprète : *nage beaucoup dont il reçoit friffon* (V. Noe).

L'irrégularité de l'acroftiche, conftruit avec deux lettres initiales du quatrième vers, femble indiquer la difparition d'un cinquième vers intercalaire, qui éclairait l'obfcurité du fuivant.

GLOSSAIRE

DU

JARGON ET JOBELIN

GLOSSAIRE

DU

JARGON ET JOBELIN

Les exemples reproduits fans pagination indiquée proviennent des paffages de miftères reproduits dans ce volume.

ACCOLLEZ. — *Enchaînes, attaçhés deux à deux, accouplés, comme l'étaient les prifonniers.* (V. *Mariage, Marieux.*)

Bal. I, vers 2 :

Où accolez font duppez & noirciz ;

Bal. V, vers 4 :

Où accoles font voz ainſnez ;

Bal. V, vers 7 :

> *Efchel qu'acollez ne foies*
> *Par la poe[1] du marieux!*

Le fens eft bien déterminé par le confeil qui fuit dans la Bal. I :

> *Quen claves[2] ne foies deux et deux!*

Les exemples fuivants montrent les prifonniers *accouplés, accolés, maries* :

VIE DE SAINT-CHRISTOPHE :

> *Se le rouaftre & fes anges...[3]*
> *Ils nous menvoient à double renge*
> *Liez. . . . .*

MISTÈRE DE LA CONCEPTION, fcène de l'enfer, f° XLV, recto, Alain-Lotrian. In-4° fans date :

> *Je fuis très mal embiffonné[4]*
> *J'ay peur d'eftre mieulx torchonné*
> *Que ung homme que on maine en exil.*

ANCES (LES), *les oreilles*, image des anfes d'un pot.

Bal. I, vers 8 :

> *Car vendengeurs des ances circuncis*
> *S'en brouent du tout à neant.*

Un feul autre exemple, encore eft-il une imitation de Villon :

---

1 La patte du marieux, de celui qui les marie.
2 Sous clef.
3 Si le Prévôt et ses sergents.
4 Attaché, accouplé comme *Bissons* (vieux français : *Jumeaux*).

VIE DE SAINT-CHRISTOPHE :

Et de paour d'eſtre circoncis
Des auces, ſaultay la feneſtre. [1]

Fr. Michel *(Philologie de l'Argot)* donne : ANSE, *oreille*, mais fans aucun texte à l'appui. Auſſi pouvait-on héſiter entre cette traduction & une corruption de *anges*, qui, dans le jargon du temps, ſignifiait *ſergents, archers du guet*.

M. A. Vitu *(Jargon du XVe ſiècle)* traduit par *oreilles* [2]. Ce qui m'entraîne à adopter définitivement ce terme d'argot.

L'*eſſorillement*, peine de la perte d'une ou de deux oreilles, était appliqué furtout aux larrons. (V. ESSORER.)

VIEL TESTAMENT, couplet de Micet, valet du bourreau :

Ie ſuis Micet pour couper vne oreille.

VIE DE SAINT-CHRISTOPHE, f. c. c., recto :

Il n'y a ſi fol ne ſi yvre
Qui voulut, par raiſon pareille,
Seulement perdre une oreille
Comme nous, pauvres miſerables.

ANDOSSE, *dos, échine*, &, par extenſion : vêtements couvrant l'*andoſſe*, le *dos*. Cotgrave ſeul nous a conſervé dans fon dictionnaire : ANDOSSEURE OU ENDOSSEURE, *back or back-part of it*.

---

[1] V. au Gloſſaire des Miſtères : ANCE, *bénitier*, tiré auſſi de la vie de Saint-Christophe.
[2] Cet ouvrage ne donne toutefois d'autres exemples que ceux de la *Vie de St-Christophe* ; encore le second y ſignifie-t-il *bénitier*. V. ANCE au Gloſſ. des Miſtères.

Bal. II, vers 9 :

> *Changes andoſſes ſouvent.*

Le même conſeil eſt répété B. IV, v. 11, cette fois bien clairement :

> *Incontinent, mantheaulx & chappes*
> *Pour Lamboureux [1] ferez éclipſes.*

Les exemples ſuivants ſe rapportent au ſens de : vêtement, coſtume, manteau :

PASSION JESU-CRIST :

> *Il n'a tirandes ne endoſſe ;*

COQUILLART, monologue des Perruques, t. II, p. 269 :

> *Le gendarme fumeux caſſé,*
> *Mince d'argent, povre endoſſé ;*

LE MEDECIN ET LE BADIN, à 4 perſonnages, dans le *Recueil de Farces*, Techener, t. II, p. 27 :

> *Au moins vous en eres l'endoſſe ;*

VIE DE SAINT-CHRISTOPHE :

> *Ie ſuis en ce bois tout tranſy*
> *Donc j'ay fait endoſſe de vert.*

Endoſſe de vert, vêtement de verdure, c'eſt avec un jeu de mots probable ſur *vair*, fourrure recherchée. Les extraits de ce Miſtère contiennent (vers la fin) : *endoſſe, endouſſe*, dans ſes différentes acceptions.

APOCALYPSE SAINT-JEAN ZÉBÉDÉE, f. iv, col. 2, édit. des frères Angeliers, Paris, 1541 :

> *Getté ſera en ceſte foſſe,*
> *Mais premier faut plier l'endoſſe,*

---

[1] Sobriquet du bourreau, du tourmenteur juré.

> *Son or, fon argent, fon bagaige;*
> *Le tout nous a laiffë pour gaige.*

Endoffëure eft plus ancien & plus rare :

> *Et vi qu'à cefte veftèure*
> *N'auroie pain n'endoffëure.*

(LA LECTION D'YPOCRISIE ET D'UMILITE, de Rutebeuf, vers 226.)

ANGES, ANGELS, *archers, fergents,* tout le perfonnel de la police. Employé quatre fois : B. I, v. 3 ; B. III, v. 35 ; B. IV, v. 10 ; & B. V, v. 12 :

> *N'eftant à juc la rifflerie*
> *Des angelz & leurs affoces.*

Angel, eft l'ancienne forme françaife & la forme anglaife du mot *Ange*; il n'avait pas encore perdu complètement le fens de fon étymologie grecque : *meffager*. On peut fuppofer : *les meffagers du Grand Can,* du grand Prévôt, appelé plus tard : *le rouaftre.* (V. CAN.)

VIE DE SAINT-CHRISTOPHE :

> *Se le rouaftre & fes anges...*

ARCHQUANT ou ARCHQUIN (SAINT-). Qualification donnée au roi David, v. 25, B. nouv. :

> *Vive David (ou Daviet) faint archquant.*

Le jeu de mots fur le roi *David* & le *daviet* ou *davier* (levier pour forcer les ferrures) fe continue par une équivoque fur *archquant.* Cet adjeétif, conftruit par l'auteur, peut s'entendre de celui qui danfe devant l'Arche (comme le roi David), ou de celui qui ouvre les arches ou coffrets :

> *Car, tout premier, il faut maifon*
> *Et garniment à grant foifon...*
> *Fil, efguilles, arches, coffrets...*
>
> (Nouveau et Joyeux Sermon de la charge de Mariage. Rec. *de Farces*, Copenhague, v. 33 à 50.)

Cotgrave : « Arche, *cofer, cheft, hutch, binne.* » — Les inventaires des *Comptes de l'Argenterie au* xive *fiecle*[1] ne relatent point *arches*, malgré la grande quantité de coffres, coffrets, coffriers, etc., qui y font défignés.

ARDERIE. Subftantif conftruit fur les anciens verbes *Arder, Ardre, Ardoir : brûlure, brûlerie.* B. vi, v. 3 de l'envoi :

> *Danger de grup en arderie*
> *Fait au fires faire la moe.*

Villon doit parler ici du fupplice de l'huile bouillante infligé aux faux-monnoyeurs, car on ne brûlait pas les voleurs. C'était autrefois une tradition, reconnue depuis inexacte, que le poète avait fabriqué de la fauffe monnaie ; elle eft mentionnée par le Père Du Cerceau, dans la lettre à M. de ..., à la fuite de l'édition de Villon, 1723, Couftelier.

Dans la *Ballade de Bonne Doctrine*, donnant encore fes confeils aux mêmes compagnons, Villon dira, v. 3 :

> *Tailleur de faulx coings, tu te brufles*
> *Comme ceux qui font efchaudez.*

On peut donc conjecturer qu'il avait autour de lui quelques amis s'exerçant à cette induftrie, au rifque d'être « grup en arderie, » *accrochés en brûlerie*, en *bouillerie*. L'énorme chaudron deftiné à ces exécutions était placé

---

[1] Reproduits dans la Collection de la Société de l'Histoire de France, par M. Douet d'Arcq, un vol. in-8° — 1871.

au milieu d'un marché de Paris, d'après Sauval[1], *Recherches des Antiquités de Paris.* L. VIII, p. 596 : le Marché aux Pourceaux, butte St-Roch. (Actuellement av. de l'Opéra).

Le bourreau Daru *(Actes des Apôtres)*, racontant au public fes petites hiftoires de famille, dit :

> *Mon aultre frere fut bouilly*
> *Pour ouvrer de faulfe monnoye.*

VIEL TESTAMENT, couplet du bourreau :

> *Ie fuis Gournay, pour bouillir & ardoir ;*

ROMAN DE LA ROSE, vers 13,987 :

> *Miex s'arde, ou fe pende, ou fe nait ;*

JEU DE PIERRE DE LA BROCHE, vers 268 :

> *Ie di, par la virge Marie,*
> *Qu'il feroit dignes de l'arder ;*

VILLON, PETIT TESTAMENT, *XXXIII* :

> *De par moy Sainct Anthoine l'arde !*

BALLADE JOYEUSE DES TAVERNIERS, *attribuée à Villon*, vers 22 :

> *Vifs efcorchez des mains de dix bourreaulx*
> *Et puis bouillis en huille le matin,*
> *Defmembrez foient à quatre grans chevaux*
> *Les Taverniers qui brouillent noftre vin.*

ARERIE, ARRERIE, *compagnie, bande.* Affurément formé fur le vieux françáis *array*, équipage, train, fuite d'un perfonnage, etc.

---

[1] V. auffi : *Journal d'un Bourgeois de Paris sous François I*er, p. 147 ; Collection de la Société de l'Hist. de France.

Bal. V, vers 3 :

> Qu'Oſtac n'embroue [1] voſtre arerie
> Où accoles ſont vos ainſnez.

VILLON, ÉPISTRE A SES AMIS, vers 21 :

> Venez le veoir en ce piteux arroy.

Arroi figure au *Dict. de l'Acad.* On le trouve écrit : *array*, dans le Manuſcrit de Ch. d'Orléans, v. 150 :

> Car ieuneſſe m'a dit que le verray
> En ſon eſtat & gracieux array.

ARQUES (LES), les *arches* des ponts, ſous leſquelles ſe réuniſſaient les vauriens, perſonnifiées pluſieurs fois par le poète.

Dans la Bal. I, premier vers de l'envoi :

> Prince Froart, dis arques petis,

il déſigne le *Petit-Pont*, entre Notre-Dame & le Petit-Chaſtelet, rendez-vous préféré des écoliers, des coupeurs de bourſes, des larrons, etc.

Sauval (T. II, p. 174) dit : « Les hommes & les femmes de mauvaiſe vie ſe retiraient la nuit ſous les logis du Petit-Pont, où ils menaient une étrange vie. »

Ce pont eſt déſigné dans le plan de François de Belleforeſt, 1575 : « *Petit Chaſtelet, dict Petit-Pont.* » On en conclura ſans peine qu'ils devaient être volontiers nommés l'un pour l'autre par le populaire. Toutefois le ſurnom octroyé par Villon provient peut-être d'une autre ſource : Adam de Petit-Pont était un Anglais qui avait ouvert au XIIe ſiècle une école en cet endroit,

---

[1] N'emmène.

& s'était acquis une réputation durable parmi les écoliers ; fon *Art de differter* était célèbre.

La Bataille des vii Ars le nomme plufieurs fois, ainfi v. 404 :

L'Englois qui fut fur Petit-Pont...

Rutebeuf, III, 334.

ASSEGIER, *affiéger,* dans fa forme primitive. On rencontre auffi *affigier, affeger*; V. les variantes du texte, & :

Roman de la Rose, vers 11,194 :

Par le fort chaftel affegier,

Idem, vers 11,497 :

Et celle porte affegeront.

S'entendait auffi pour « affeoir, placer, mettre en place, » comme au vers 23 de la Bal. V du Jargon. Dans le *Miftère du Siège d'Orléans*[1], vers 2,256, il eft queftion d'*affigier* des pièces d'artillerie, c'eft-à-dire de les placer, de les mettre en batterie.

ASSOCES, *affocies*. Bal. V, vers 12 :

ASTES, *atelier, chantier*. Par abréviation de *aftiller,* forme ancienne de *atelier,* que l'on rencontre dans Palfgrave, p. 286 [2] :

« Warehoufe for mafons or carpentars : *aftiller*. »

---

[1] Collection des Documents inédits.
[2] Il ne figure pas dans nos Dictionnaires.

Bal. V, vers 19 :

> *Qu'en aſles ne ſoies en ſuerie*
> *Blanchir vos cuirs & eſſurgez*

C'eſt ici l'atelier de mégiſſerie dans lequel Villon engage ſes amis à travailler. (V. ſur le même ſujet FLOTERIE).

BABIGNER, *bavarder, parler, raconter, répondre.*

Bal. I, vers 28 :

> *Et babignes touſiours aux ys* [1]
> *Des ſires pour les deſbouſes* [2] ;

Bal. II, vers 6 :

> *Il babigna pour ſon ſalut* ;

Bal. IV, vers 6 :

> *Berart s'en va chez les joncheurs*
> *Et babigne qu'il a plongis.*

Ce verbe figure uniquement dans le Jargon de Villon, celui des *miſtères* ne l'emploie pas ; auſſi peut-on tout auſſi bien le croire ſorti de l'anglais *bablyng* (orth. d'après Palſgrave), *cauſerie, caquet, bavardage,* que du français *babine,* qui ne ſe rencontre pas à cette époque, hors de ſon ſens propre : *lèvre, lippe.*

La *Vie de Saint-Chriſtophe* fournit ſeule, ſoixante-dix ans plus tard, un exemple de *babinage* :

> *Nonobſtant tout ton babinage.*

(V. une obſervation générale au mot CONTRES).

---

[1] Voix, paroles des juges.
[2] Dépister.

BABOUE (LA) *la grimace;* grimace de finge, de *babouin,* finge d'Afrique à mufeau prolongé. Bal. nouv., vers 25.

SOTIE DES MENUS PROPOS, vers 436 (1461 environ) :

Tu portes auffi bien la mine
Qu'onques fift rien, d'une baboe.

BAUDERIE, *gaîté, bonne humeur,* etc. ; c'eft le fubftantif du verbe *fe baudir,* encore en ufage, et de l'adjectif *baude,* réjoui, difpos, alerte, fier, etc.

Bal. VI, vers 1 de l'envoi.

BAUDROUSE (LA), *la baudruche,* pellicule, peau mince. Bal. IV, vers 20 :

Plus ny vault que toft ne happes
La baudroufe de quatre talle...

La *peau de quatre toiles,* le linge plié qui tamifait l'eau au fortir de l'entonnoir dans le gofier du patient. (Question par l'eau).

Villon fubit un jour cette torture, il le dit formellement dans fa ballade de l'Appel :

Se fuffe des hoirs Hue Capel [1]...
On ne m'euft parmi ce drapel [2]
Faict boyre à cette efcorcherie.

On retrouve là encore cette toile, ce linge, ce drapel, cette « *baudroufe de quatre talle.* »

L'édition des *OEuvres de Villon,* 1742, *La Haye,* contient cette note de Formey: « La queftion fe donnait à « Paris avec l'eau qui s'entonnait à travers un linge « dans l'eftomac du patient. »

---

[1] Si j'étais des héritiers de Hugues Capet.
[2] Morceau de linge.

BEAUSSIRE DIEUX; ce juron, cette exclamation (Bal. IV, vers 2) fe rencontre auffi dans :

La Requefte que Villon bailla à Monfeigneur de Bourbon, vers 26 :

Beau fire dieux! je m'efbahys que c'eft
Que devant moy croix[1] ne fe comparoifi.

BEFFLEUR (V. BLESFLEURS) fourbe., Bal. nouv., vers 4 de l'envoi.

BENARDS, furnom de la bande de vauriens, crocheteurs, etc., compagnons de Villon, le plus fouvent répété : Bal. III, IV, V, VI et bal. nouv.

On peut former fur ce mot la conjecture fuivante : Clef benarde eft un vieux terme de ferrurerie pour défigner une clef ouvrant à la fois deux ou plufieurs ferrures ; or, Colin de Cayeulx, dont il eft queftion dans la Bal. II, fils d'un ferrurier & habile crocheteur a pu fournir ce titre à la bande. Le procès du Collège de Navarre fait reffortir fon talent ainfi que celui de Guy Tabarie (V. BERART), d'un certain maître Jehan & d'un orfèvre nommé Thibault ; ce dernier fabriquait des crochets devant lefquels aucune ferrure ne réfiftait.

Benard, Benarde, ne figurent pas dans le D[re] Godefroy, mais à Benardine fe trouve l'exemple fuivant :

« A Jehan Dumont, ferrurier, pour une forte ferrure
« benardine par lui faicte et affize au petit huys de
« ladicte prifon. » (Arch. de la Seine inf[re], 1477.)

---

[1] Ecus à la croix.

BENDEZ-VOUS, du verbe pronominal *fe bander*, fe raidir contre.

Bal. V, vers 9.

Montaigne, *Essais II, chap. II.*
T. II, page 20 de l'édition Courbet et Royer, chez A. Lemerre :

« Lucrece, ce grand Poëte, a beau philofopher & fe bander, le voyla rendu infenfé par vn breuuage amoureux. »

BERARD, BERART, BEARAT, nom propre.

Bal. IV, vers 5 :

*Bérart s'en va chez les joncheurs
Et babigne qu'il a plongis.*

Villon met ici en garde fes amis contre les révélations d'un des leurs ; fon nom eft écrit : *Bearat,* dans les deux éditions Treperel, il fe rapproche alors de l'anagramme de *Tabarie* [1], arrêté & mis à la queftion à la fuite du vol au Collége de Navarre, accompli par la bande.

Un gros *coffre* avait été crocheté, puis un petit contenu dans le grand (enfemble fept ferrures), pour y voler cinq cents écus d'or. On s'aperçut du vol le 9 mars 1456 (ancien ftyle).

Le refrain du huitain :

Et gardez les coffres maffis.

---

[1] Villon en parle comme de son scribe ou sécrétaire, huitain LXXVIII du *Grand Testament :*

*Et le Rommant du Pet au Diable,
Lequel maistre Gui Tabarie
Grossoya . . . .*

s'applique bien auſſi à cette aventure; un autre anagramme fur un nom propre, celui-ci bien certain, (V. Ostac), & les anagrammes formés par M. A. Vitu fur l'envoi de la Bal. nouvelle, ſemblent confirmer celui de Tabarie, malgré ſon irrégularité.

BEROARS, ce ſurnom, employé par Villon s'adreſſant à ſes compagnons (Bal. VI, vers 16) eſt ſuppoſé par M. Franciſque Michel [1] une corruption de *Biſouarts*, porte-balles ou colporteurs vêtus de groſſe étoffe biſe, expreſſion que l'on rencontre dans Rabelais, et dans le D^re de Cotgrave.

Il eſt vrai que M. F. Michel le croit, à tort, écrit de ſix ou ſept façons différentes par les premiers éditeurs du Jargon : c'eſt bien *Beroars* ſans aucune variation dans les éditions reproduites ici, & on le retrouve écrit, ſoixante-dix ans plus tard, *Berouart*, dans la *Vie de Saint-Chriſtophe* :

> *Hé! povre berouart*
> *Ta ſentence eſtoit jà preſte*
> *L'on n'attendoit que le telart* [2]
> *Pour te pendre . . . . .*

Voici une locution angIaiſe, peut-être une ſorte d'injure, que la prononciation rapproche complètement :

Bear ward, gardeur d'ours (Palſgrave, p. 197).

En Flamand, *beroover* ſignifie : pilleur, détrouſſeur, voleur, violeur, etc.

M. A. Vitu après avoir émis l'hypothèſe d'une traduction par : *ſoldat brigand*, termine ainſi ſes conjectures : « les beroars ſeraient les gens de la berouée ou

---

[1] *Philologie de l'Argot*, page XLVI de l'Introduction.
[2] Le bourreau pendeur. V. Taulart, Telart au Gloſſ. des Miſteres.

« brouée, les compagnons du brouillard », par un rapprochement avec le verbe Brouer.

BESIFLES, paraît être une erreur de copifte ou d'imprimeur, car il rime foit avec *eclipfes,* foit avec *griffez,* faute qu'il n'eft pas poffible d'attribuer à Villon. Cependant la concordance de toutes les éditions rend difficile une correction arbitraire, d'autant plus que *eclipfes* ne figure pas dans les autres ouvrages du poëte. Devant la perfiftance des imprimeurs on ne fait à quelle conjecture s'arrêter ; le mieux doit être de fuivre le fens probable.

L'anglais *Befides* ou *byfides* eft bien dans le fens du vers et de tout le huitain, on peut le fuppofer rimant par affonnance ou par corruption de la prononciation.

Bal. IV. vers 13 :

De vos farges feres befifles

C'eft-à-dire : de vos fergents ferez hors, de côté, à l'abri (en faifant éclipfe, incontinent, avec vos manteaux & vos chappes).

BIGNER, *regarder,* corruption probable de : BIGLER, *regarder de travers, loucher,* encore en ufage.

L'augmentatif REBIGNER eft auffi écrit : REBIGUER, *regarder avec attention, regarder à deux fois.* (V. ce mot).

Bal. V, vers 21 :

Bignes la malbe fans larger [1]

Ce verbe paraît de la même famille que *Guigner,* traduit par Palfgrave, page 947 : *regarder avec un œil,* & em-

---

[1] Regardez, guignez la prison, sans entrer.

ployé avec ce fens par Clément Marot, *epit. XXI*,
vers 95 :

> . . . . . *à minuid, à la lune,*
> *Guigne le ciel,* . . . . . .

Efbigner, argot moderne, ne peut être rapproché de ces
anciens vocables. *S'efbigner*, c'eft l'italien *sbignare*,
courir, déguerpir.

BIS (LE) eft employé deux fois au figuré dans la Bal. VI
pour *la triftefſe, la peine.*

Bis (couleur) était alors fynonyme de *brun*; on rencontrera de même : BLANC, GRIS, NOIRCIZ, au figuré.

BERGERIE DE MIEULX QUE DEVANT, *Anc. th. fr. III,*
page 227 :

> *Bergière plaine de ſcience*
> *Je me loue, ſoit blanc, ſoit bis,*
> *En gardant brebis*
> *Sur ces vers herbis...*

BISANS (LES), *les coins* (biſeaux) enfoncés à coups de
maillet entre les jambes du patient, dans la torture ou
queftion dite des brodequins.

BIZAC (LE), *le biſſac, double ſac, ſac à deux* : le cachot où
les priſonniers étaient deux enſemble. (V. ACCOLEZ
MARIAGE, MARIEUX, fur le même ſujet).

BLANC (LE), au figuré, dans les Bal. I et VI, pour : *joie,*
liefſe, liberte, etc. Rabelais a confacré les Chap. IX & X
de *Gargantua* à développer ce thème : « Le blanc lui fignifiait joye, plaifir, délices & réjouiffance. » Ch. IX.

Le Chap. X commence ainfi : « Le blanc donc fignifie

« joye, foulas & lieffe, & non à tort le fignifie, mais
« à bon droict & jufte tiltre. »

BLANCHIR, terme de métier : paffer les peaux à la chaux,
au lait de chaux, pour en enlever le poil.

Bal. V, vers 20 :

Blanchir voz cuirs et effurgez...

Effurger s'applique aux peaux en laine. (V. ESSURGER,
FLOTERIE, PLAIN).

« L'épilage des peaux fe fait en les barbouillant avec
« une bouillie de chaux & d'arfenic... Enfuite on
« trempe les peaux à l'eau douce, on les met en
« chaux dans les *plains* pour les faire gonfler, & on
« les foumet au travail de rivière. » (D[re] *des Arts
& Manufactures*, Ch. Laboulaye, Paris 1875, 3 *vol. & un
supp*[t], *au mot* MÉGISSERIE).

BLANDY, *mielleux, careffant, attrayant,* etc. Bal. nouv.
vers 11 :

Beau de bourdes blandy de langue fauve

C'eft-à-dire : *Beau de menfonges, careffant, de langage flagorneur.*
Vieux mot français dont il refte encore, de la même
famille, *blandices*, terme de palais : *careffes artificieufes.*
Nicot l'explique par : *attrayant.*
Cotgrave traduit par : *flattered, gloʒed with, fawned on,
inveagled with, faire words.*

ROMAN DE LA ROSE, vers 8,141 :

Servir, chuer [1], *blandir, flatter.*

---

[1] Synonyme de blandir.

Clément Marot, psaume XII, vers 9 :

> *Dieu veuille donc ces lèvres blandiſſantes*
> *Tout à travers pour jamais inciſer.*

Ronsard, chanson, Édit. P. Blanchemain, I, 211 :

> *De toutes parts les poutres* [1] *henniſſantes*
> *Luy font l'amour, pour néant blandiſſantes,*
>   *A luy qui ne s'en chaut.*

BLESFLEURS, écrit auſſi : *blefleurs, beffleurs, bleffeurs, bleffleurs,* ancien terme du bas langage rarement uſité : *dupeurs, fourbes, menteurs, trompeurs,* etc.

Bal. I, vers 5 :

> *La ſont bleſſleurs au plus haut bout aſſis*
> *Pour le evaige. . . . .*

Il s'applique ici aux juges examinateurs préſidant à la queſtion, aſſis ſur des ſièges élevés, tandis que l'accuſé eſt ſur la ſellette, ſiège très bas.

Viel Testament :

> *Par tous nos dieux, maitre beffleur*
> *Vous venez à la befflerie,*
> *Et cuidez-vous par tromperie…*

La Passion Jesu-Crist, quatrième journée, deuxième feuillet verſo, après la sig. Biiii (F. Michel).

> *C'eſt Barrabas*
> *Qui ſe dit le roy des beffleurs.*

Ballade contre les flatteurs de Court.
Roger de Collerye, vers 15 :

> *Tous gens flatteurs ſont gens diaboliques…*
> *Je les maintiens pour beffleurs répudiques.*

---

1 Cavales.

Ce mot ne fe rencontre dans aucun dictionnaire, mais feulement : Beffe, Befferie, Befflerie (dont il eft dérivé), donnés par Oudin, Cotgrave & le D^{re} Godefroy. Ce dernier cite Baïf :

> *Le menfonge et la befferie*
> *Et la taquine tromperie.*
> Les Mimes.

Rabelais, au vers 7 de l'*Infcription de Theleme,* emploie l'adjectif : *befflé*.

BRIS (LE), *le derrière, le fond de la culotte;* de l'anglais *britch* ou *breech.*

Bal. I, vers 18 :

> *Et leur monftres des trois le bris*
> *Qu'en claves ne foies deux et deux.*

Et montrez-leur, de vous trois (les compagnons auxquels s'adreffe le poète) *le derrière, le fond de vos chauffes, que fous clef ne foyez deux & deux* (attachés enfemble, mariés, accollés).

BROUE (LA); en fe reportant à l'article fuivant, on verra que *Brouer* fignifie plus particulièrement *fuir.* La broue ferait donc *la fuyante,* celle qui fuit, expreffion d'argot poétique rentrant bien dans le vocabulaire de Villon, pour : *la vie, le temps qui s'enfuit.*

Bal. nouv., vers 23 :

> *Par la vergne, tout au long de la broue...*

BROUER; ce verbe n'apparaît dans la langue que vers le temps de Villon ; il femble avoir eu régulièrement le fens de *fuir, s'enfuir* : c'eſt celui donné par M. Godefroy, dans le D^{re} *de l'ancienne Langue Françaiſe*, avec les exemples fuivants qui fuffifent à démontrer que *brouer* n'appartient pas à l'argot :

« Et fe tira vers le chaſteau de Condé, affiégé par les
« Lorrains, qui tantoſt browèrent en voye. »

Chronique de Molinet.

« Ils laiſſent le caſtil, fi s'en varent brouer. »

Ch. Belge, Geſtes des Ducs de Bourgogne.

Puis un paſſage de Coquillart déjà cité par Borel (*Antiquités Gauloiſes*) & par Roquefort (*Gloſſaire*), les uns & les autres fans explication :

*Et vela mon coufin le guet
Tantoſt de brouer le terrien.*

Plaidoyer d'entre la Simple & la Ruſée II, 13.

Le commentateur du poète rémois, M. Ch. d'Héricault, ajoute ici en note : « Ce mot fe retrouve fouvent dans le
« Jargon de Villon. Il femble y avoir le fens de courir fur,
« mener, fuir, tandis que *embrouer* fignifie : être
« arrêté, être faifi. *Brouer le terrien*, ferait ici courir
« fur le terrain, fe fauver. Peut-être cette locution
« fignifie-t-elle dans fon fens plus propre : écrafer les
« mottes de terre. Le fens de fuir eſt, en tout cas,
« vraifemblable. »

M. F. Michel cite auſſi ce paſſage de Coquillart & le Jargon de Villon (*Phil. de l'argot*); il donne à *brouer* le fens de : « aller, marcher, courir », fans cependant l'accompagner d'aucun argument.

Une interprétation exacte n'eſt donc point chofe facile. On verra par les exemples, que ce verbe, en fus du fens régulier de *fuir, marcher*, s'emploie avec certaines des acceptions nombreuses de l'anglais *brought*[1], d'un usage très fréquent dans le langage courant ; suivant la préposition qui l'accompagne, il signifie : apporté, mené, emmené, conduit, poussé, avancé, descendu, abaissé, attiré, etc. Ce langage tout particulier du Jargon, si vite formé & si rapidement disparu, se serait ainsi modifié ou enrichi au contact de l'anglais.

JARGON DE VILLON :

Bal. I, vers 9 :

> S'en brouent du tout à neant

Bal. I, vers 11 :

> Broues moy sur gours passans

Bal. II, vers 11 :

> Et eschiques tost en brouant

Bal. IV, vers 18 :

> Bien tost s'en brouent au halle

Bal. V, vers 5 :

> Poussez de la quille et brouez

Bal. nouv. vers 1 :

> Brouez benards eschequez à la saulve

et le composé *embrouer (emmener)*.

Bal. V, vers 3 :

> Qu'ostac n'embroue vostre areric
> Ou accoles sont vos ainsnez.

---

[1] Participe du verbe *To Bring*; les trois consonnes finales disparaissent dans la prononciation.

MISTÈRES :

Viel Testament, feuillet 325, recto :

> *Brouez au large, efcarriffez* [1]*,*
> *Befoin eft d'advifer la porte*

Passion Jésu-Crist, première journée :

> *Ja n'y brouray deffus la pleine*

Passion Jésu-Crist, troifième journée :

> *Ou brouent-ilz prefent fur la forne ?*

Actes des Apôtres :

> *Ravault brouera fur fon endoffe,*
> *Entendez-vous bien, mon gougeon ?*

Vie de Saint-Christophe :

BARRAQUIN.

> *Broues-tu ?*

BRANDIMAS.

> *Je cours le terrain.*

et plus loin :

> *Pour brouer, fur le hault verdis.*

Farce du Cousturier, ancien théâtre fr. T. II, 168 :

> *Quoy ! il femble un démoniacle :*
> *A fort il broue et il racle.*

CAIRE, *follicitude* ou *argent*. L'anglais Care, *foin, follicitude*

---

[1] *Fuyez, abandonnez.* V. au mot *Escharir.*

(Palſgrave) ſe prononce exactement *caire* ; c'eſt, je crois, ce que Villon entend dire dans ce vers :

Bal. III, vers 8 :

Les duppes ſont privés de caire

Le poète s'adreſſe à ſes compagnons qui l'ont laiſſé entre les mains des ſergents : *vous ne vous inquiétez pas de ceux qui ont été pris, duppes.*

On ne rencontre ailleurs *caire* que dans cette locution : *mince de caire*, c'eſt-à-dire *pauvre de mine, de peu d'apparence*, elle s'applique le plus ſouvent au vêtement, au coſtume (V. au Gloſ. des Miſtères pour les exemples).

C'eſt alors le vieux français *chère, chaiere* : *viſage, mine*, dont le ſens ne ſ'accorde aucunement avec le huitain de Villon.

L'exemple ſuivant peut ſe rapprocher du Jargon :

SERMON D'UN CARTIER DE MOUTON, page 6.
Rec. de Farces, Techener, 1837, Tome I :

Les aultres (frères) ne ſont que marouſles
Qui contrefont les papelards
Afin qu'on leur donne à ſouper.
Et ſy ne ſont que papier [1]
Comme un chien prins en une barre ;
Que deable ne tiennent y care !

Si ce n'eſt ici le *caire* de Villon : *foin,* c'eſt probablement quelque formation ſur le latin *carere,* priver, dont il nous reſte : *carence.*

Le Miſtère du Chevalier qui donna ſa femme au diable, contient ces vers :

---

[1] Respirer, souffler, gonfler la poitrine.

> *Mais avant il nous fault contendre*
> *A le fervir de belles bourdes*
> *Pour toufjours attraper du caire.*

Anc. théâtre fr. T. III, page 430.

L'éditeur, dans le gloffaire, dit :

« CAIRE, *argent*, terme d'argot, peut-être de ce que la
« monnaie portait l'effigie du prince. »

Cette interprétation ne s'appuie fur aucun autre exemple, elle refte ifolée : Cotgrave, Oudin, Leroux [1] &
F. Michel, qui ont relevé les expreffions populaires
ou d'argot du xvi° fiècle, ne mentionnent pas CAIRE,
argent. Les effigies fur les monnaies étaient du refte
fort rares au temps de Villon, & le poète était accoutumé à fe paffer d'écus ; il n'eft donc point probable
que ce foit là l'objet de fes réclamations près de fes
amis.

M. A. Vitu *(Jargon du* xv° *siècle)* penche pour la traduction : *argent, richeffe :* on voit qu'il eft bien difficile
de fe prononcer. Villon eft fort capable d'avoir placé
un mot à double entente, mettant ainfi tout le monde
d'accord.

Voici un exemple tiré des *Dit7 de Chafcun,* Anc. Poéfies
fr. X 157, avec le fens *argent* (1530 env.) :

> *Mais chafcun pour avoir du quaire*
> *Vent Dieu fouvent et de main mife.*

CAN (LE GRANT), *le Prévôt, le grand Prévôt,* chef du Chatelet & repréfentant du roi pour la juftice. (Bal. I,
vers 26).

---

[1] *Dictionnaire comique, satyrique,* etc. en deux vol. in-8 — Amsterdam ou
Pampelune (Paris) 1756.

C'était alors Robert d'Eſtouteville ; Villon le gratifie du titre des chefs tartares : *Khan*.

Plus tard, au xvi° ſiècle, on l'appellera *Rouart*, ou *Rouaſtre*. (V. Au Glos. des Miſtères).

CARIREUX, CARIEUX, ne paraît pouvoir mieux ſe traduire que par : *ceux de la bande, de la compagnie.*

> Formé probablement ſur l'anglais *carrie* (orth. ancienne), *équipage, train*, etc., ſynonyme du vieux français *arroy*. (V. ARERIE, formé ſur *arroy*).

> Bal. I, vers 16 :
>
> *Si gruppes* [1] *eſtes des carireux*
>
> Bal. V, vers 14 :
>
> *Si greffir* [2] *laiſſes vox carrieux*
>
> (V. une obſervation au mot CONTRES)

CHAPPES, CAPPES ; les diminutifs *capuchon, chaperon, capeline*, encore en uſage, font bien comprendre de quelle partie du vêtement il s'agit dans la Bal. IV, huitain II.

> Les fripiers parcouraient les rues en criant : « Cotte & la chape. »
>
> *Regiſtre des métiers d'Étienne Boileau, page* 200. *Documents inedits de l'Hiſtoire de France.*

CHOUE (UNE), *chouette, oiſeau de nuit.*

---

[1] Empoignés.
[2] Pincer, prendre aux griffes.

Bal. nouv., vers 3 de l'envoi :

Le vendengeur beffleur comme une choue

La chouette a toujours eu la plus mauvaife réputation, témoin ces vers de Clément Marot, épiftre XXXI :

Quel qu'il foit, il n'eft point poëte,
Mais filz aifné d'une chouette,
Ou auffi larron, pour le moins.

et Rabelais, Liv. III, Ch. XVIV :

« Elle vous defrobera, comme eft le naturel de la « chouette. »

Le verbe fuivant eft à rappeler :

ROMAN DE LA ROSE, *vers* 8,141 :

Servir, chuer, blandir, flatter,

Chuer, tromper, décevoir, par des paroles artificieufes. Le D^{re} de Cotgrave contient : *Choué*, défappointé, fruftré, déçu.

CIRCUNCIS, du verbe circoncire, *couper tout autour,* appliqué aux oreilles.

Bal. I, vers 8 :

Car vendengeurs des ances circuncis...

Palfgrave (page 205), écrit encore en français : *circumcifion*.

CLAVÉS, *mis fous clef,* Latin : *clavis*.

Bal. I, vers 19 :

Qu'en claves ne foies deux et deux

Dans deux éditions :

>   *Que claves.* . . . .

Clavure pour : *ferrure, fermeture,* dans Rabelais, IV, ch. L :

> « Homenaz tira d'un coffre, près le grand aultel, un
> « gros faratz de clefz defquelles il ouvrit à trente &
> « deux claveures & quatorze cathenatz, une feneftre
> « de fer bien barrée. »

COFFRES, au figuré, pour : *cachots.*

Bal. I, vers 24, & refrain de la Bal. IV.
Au premier huitain de cette bal. IV :

> *Et gardez les coffres maffis*

il eft pris dans fon fens propre; il s'agit alors d'un coffre volé ou de fon contenu. (V. BERART).
Dans la Bal. nouv., vers 6 : *coffre joyeulx* eft ironique : *trifte cachot.* C'eft un tour familier à Villon, et le pendant de MATHE GAUDIE, *compagne joyeufe,* furnom ironique de la prifon du grand Chatelet.
Seul exemple rencontré, *Vie de Saint-Chriftophe.*[1] :

> *Me mirent aux coffres maffis*
> *Par les pieds tenant aux gros feptz*[2]*.*

COFFRER (*mettre en coffre*) fe dit encore pour : *mettre en prifon.* Ce verbe figure au Dict. de l'Acad. avec la mention : *familier.*

COLIN LESCAILLER, nommé au vers 4 de la Bal. II, eft

---

[1] Par imitation de Villon.
[2] Ceps, fers aux pieds des prisonniers.

le même dont Villon parlera dans la *Belle Leçon aux Enfans perduz* :

> *Se vous allez à Montpipeau
> Ou à Ruel, gardez la peau :
> Car, pour s'esbattre en ces deux lieux,
> Cuydant que vaulsist le rappeau* [1]*,
> Là perdit Colin de Cayeulx.*

Fils d'un ferrurier, écolier comme Villon, cet ami du poète était un habile crocheteur; on voit qu'il finit par être pendu.

Le *Jargon du* XV° *siècle* corrige *lescailler* par *l'escollier*, ce qui est évidemment plus correct; cependant jusqu'ici les commentateurs l'ont considéré comme un sobriquet formé sur *Cayeulx*. Dans deux éditions, il est écrit *lescaillier*, on pourrait comprendre : *le châtré*, si l'on admet les corrections :

ROMAN DE LA ROSE, vers 20,982 & *suivants* :

> *Grans pechiés est d'omme escoillier...*

CONTRES, par l'abréviation usuelle de l'anglais *countrymen* ou *countreymen* : *Compatriotes*. On comprend que, pour les Anglais occupant alors la France, pour leurs prisonniers surtout, (mieux connus de Villon), ce mot était synonyme d'*ami, compagnon*. De même le « *pays* » & la « *payse* » du langage moderne. C'est par une corruption semblable que l'anglais *Country dance* est devenu *contredanse* après avoir passé le détroit.

On le trouve répété : Bal. III, vers 18; Bal. IV, vers 2 de l'envoi; Bal. V, vers 23; Bal. VI, vers 1.

Le français *contre* aurait pu fournir ici une explication ; mais, si ce terme du Jargon : *ami, compagnon*, était

---

[1] Croyant que son appel aurait de la valeur, le sauverait.

sorti du français, comment admettre qu'aucun exemple d'une expression aussi usuelle ne se retrouve ni dans les Mistères, ni dans les Farces? Elle y eût trouvé fréquemment l'occasion d'être employée & n'eût pas manqué de l'être; on peut donc croire, vraisemblablement, que Villon s'exerce ici à placer quelques mots anglais appris à la taverne.

Cette observation s'applique à d'autres articles du Glossaire : BABIGNER, BRIS, CARIEUX, DROGUERIE, etc., traduits par le même procédé.

COQUILLARS, l'un des surnoms donnés par Villon à ses amis; Bal. II, III & Bal. nouv.

Ce sont probablement les *bailleurs* & *dresseurs de coquilles* (V. COQUILLE).

On nommait aussi *Coquillars* les pélerins, ou plutôt les faux pélerins, parcourant le pays en mendiant, en rapinant, en vendant de menus objets de la Terre Sainte, où la plupart n'étaient jamais allés.

Au théâtre, il est toujours pris en mauvaise part.

SERMON JOYEUX DE BIEN BOYRE, Anc. th. fr. T. II, 16 :

LE PRESCHEUR

Vous vez [1] *que ce n'est qu'ung paillart,*
Ung coquillart et ung yvroing.

LE DOCTRINAL DES NOUVEAUX MARIÉS, vers 81 :

Nouveau marié, garde bien
De soustenir ces coquillars
En ta maison, sur toute rien,
Puisque tu sçès qu'ilz sont paillars.

---

[1] Abréviation du langage populaire : *voyez*.

COQUILLE, *rufe, malice, artifice*, Bal. nouv., vers 4.

Farce de PATHELIN, vers 1,572 :

> *Et a qui vends-tu tes coquilles ?*
> *Scez-tu qu'il eft ? ne me babilles*
> *Mefhuy* [1] *de ton Bée, et me paye.*

ROGER DE COLLERYE, *Epitheton VIII* :

> *Croire on ne doit en ces venteurs*
> *Fins mondains, dreffeurs de coquilles.*

Nicot : BAILLEUR DE COQUILLES, *planus, impoftor.*
DRESSER UNE COQUILLE, *commettre des fourberies.*

Cotgrave : BAILLEUR DE COQUILLES, *un fourbe filou, attrapeur de lapins, impofteur, charlatan ou banquifte.*

DRESSER UNE COQUILLE, *projeter une fourberie, imaginer un truc de filou, tendre un piège à un imbécile.*

Oudin : BAILLEUR DE COQUILLES, *un menteur ou un trompeur.*

D^re Godefroy, exemple au mot COQUILLAGE :

> *Par flaterie, pathelins, coquillages*

Euryale & Luc. f° 74, imp. Richel, réferve, (V. COQUILLARS).

CORNETTE COURT, la *corde de la pendaifon* que l'on paffe fous le menton, comme le ruban du cornet ou cornette. Bal. nouv., vers 5.

Roquefort (Gloffaire) : « CORNET ou CORNETTE, le devant
« du chaperon & le ruban pour l'attacher fous le

---

[1] Aujourd'hui.

« menton. » L'adjectif *court* s'explique ainsi parfaitement.

Rabelais, Liv. III, chap. LI : « c'eſtoit Pantagruelion (le « chanvre) faiſant office de hart & leur ſervant de « cornette. »

V. aux derniers vers de la *Paſſion Jéſu-Criſt* une citation de *cornette* pour : *corde de potence*.

COUPLANS, COUPLAUS, *argumentation, diſcours habile.*

Bal. V, vers 2 :

Prince benardz en eſterie [1]
Querez couplaus pour lamboureux [2]

Cotgrave nous a tranſmis cette expreſſion d'école de façon à ne laiſſer aucun doute ſur ſon origine :

COPULAND, *or as* COPULASSE, Rab.

COPULASSE, *an exercice in ſcholls, when ſchollers diſpute, and he that hath done beſt is placed higheſt.* (Un exercice dans les écoles, quand les écoliers diſcutent, argumentent, & celui qui a fait le mieux eſt placé en tête, au plus haut).

Voici ce paſſage de Rabelais, dans lequel *copuland* ou *coupelaud* a été juſqu'ici indiqué à tort comme provenant de *coupelle* [3] :

« Puy luy leut : *De modis ſignificandi*, avec les commens « de Hurtebiſe, etc... & le ſçeut ſi bien qu'au cou- « pelaud il le rendoit par cœur à revers [4]. »

Gargantua, chap. XIV.

---

[1] Plaidoirie.
[2] Cherchez arguments pour éviter Lamboureux, le bourreau.
[3] Instrument pour essayer les métaux; au figuré : *épreuve, examen.*
[4] Le vieux français *Coupel*, sommet, faîte (le *Highest* de Cotgrave) est peut-être intervenu dans la formation de *Coupeland.*

COUPLER, *argumenter, difcourir habilement ;* terme d'école. (V. Couplans).

Bal. nouv., vers 14 :

> *Couples vous trois a fes beaulx fires dieux*

C'eft-à-dire : *Plaidez bien votre caufe, argumentez habilement, vous trois, à ces beaux juges.* L'adjectif démonstratif *ces* s'écrivait indifféremment *fes*.

CUER, ancienne orth. de *cœur*. Bal. nouv., vers 10.

Roman de la Rose, vers 19,593 :

> *Clerc qui le cuer ont noble et gent.*

La lecture de ce mot étant douteufe dans le manufcrit de Stockholm, V. auffi Ence.

CURIEULX, bal. nouv., vers 4 de l'envoi, doit être entendu dans fon fens primitif : *avoir cure, avoir foin, foucieux*. Le D^{re} Littré fournit à l'hiftorique de ce mot un grand nombre d'exemples concluants, dont les deux fuivants :

Gérard de Rossillon vers 2,391 :

> *En couvent de nonnains fe mift religieufe,*
> *De vraie humilité fut toujours curieufe.*

Roman de la Rose, vers 4.056, édit. Méon :

> *Envieus funt de moi nuire curieus*

Autre ex. du Roman de la Rose, vers 1,040 édit. Didot, 1864 :

> *Maint traïtor, maint envieus,*
> *Ce font cil qui funt curieus*
> *De defprifer et de blamer.*

DAVID, ou peut-être : DAVIET, au vers 25, bal. nouv.

Vive David, faint archquant !

Équivoque fur le roi *David,* danfant devant l'*arche,* & le *daviet, davier* ou *daviot,* levier pour forcer les ferrures, ouvrir les coffres ou *arches* (vieux langage).
Rabelais, *Liv. II, chap. XVI (à la fin),* parlant de Panurge :
« en l'autre poche un daviet, un pellican, un crochet
« & quelques autres ferremens dont il n'y avoit porte
« ni coffre qu'il ne crochetaſt. »
Le même, *IV, Chap. XXX* : « Quarefmeprenant a (au
« moins de mon temps avoit)... l'inteſtin jeun,
« comme un daviet. »

Cotgrave : DAVIER D'UN PELICAN, *un certain inſtrument pour forcer une ſerrure ou un coffre; un crochet de fer ou crampon à cet effet.*

Le D^{re} Godefroy donne DAVIOT, même ſens, & cite auſſi Rabelais.

Dans le fabliau *De la Damoiſelle qui n'ot parler de...* (Rec. des Fab., T. V., 24) le nom du valet est écrit indifféremment *Davi, Daviet, Daviez.*

DELOUER, *déſapprouver, blâmer, réprouver.*

Bal. nouv., vers 21 :

La fin en eſt telle qu'elle deloue

Nicot : DESLOUER, *blamer,* avec l'ex. fuivant :

« Mais ſi vous voulez voir les merveilles je ne defloue
« pas que vous n'y alliez et meniez bonne compagnie. »

Guy de Warwick.

Cotgrave : DESLOUER, *déſapprouver, blamer, réprouver.*

Roman de la Rose, vers 10,715 :

> *Ne nus, s'il ne lor vuet desplaire*
> *Ne deflot riens qu'el vuelent faire.*

DESBOURSER, *enlever la bourse, ou la vider.*

Bal. III, vers 6 :

> *Et sur la tarde* (la foirée)
> *Desbourse*$_{\zeta}$ *les pouvres nyais...*

Repue Franche du Souffreteux, *derniers vers* :

> *C'est bien disné, quand on eschappe*
> *Sans desbourser pas ung denier.*

DESBOUSER, *dépister, dévoyer, dérouter, mettre hors du chemin, de la voie.*

Si le sens de ce verbe, particulier au Jargon de Villon, est facile à déterminer par la réunion des exemples suivants, il n'en est pas de même de son origine. On ne peut que supposer une formation sur : *bouse, bousard* [1], fiente des animaux servant de piste, de voie, à la chasse.

Bal. I, vers 29 :

> *Et babignes tousiours aux ys* [2]
> *Des sires pour les desbouses*

Bal. III, vers 15 :

> *Souvent aux arques*
> *A leurs marques* [3]
> *Se laissent tous desbouses*

---

1 Fiente du cerf, du chevreuil, etc.
2 Bavardez, répondez toujours aux paroles des juges...
3 Logis, lieux de réunion.

Bal. IV, vers 2 :

> *Pour desboufes, beauffire dieux !*
> *Allez ailleurs planter voz marques !*

Bal. V, vers 10 :

> *Quanques vous auront desboufes*
> *N'estant a juc la rifflerie*
> *Dez angelz et leurs affoces* [1]

Bal. nouv., vers 10 :

> *Et desboufes de son cuer ou poue.*

DESGRAPPER, DESGRUPPER, *décrocher*, l'opposé de GRUPPER (V. ce mot) qui signifie : *accrocher, saisir, empoigner*.

Bal. IV, vers 9.

On rencontre AGRAPER, *prendre, saisir, agripper* dans le *Roman de la Rose*, vers 13,664 :

> *Quanqu'il en porront agraper...*

& Charles d'Orléans, page 272, Édit. Marie Guichard, 1842 :

> *Ainsi surprins et agrapé*
> *Le vigneron fut atrapé...*

DESNOUER, ou *desnuer* (actuellement *dénuer*), *priver du nécessaire, mettre à nu, dépouiller*.

Bal. nouv., vers 26 :

> *Jehan mon amy qui les fueilles desnoue,*

---

[1] Des sergents et leurs associés.

c'eft-à-dire : *qui dépouille, qui prive du néceffaire les bandits ou fueillards.* (V. Fueilles). Je fuppofe *Jehan* fe rapportant à *Jehan Mautuinct*, le juge examinateur chargé d'inftruire l'affaire du vol au collège de Navarre, commis par Villon & fes amis.

Dans la citation fuivante, Villon parle peut-être des trois mêmes compagnons *defnués,* auxquels s'adreffe la bal. nouv.

Petit Testament, huitain XXV :

Paouvres orphelins impourveuz,
Tous defchauffez, tous defpourveuz
Et defnuez comme le ver...

Repue Franche du Souffreteux, vers 60 :

Comment m'en iray-je en pourpoint
Et defnué comme ung marault ?

Le Franc-Archer de Baignollet, vers 17 :

Povres prifonniers defnuez
Sitot que je les euz ruez.

DORER, *diffimuler, mentir, déguifer fes paroles.*

Bal. I, vers 26 :

Songears ne foies pour dorer.

Songeurs (embarraffés) ne foyez pour dorer vos paroles, pour diffimuler, mentir.

Coquillart, *Plaidoyer d'entre la Simple et la Rufée,* T. II, 54 :

Par motz dorés, par joncheries,
Sornettes, adulations, . . .

Dialogue de Placebo pour un homme seul, page 11 ; *Recueil de Farces Techener :*

> *Je parle mieulx qu'un gay*[1] *en cage*
> *Quant on me veult prefter l'oreille*
> *De dorer ai-je faiâz merveille.*

DOUBTE, *crainte,* dans l'ancien langage. DOUBTER, *craindre, redouter.*

VILLON, GRAND TESTAMENT CLXXI :

> *Défirans de faulver leurs âmes,*
> *Et doubtant Dieu noftre Seigneur.*

DROE (LA) *le coup, le trait, la tirade,* dans un fens érotique.

Bal. VI, vers 22 :

> *Voz ens*[2] *foient affez hardis*
> *Pour leur avancer la droe*

Sur l'anglais *drawe,* tirer.

Palfgrave : A DRAUGHT, *un traiâ.*

Dans Cotgrave, les mots français *traiâ, tirade, tirée,* font traduits par *draught.*
V. dans le Sixième Difcours de Panurge, l'expreffion obfcène *drind...up,* provenant d'une femblable fource anglaife : *draw up* (RABELAIS, *Trois Difcours et un Quatrain, traduits et expliqués pour la première fois.* A. Lemerre, édit.)

DROGUERIE, *travail, labeur, corvée,* par corruption probable de l'anglais *drudgery,* travail laborieux, corvée.

---

1 Papegay, perroquet.
2 Vos êtres, vos existences, vos sens.

Bal. III, vers 3 de l'envoi :

> *Raſurez vous en droguerie*
> *Et faierie*
> *Et ne ſoiez plus ſur les joncz...*

Remettez-vous, raſſurez-vous dans le travail & la candeur, le calme, & ne ſoyez plus ſur les joncs (litière des cachots).

Les dict. anglais donnent comme étymologie à DRUDGERY : Anglo-Saxon, *dreogan* ; vieil anglais *drugge* : manœuvre, ouvrier, eſclave.

DUC (LE), *la tête, le chef*. Jeu de mots ſur le latin *dux, ducis* : chef, & le vieux français *chef* : tête.

Bal. II, vers 22.

Rime avec *ſuc* qui ſignifie auſſi : *chef, crâne, nuque*.

DUPPES, DUPPEZ, *les priſonniers*, ceux qui ont été pris, *dupés*, attrapés par les ſergents.

Bal. I & III.

Oudin, dans ſes *Curioſitez Françoiſes*, au même mot : « Se diſait indifféremment des trompeurs & des trompés. »

DURE, DURS, *priſon, priſonniers*, termes populaires dont le premier eſt encore en uſage : *être ſur la dure*.

Bal. V. vers 15 :

> *La dure bien toſt n'en verrez*

Bal. I, vers 25 :

> *Eſchari ces[1] ne ſoies point durs*

En anglais : *durance*, priſon, empriſonnement.

---

[1] Affirmez, soutenez.

EMBRAJEUX, EMBRAYEUX, pour *ombrageux, foupçonneux.*

Bal. IV, vers 7 :

> *Mes freres foiez embrajeux*
> *Et gardez les coffres maffis* ¹.

Le verbe *ombroier* fe rapproche beaucoup de cette forme, ROMAN DE LA ROSE, v. 10,802 :

> *Dame plefent et honorable,*
> *Gente de cors, bele de forme,*
> *Vi ombroier deffouz un orme.*

EMPLE ou **AMPLE**, du verbe *emplier* ou *amplier*, ancien terme de Palais : remettre une caufe, différer, renvoyer un criminel pour une nouvelle information. Latin : *ampliare*, même fens.

Bal. II, vers 12 :

> *Qu'en la jarte ne foiez emple* ²

Cette formation irrégulière fur l'infinitif était fans doute admife pour fatisfaire à la rime, car le *Roman de la Rofe* contient les exemples fuivants, ceux-ci du verbe *emplir* :

Vers 10,173 :

> *Qui fi de jaloufie s'emple*
> *Cum ci vous ai mis un effemple.*

Vers 22,080 :

> *Et tu, qui dame es de ce temple*
> *Sainte Venus, de grace m'emple.*

---

2 Il s'agit de coffres soustraits au collège de Navarre.
3 Qu'en la discussion, discorde, ne soyez repris plus tard, pris une autre fois.

EMPS, V. ENS.

ENCE, pourrait fe lire au lieu de *cuer* dans le manufcrit de Stockholm, bal. nouv., vers 10. Ce ferait alors *ance* (V. ce mot), oreilles.

ENCLOUER, *enfermer*, mettre fous les clous.

> Cotgrave rapporte la locution fuivante : « Je m'y fuis « encloué, *je m'y fuis engagé à mon grand dommage*, « *défavantage*. »

Bal. nouv., vers 18 :

> *Luez au bec*[1] *que l'on ne vous encloue.*

Il faut peut-être comprendre : *que l'on ne vous enferre*, ce ferait alors exactement la reproduction du vers 14,

Bal. I :

> *Qu'au mariage ne foiez fur le banc,*

mariage, opération d'enchaîner, d'enferrer les prifonniers deux à deux.

ENNARVANS, V. NARVANS.

ENS (VOS), EMPS, ANS, *vos êtres, vos exiftences*, du latin *ens, entis*, langage fcholaftique, ou fimplement *vos ans, vos années*, fuivant les variantes.

Bal. I, vers 4 de l'envoi :

> *Et que vos emps n'en aient du pis*

---

[1] Levez le bec, faites attention.

Ce vers a autant de leçons différentes que d'éditions rapportées ici (V. au bas du texte).

Bal. IV, vers 21 :

Vos ens foient aſſez hardis.

Si l'on pouvait s'autoriſer des autres fautes d'impreſſion pour lire : *vos ſens*, la queſtion ferait ſimplifiée, c'eſt bien clairement l'idée contenue dans ce dernier vers. Villon ſe ſert cependant quelquefois d'un mot latin, lorſqu'il a beſoin d'une ſyllabe unique pour ſatisfaire au rythme : STAT, *Bal. de la Groſſe Margot* & *Bal. nouv. du Jargon* ; FIAT, dans ſa *Requeſte au Parlement*.

ENTERVER, ce verbe a pluſieurs ſens différents, les extraits ſuivants en donneront une idée.

Cotgrave (avec la marque : *Baragouin*) :

« ENTREVER, to underſtand *(comprendre)*. »

Raynouard *(Lex. Roman, tome V, page 104)* :

« ENTERVAR, interroger, demander. »

Leroux (D^re *comique, ſatyrique, etc. Amſterdam* 1756) :

« ENTERVER, s'oppoſer, réſiſter avec force. »

Roquefort *(Gloſſaire)* :

« ENTERVER, fouſtraire, enlever adroitement » ; il le ſuppoſe venu du latin *intervertere*, & reproduit un paſſage de Coquillart, déjà cité par Pierre Borel *(Antiquités Gauloiſes)* ſans explications :

Partir, dire adieu à la fille ;
Eſt-on prêt ? la bouche laver,
De même le trou, la cheville ;
Tenir ferme pour enterver,
Courre de nuit, ribler, reſver...

Dans les ŒUVRES DE COQUILLART, *Tome II, page* 274,

Bib, elzév., le commentateur, M. Ch. d'Héricault ajoute en note :

« Généralement entrevoir, entendre ; ici, je penfe, en-
« traver, ficher en terre. »

M. F. Michel *(Phil. de l'argot)* lui donne d'abord le fens de : *entendre*, d'après Cotgrave, mais après plufieurs exemples contradictoires, il avoue ne pas bien le définir.

On ne peut donc prétendre donner une interprétation exacte. Ce qui paraît le plus plaufible, & les exemples réunis ci-deffous femblent le démontrer, c'eft que le Jargon employait ce verbe pour un certain nombre d'autres en *inter*, comme : *interroger, intervenir, intervertir, entrevoir, entraver*, etc., réunis fous la forme primitive : ENTERVER, *comprendre, entendre, s'initier à.* (V. auffi ENTERVEUX.)

Bal. I, vers 17 :

Rebigues moy tofl ces enterveux [1]

Bal. III, vers 17 :

Et enterver [2]
Pour leur contre comme lors faifons

Idem, vers 31 :

. . . . . . et enterver [2]
Pour rifler
Et placquer
Les angelz de mal tous ronds

Bal. V, vers 17 :

Entervez [3] *a la floterie*

---

[1] Interrogeurs, curieux.
[2] Intervenir.
[3] Initiez-vous.

Bal. VI, vers 2 :

Entervez¹ toufiours blanc pour bis.

ACTES DES APÔTRES :

Efcoutez comment il enterve².

VIE DE SAINT-CRISTOPHE :

J'enterve³
Vng tas de propos en ma tefte
Et tout feul par moy me tempefte.

ENTERVEUX, *interrogeurs, curieux, intervenants.* Adjectif formé fur ENTERVER (V. ce mot).

L'abbé Prompfault dans fon effai de traduction du Jargon, avait auffi adopté : *curieux*. (OEuvres de Villon, Paris, Techener 1832, in-8°).

Raynouard, *(Lexique, T. V, 495)*, cite *Entervenir* pour *Intervenir.*

Los inconveniens qui podon entervenir⁴...

Trad. du Traité de l'Arpentage, I, ch. 45.

ESCHARIR, *affurer, affirmer, formuler, garantir.* Vieux verbe français qu'il ne faut pas confondre avec ESCARRIR⁵. *delaiffer, abandonner,* ou avec ESCARRIER⁶, *rejeter, renvoyer,* & auffi faire une *efcarre,* une brèche.

Raynouard *(Lex. roman)* : enfeigner, formuler, affirmer.

---

1 Entrevoyez ou intervertissez.
2 Comment il comprend.
3 J'entrevois.
4 Qui pourront intervenir.
5 Raynouard : *Abandonner, délaisser.* Roquefort : *Abandonner, délaisser, fuir.*
6 Roquefort : *Renvoyer, rejeter.* Littré, au mot ESCARRE.

Roquefort *(Glossaire)* : assurer, affirmer.

Bal. I, vers 25 :

> Eschari ces ne soies point durs.

ESCHEC, au refrain de la Bal. I, est répété comme cri de guerre ou de défi contre le *sardis* (la garde, le guet) :

> Eschec, eschec pour le sardis

Anciens exemples du même emploi :

LA GRIESCHE[1] D'ÉTÉ de Rutebeuf, vers 21 :

> La dent dit « Cac »
> Et la griesche dit « Eschac ».

LA LECTIONS D'YPOCRISIE ET D'UMILITEI, vers 174 :

> S'avient puis que hon dit : eschac.

ESCHEQUER, ESCHICQUER, éviter, échapper, se disperser ; vieux verbe rarement employé.

Il est cité par Roquefort : « disséminer, jeter de côté & d'autre. »

Le remplacement de *Eschequer* par *Escever* (éviter, esquiver, échapper), dès les premières éditions de Villon (les Deux Treperel) détermine bien le sens à adopter ici.

Bal. I, vers 7 :

> Escheques moy tost ces coffres[2] massis

Bal. II, vers 11 :

> Et eschicques tost en brouant[3]

---

[1] Jeu de dés.
[2] Cachots.
[3] En fuyant, en courant.

Seul exemple rencontré dans les miſtères, *Vie de Saint-Chriſtophe* :

BARRAQUIN.

J'eſchaquay.

BRANDIMAS.

Et j'eſtois en cage.

BARRAQUIN.

Je pietonnay toute la nuiɛt.

ESCHET, du verbe *eſchoir*, ou *echoir, advenir*, employé impérativement; Bal. V, vers 7.

ESCHEVER, *éviter*, ancien verbe français plus répandu ſous la forme *eſcever*.

Bal. V, vers 2 de l'envoi :

> *Prince qui n'a bauderie*
> *Pour eſchever de la ſoe* [1].

VILLON, GRAND TESTAMENT, huitain CXLVI :

> *Gardez-vous tous de ce mau haſle* [2]
> *Qui noirciſt gens quant ilz ſont mortz,*
> *Eſchevez-le, c'eſt ung mal mors* [3].

CHANSON DE ROLAND, vers 1096 :

> *Ja pur murir n'eſchiverunt bataille.*

CHARLES D'ORLÉANS, ROND. DE M. DE LORRAINE, p. 344 :

> *Pour eſchever plus grand dangier.*

---

[1] De la semer, de la répandre.
[2] Mauvais hâle.
[3] Une mauvaise morsure.

ESCHICQUER, V. ESCHEQUER.

ESCORNER, *humilier, mépriser, maltraiter.*

Se rencontre deux fois et seulement dans la Bal. nouv. vers 2 :

Car escornez vous estes à la roue.

Vers 9 :

Maint Coquillart escorne de sa sauve [1]

C'était un verbe du langage familier. Cotgrave, toujours très complet, rapporte : ESCORNER, ESCORNICHER, ESCORNIFLER, ESCORNIZER.

Rabelais emploie *escorné* pour : *méprisé, meprisable.*

Roquefort cite : « ESCORNE, substantif : *honte, mepris, affront, accusation fausse* qui peut ternir la réputation de quelqu'un. »

COQUILLART, LES DROITS NOUVEAUX, T. I, 126 :

*Et contrefont les amoureuses
De quelque ung, pour avoir argent;
De telles, il advient souvent
Qu'on le sçet, qu'elles sont notées,
Et ne durent pas longuement
Qu'elles ne soyent tost escornées.*

IDEM, page 193 :

Assavoir mon [2], *ce c'est mieulx,
A luy d'appeler ses voysins,
Les gens de la rue ou le guet...*

---

[1] Sa maitresse.
[2] Locution populaire : *C'est à savoir.*

> *Ses oncles, parens et couſins,*
> *Pour ſa povre femme eſcorner*
> *Et affin qu'ilz ſoyent plus enclins*
> *De conſentir la ſéparer.*

ESCROUER, *écrouer,* c'eſt-à-dire inſcrire ſur le regiſtre d'écrou, *empriſonner.* Bal. nouv., vers 7.

Ce langage du Palais avait déjà cours au temps de Villon. Coquillart, dans l'*Enqueſte de la Simple & de la Ruſée,* dit (T. II, 130) :

> *Et eſtoient les lettres d'ung dat*
> *Dattées, en fourmes d'eſcroue.*

Note de M. Ch. d'Héricault : « *Lettres, papiers, regiſtres* « *d'eſcrou* étaient uſités en beaucoup de cas. »

ESSORER, Villon joue probablement ſur les ſens divers de ce verbe :

Bal. I, vers 26 :

> *Que le grant can[1] ne vous faſſe eſſorez*

On peut entendre : *ſécher, deſſécher* (au gibet), ou : *prendre ſon eſſor, ſ'élever en l'air,* image de la pendaiſon.

Le Livre du Faulcon, vers 401 :

> *Plus ne vueil ycy demourer,*
> *J'ay entrepris de m'eſorer,*
> *Vng jour de beau temps qui viendra.*

Anc. Poéſies, XII.

Complaintes et Epitaphes du Roy de la Bazoche, par André de la Vigne, vers 193 :

---

1 Le grand Prévot.

En defroy tous, cueurs et corps efforez !

On pourrait auffi comprendre : *efforiller,* couper les oreilles.

Ordonnance de Louis XII, Blois 1498, parag. 90 :

« Ordonnons que quand aucuns qui auroient été con-
« damnés à eftre fuftigez ou efforeillers, bannis ou en
« quelque autre grieve peine corporelle [1]... »

Sauval, Tome II, chap. *des Supplices,* parle auffi de l'efforillement, peine appliquée aux larrons.

ESSURGER, *délainer,* enlever la laine *furge* (laine en fuint) ou moraine fur les peaux de mouton, l'une des opérations du mégiffier.

Bal. V, vers 18 :

Blanchir voz cuirs et effurgez

V. BLANCHIR, FLOTERIE, PLAIN, qui montrent chez Villon une certaine connaiffance du métier; au huitain CIII du *Grand Teftament,* il donne à penfer qu'il avait quelquefois demandé fa fubfiftance à ce travail manuel :

J'ordonne, moy qui fuis bon miège [2],
Que des peaulx, fur l'hyver, fe fourre.

L'ordonnance de 1290, à la fuite du *Regiftre des Métiers d'Etienne Boileau,* nous apprend que les mégiffiers achetaient les peaux fur les bêtes vivantes, à leur arrivée chez le boucher. Edit. des *Documents fur l'Hift. de France,* page 416.

---

[1] *Recueil des anc. lois franç.* Isambert, T. XI, page 359.
[2] Mégissier.

ESTERIE, *comparution en justice, plaidoirie* ; substantif formé sur *ester*, vieux verbe français encore en usage au Palais. Autrefois, le sens en était plus étendu, il signifiait aussi : *plaider pour soi*.

Bal. V, envoi :

> *Prince benardz en esterie*
> *Querez couplaus* [1] *pour lamboureux* [2].

ACTES DES APÔTRES :

> *Sus, paillards, prenez vos bastons.*
> *Et laissez ce débat ester.*

EVAIGE (LE), *la vengeance*, corruption probable de l'anglais *Avenge* (Palsg. p. 440) qui se prononce *évennje*. L'article sans élision est peut-être aussi une imitation du parler des insulaires.

Bal. I, vers 6 :

> *La sont blesfleurs au plus haut bout assis*
> *Pour le evaige . . . .*

M. A. Vitu *(Jargon du xve siècle)* corrige par *havage*, droit du bourreau de prélever une poignée *(havée)* de grain sur les sacs apportés au marché.

Cette correction paraît excellente ; il faut cependant remarquer qu'un mot de la langue courante [3] n'aurait pu être défiguré à ce point, & transcrit de quatre façons différentes dans des éditions imprimées avec soin & relativement correctes.

Si l'on s'écarte du texte, on peut aussi adopter :

---

[1] Terme d'école : *bons arguments*.
[2] Surnom donné au bourreau, ou au tourmenteur juré.
[3] Ce droit de *havage* était aussi perçu fréquemment par des abbés, par des seigneurs.

1° Un fubftantif formé fur HAVIR, *deſſécher* (Acad.) qui entrerait bien dans le fens du vers :

Pour le déſſéchage et bien haut mis au vent.

2° Un fubftantif formé fur HAVÉE, OU AVÉE, terme du jeu d'échecs qui a précédé la locution: *Echec au roi* [1]. Le refrain de la bal. eft :

Efchec efchec pour le fardis.

FAERIE (LA) *peur, crainte, frayeur*, de l'anglais Feare, Feary, (orth. d'après Palfgrave).

Bal. V, vers 9 :

Bendez vous contre la faerie

Raidiſſez-vous contre la peur, reprenez courage.
Le français *faerie* : enchantement, feerie, ne s'applique pas au fens probable. Il n'expliquerait pas non plus la différence d'orthographe, perfiftant dans toutes les éditions, entre ce mot et le fuivant ; il apporterait au vers une neuvième fyllabe malencontreufe.

FAIERIE (LA) *le calme, la férénité, la candeur*, fur l'anglais Faire ou Fayre (Palfgrave).

Bal. III, vers 4 de l'envoi :

Raſurez vous en droguerie [2]
Et faierie
Et ne foyez plus fur les joncs [3]

Faierie pourrait auffi fe rapprocher du vieux français *faié* :

---

[1] Pour les anciens termes du jeu d'Echecs, voy. le *Roman de la Rose* à partir du vers 7400.
[2] Labeur, travail, de l'anglais *Drudgery*.
[3] La litière de joncs du cachot.

fait, *fabriqué*, mais Villon ne l'a jamais employé ; il faut remarquer auſſi que ce mot et le précédent ne comportent que deux ſyllabes pour la meſure.

FARCIZ, *droles, déguiſés, farcés*, avec le « plumbis ou plumas à coing » ; ou : *lardés, farcis* par les coins ou pointes de cet inſtrument de torture ou de répreſſion. Bal. II, vers 21.

Le verbe *Farcer* s'employait pour jouer des Farces, faire des farces.

Villon, Bal. de Bonne Doctrine, vers 11 :

Farce, broille, joue des fluſtes
Fais, ès ville et ès cités,
Fainctes, jeux et moralitez..,

Coquillart, Monologue du Puits, II, 252 :

Je fus ſi lourdement farcé
Par tel façon et tel manière
Qu'euſſe voulu avoir eſté
Dedans ung ſac en la rivière.

FARDIS (LE ou LES) *le garde, le geôlier, le guet*, de l'anglais *Ward*, langage ſuppoſé corrompu par le populaire pariſien.

Cotgrave au mot Guet ; *watch, ward, watch and ward*.
Au mot Garde : *gard, ward*.
Refrain de la bal. I :

Eſchec eſchec pour le fardis

Dans les deux édit. Treperel : « *les fardis* ».

FAUVE, *fourbe, artificieux, flatteur, flagorneur*.

Bal. nouv., vers 11 :

> *Beau de bourdes blandy de langue fauve.*

Lacurne Sainte-Palaye : « FAUVEL, fourberie du renard, « de là le *Roman de Fauvel*. »

F. Michel (*Ph. de l'argot*, page 370, au mot ROUSSE) « au moyen-âge, on difait *fauvele* pour fourberie, & « *fauvoier* pour tromper. »

> *Mar veifles voftre fauvele*
> *Et voftre grant felonie*

Romans des Aventures Fregus, page 86.

Faveles, tromperies, paroles trompeufes, fe rencontre fouvent dans le *Roman de la Rofe* :

Vers 8,233 :

> *Ains decevoient les pucelles*
> *Par tiex² plors et par tiex faveles*

Vers 22,464 :

> *Plus toft fe funt aperceues*
> *Des baraterefses¹ faveles*

Vers 22,485 :

> *Qui par faveles les detienent*
> *Et as oreilles lor taborent³*

Exemple unique de FAUVE, mais concluant :

LI AMIRAUS D'OUTRE L'ARBRE SEC :

> *Fi ! mauvais, me cuidiez vous prendre*
> *Tant que Mahom ches bras me fauve ?*

---

1 Tels pleurs.
2 Trompeuses, malhonnêtes.
3 Leur tambourinent.

> *Fuiés, mauvais chevalier fauve !*
> *Poi pris ne vous ne vo engien* [1]

Jean Bodel, Li Jus de Saint-Nicholaï, drame du xiiie siècle, page 206.

FLOGIE (LA), *la fêlure, la fente*, fur l'anglais Flaw *fente, fêlure,* Flawy, *fendu, fêlé* (Cotgrave). Villon l'emploie avec une intention érotique.

Bal. VI, vers 19 :

> *Et n'efpargne point la flogie*
> *Des doulx dieux fur les patis*

Dans le même cas, Clément Marot fe fert de *fendaſſe*, épig. 280 :

> *Bien, dit Robin, tout en voſtre fendaſſe*
> *Ne le mettray; et foudain il l'embraſſe...*

Farce d'un Pardonneur, d'un Triacleur [2] & d'une Tavernière, anc. th. fr. T. II, 58 :

> *L'ung eſt de monſieur Sainct Boudin*
> *Voicy l'autre de Saincte Fente...*

L'Advocat des Dames de Paris, vers 349 :

> *Après qu'elles ont par long temps*
> *Jeuné Kareſme et Quatre-Temps,*
> *Tant des dents que de fainct Fendu,*
> *Quant ce vient au joly printemps,*
> *De prendre un petit de bon temps*
> *Il ne leur eſt pas deffendu.*

---

[1] Me pensiez-vous prendre tant que Mahomet me conserve ces bras ? Fuyez, mauvais chevalier fourbe ! Peu j'estime et vous et vos ruses.
[2] Charlatan, vendeur de thériaque.

FLOS (LES), *les compagnons, les ouvriers de la flotte* ou FLO-
TERIE (V. ce mot), l'atelier de tanneur, de mégiffier où
travaillaient les amis de Villon, & peut-être lui-même.

Bal. nouv., vers 28 :

Loin de fon plain [1] *de fes flos curieulx* [2]

FLOTERIE (LA), l'établiffement où fe font les opérations
de mégifferie, de tannage, dont il eft queftion dans le huitain III, ballade V.

L'expreffion de tannage à la flotte exifte encore. Les
ouvriers travaillent aux cuves ou *plains,* ou fur de
petits radeaux flottants, pour laver les peaux à l'eau
courante, probablement à la Bièvre, fur les bords de
laquelle ces induftries font encore placées. C'était
alors une rivière affez forte ; pendant l'hiver de 1481,
elle détruifit dans un débordement prefque tout le
faubourg Saint-Marcel & fit périr deux ou trois mille
perfonnes [3]. Son confluent avec la Seine fe trouvait
autrefois en face Notre-Dame [4], à l'intérieur de l'enceinte [5].

Villon habitait le Cloître-Saint-Benoît, derrière la Sorbonne [6], il en était donc peu éloigné.

La FLOTERIE ferait ainfi l'atelier ou ASTES, l'établiffe-

---

[1] Cuve ou baffin de tannage.
[2] *Ayant cure, soucieux,* sens primitif de « curieux ».
[3] *Histoire de Louis XI* par Duclos, T. III, page 352 — Paris, les frères Guérin, 1745.
[4] L'emplacement porte encore le nom de « Rue de Bièvre ».
[5] L'enceinte se terminait à la Tournelle.
[6] Il y entendait sonner les cloches, *Petit Test.* XXXV :

> *Je ouys la cloche de Sorbonne,*
> *Qui tous jours à neuf heures sonne*
> *Le salut que l'ange prédit.*

ment du tanneur ou mégiſſier, dans lequel les Flos (compagnons, ouvriers de la *flotte* ou *floterie*) BLANCHISSENT les cuirs (les mettent à la chaux pour en ôter le poil), ESSURGENT les peaux (enlèvent la laine ſurge ſur les peaux des moutons) & travaillent dans les PLAINS (cuves & baſſins où ſe font ces opérations).

(V. ces mots dans le *Gloſſaire*).

Villon dira plus tard, *Grand Teſtament*, CIII :

> J'ordonne, moy qui ſuis bon *miége* (mégiſſier)

FONDES, *poches, ſacoches, panetières de berger* (Roquefort).

Bal. VI, vers 14. On dit encore : *Fontes*, poches ſituées de chaque côté du cavalier, ſur la ſelle ; et en argot populaire : *la profonde*, pour la poche.

Dans le paſſage ſuivant, tiré d'un fabliau du XIIIe siècle, le ſurnom *Trenche-Fonde* ſignifie : *coupe-poche, coupe-bourſe* :

LES DEUX TROVEORS RIBAUZ, Rutebeuf, III, vers 140 :

> Ge connois force bons borgois
> Et toz les bons ſirjanz du monde ;
> Ge connois Gautier Tranche-Fonde.

FRESSOUE, ne paraît pouvoir ſe traduire que par *friſſon, fraîcheur*. Bal. nouv., envoi, vers 5.

L'orthographe, la clarté du ſens, ont eu probablement beaucoup à ſouffrir des anagrammes trouvés par M. Vitu dans l'envoi de cette Ballade : le poète devait être ſingulièrement gêné, avec un acroſtiche à la lettre initiale du vers.

FROART, ce ſurnom donné à quelque compagnon paraît être l'anglais *Froward*.

Cotgrave le donne pour traduction aux mots : *pervers, hargneux, mauvais, meſhaignant.*

Bal. I, premier vers de l'envoi :

Prince froart dis arques petis

Prince pervers, etc., *dit Petit-Pont*, ou *dit du Petit-Pont*, le lieu de réunion de la bande.

Au premier huitain de la Bal. de Bonne Doctrine à ceux de mauvaiſe vie, Villon dira de même en s'adreſſant aux mêmes compagnons :

Traiſtres pervers, de joy vuydés,
Soyes larrons, ravis ou pilles,
Où ſ'en va l'acqueſt, que cuydez[1] ?
Tout aux tavernes et aux filles.

FRONANS, *renfrognés, renfrognant, grognant*, ſur le verbe anglais *To Frowne*, que Palſgrave (page 559), traduit par : *refraigner.*

Bal. IV, vers 1 :

Saupicquez (ou ſaupicqs[2]) fronans des gours arques...

Ce n'eſt pas : *frouans*, comme l'impriment les éditions modernes, en dépit de l'accord des édit. primitives.

Villon ſe ſert de *renffrongner* dans le Petit Teſtament, XXX :

Trembler a chiere renffrongnée.

Le vieux français *fruns, enfruns*, avait le même ſens.

Vers Dieu ſont enfrun et vilain...

OEuvres de Rutebeuf, T. I, 444, publiées par A. Jubinal, Paris, 1839, 2 vol. in-8°.

---

[1] Croyez, pensez.
[2] Fils de truie, enfants de truie.

> *Li frunz, li fel, li annuieux,*
> *Par fon barat*[1] *ma fi foupris...*

Idem, Tome II. 304. (Citations de M. F. Michel).

Faut-il reconnaître dans ce terme du Jargon la prononciation populaire de *frongner?* Ce verbe n'eft pas employé par Villon & les exemples en font exceffivement rares :

MONOLOGUE DU RESOLU de Roger de Collerye, vers 45 :

> *Puis le mari a fa fumelle*
> *Hongne, frongne, grongne, grumelle,*
> *Par l'efpace d'une groffe heure.*

FROUER, ce verbe exiftait en français avec un fens aujourd'hui complètement difparu [2].

Nicot :

FROUER, *friare, infriare* (latin).

Cotgrave :

FROÜER, *to crum, crumble, break fmall* (émietter, brifer ou caffer petit).

Roquefort *(Gloffaire)* :

FROUER, *rompre, brifer, émietter.*

Bal. IV, vers 3 de l'envoi :

> *Pour doubte de frouer aux arques*
> *Gardes vous des coffres maffis.*

De crainte de rompre, de brifer avec les arches, d'en être vio-

---

1 Sa tromperie, sa fraude.
2 On l'entend seulement : Imiter un cri, un sifflement pour prendre les oiseaux à la pipée.

lemment *sépares, gardez-vous des cachots maſſifs, de la priſon.*

Les *arches* sont ici personnifiées, elles représentent la bande, la compàgnie, les amis auxquels elles servent d'abri, de lieu de réunion.

FUEILLES, abréviation de FUEILLAR ou FUEILLART : *bandits, brigands, ſoudards* ou *routiers,* ayant élu domicile dans les bois, ſous la feullade ou fueillée.

Bal. VI, vers 5 :

> *Ruez des fueilles cinq ou ſix*

Bal. nouv. vers 2 :

> *Jeban mon amy qui les fueilles deſnoue*

Dans le premier exemple, Villon l'applique aux archers du guet : *renverſez des bandits cinq ou ſix.* Dans le ſecond, il en gratifie ſes propres amis, en ſe moquant du juge, *qui deſnoue, dépouille les voleurs.*

Palsgrave (page 280) traduit l'anglais *thefe* par : *larron, feuillart, fuillart.*

Nicot : FEUILLAR, *larron, malfaiteur nocturne* avec la citation ſuivante :

« Et ſe print a les eſcrier à mort en les appelant par « grand aigreur & indignation : traiſtres feuillars & « larrons nocturnes. »

Jean le Maire (de Belges), Paris 1512. *Illuſtration des Gaules, L. I, chap.* 23.

La ſcène de la *Vie de Saint-Chriſtophe*, reproduite dans ce volume, nous montre une bande de *feuillarts;* leur langage ne laiſſe aucun doute ſur l'origine de leur titre :

> *Laiſſez la feullade grant erre* (bien vite)
> *Et vous en venez à la guerre...*

(V. au *Gloſſaire des Miſtères* : Feullade, Verdis).

L'expreſſion remonte au commencement du xve fiècle ; le poëte Jehan Reignier, rançonné par ces brigands, dans une ballade qui débute ainſi :

> *L'an trente et ung et quatre cens*
> *Le quatorzième de janvier...*

dit au deuxième huitain :

> *Des compagnons de la fuellye*
> *Fus rencontré en male eſtraine.*

(Paris, Jean de la Garde, 1526, page 6).

Le mot *fueilles* du Jargon n'eſt autre que *feuilles*, orthographe moderne ; on écrivait alors ainſi, les exemples abondent :

Charles d'Orléans :

> *Il n'eſt fueille, ne fleur qui dure*
> *Que pour ung temps . . . .*

Envoi de la Ballade, page 70-71.

GAILLEURS, hardis & joyeux compagnons, *gaillards*.

Bal. II. vers 17.

Moralité de l'Aveugle et du Boiteux. Recueil Paul Lacroix, page 229 :

> *Combien que ſoye miſte et gaillart.*

GALLOIS, équivoque ſur le vieux mot *Gallois* : joyeux compères, lurons, & l'anglais *Gallowes* : pendards, gibier de potence (Cotgrave, à Pendard).

Villon applique ce jeu de mots aux fergents, aux archers du guet, dans ces vers de la bal. III :

> *Et rue deux coups ou trois*
> *Aux gallois*

Pour le français *gallois*, les exemples ne font pas rares ; le fuivant détermine bien fa fignification :

Farce du Munyer, d'André de la Vigne, vers 130 :

LE CURÉ.

Gauldir faudra.

LA FEMME.

Chanter.

LE CURÉ.

Et rire.

LA FEMME.

Vous me verrez bonne galloife.

LE CURÉ.

Et moy, gallois.

GARD, *jardine*, fur le très ancien français *gard*, jardin. Le verbe *jardiner* paraît manquer encore à cette époque.
Bal. II, vers 22 :

> *Farcis d'un plumbis (ou plumas) à coing*
> *Qui griffe ou gard le duc...*

Cette orthographe archaïque, ailleurs auffi rencontrée, femble démontrer l'intention d'accumuler les difficultés de lecture, car on écrivait *jardin* depuis deux fiècles ; le *Roman de la Rofe* nous le tranfmet toujours ainfi :

Vers 9,861 :

> *Par ces jardins, par ces praiaus...*

Vers 11,023 :

> *Par le jardin délicieus...*

Cependant *gardin* & *gardiner* subsistaient dans le Picard & le Normand :

DRAME D'ADAM, page 22 :

Manuscrit de la Bib. de Tours, publié par V. Luzarche, imprimerie de Bouserez, Tours, 1854.

> *Jo vus acoint d'un grand engin*
> *Qui vus est fait en cest gardin.*

WATELET DE TOUS MESTIERS. Anc. Poésies fr., T. XIII, vers 68 :

> *Labourer vigne, gardiner;*

GAUDIE, *gaie, joyeuse*. (V. MATHE GAUDIE).

Dans la bal. nouv. il est substantif : *la joie, la gaieté.*

—

GAUDISSERIE, Bal VI, premier vers; synonyme de *gaité*. Le Dictionnaire De Wailly, édit. de 1831, relate encore ce mot qui subsiste dans le bas-langage & reste compris de tous ; aussi figure-t-il sans changement dans la traduction du texte.

GAYEULX, adjectif formé sur le français ou l'anglais *gay* : joyeux, pleins de gaité (on écrivait : *gayeté*).

Envoi de la Bal. IV :

> *Prince des gayeulx les sarpes.*

On peut croire à un mot composé : *Prince des joyeux-les-coquins*. Le texte contient *sarpes* dans toutes les édit., il faudrait *sarques* pour la rime. L'un & l'autre se retrouvent dans les fynonymes anglais : *fharp* & *jhark*, rufé, matois, coquin (V. SARPES).

GIFFLE (LA) *la bouche*. Ne s'entendait autrefois que de la joue ou plutôt des joues ; il eft toujours refté dans le langage trivial.

>Cotgrave donne au mot GIFFLE, cette explication en anglais : « poche, fac de chaque côté de la bouche « où la nourriture eft machée. »

>Villon l'emploie pour : *bouche*, dans fon Jargon ; il ne s'en eft pas fervi dans fes poéfies.

>Bal. II, vers 3 de l'envoi :

>>*Qu'au giffle ne laiffez l'appel.*

>*Que l'appel ne refte pas dans votre bouche, entre vos joues entre vos dents.* (V. la note au bas du texte).
>C'était un bon confeil, car Villon devait un jour fauver fa tête en le fuivant. *(Bal. de l'Appel.)*

>Bal. VI, vers 9 :

>>*La giffle gardes de rurie*

>*La bouche, gardez-la, préfervez-la, du ruiffelage* (de la queftion par l'eau). Dans la Bal. nouv. *joue* eft employé de même pour : *bouche,* au vers 15.

GOURS, fignifiait dans le bas-langage de ce temps : *gros, grand, enflé, abondant, beaucoup* (GOURDE, au féminin) & *riche, richement vêtu, vêtu à la mode* (GOURRIER, homme à la mode).

>Il eft difficile de définir laquelle de ces deux qualification Villon entend aux vers fuivants, peut-être les deux enfemble :

Bal. I, vers 11 :

> Broues moy fur gours paffans

Bal. IV, vers 1 :

> Saupicquez fronans des gours arques

(V. au Gloffaire des Mistères : GOURT, GOURDEMENT, GOURDERIE).

Ex. de : *gros, enflé* :

> Ils ont les ventres fi peuplez
> Ils ont la pance fi gourdie...

Recueil P. Lacroix : *Moralité de la Condamnation de Bancquet*, page 349.

Ex. de : *riche, richement vêtu* :

> Mignonnes, qui fi bien faignez
> Pour entretenir les plus gourds,
> Les plus frifques, les mieux pignez...

Coquillart, *les Droits Nouveaux*, I, 68.

Ex. de : *beaucoup* :

> C'eft une tefte nompareille
> Et qui n'entend ne my ne gourd.

Farce du Goutteux, anc. théât. fr. T. II, 178.

GOURDE PIARDE, injure incidente adreffée par Villon à fa bande, à fa compagnie qui l'a laiffé entre les mains du guet, vers 4, Bal. III.

Gourde pie était une expreffion populaire fouvent rencontrée dans les ouvrages des XVe & XVIe fiècles, elle eft quelquefois expliquée à tort par : *bouteille fainte*[1] ; les exemples fuivants démontrent qu'il faut

---

[1] Par M. Paul Lacroix, dans une note de la *Farce du Munyer*, vers 13 (*Rec. de Farces*. Paris 1882, Garnier frères.)

entendre : « bonne & riche boiffon, » du vieux français *gour* ou *gourd* (V. ce mot) & de *pie*, boiffon, vin. On difait alors : *pier* [1], *croquer la pie* [2] pour : *boire, fe défaltérer*.

Viel Testament, fcène de la Tour Babel, 45 recto,

Ma bouteille n'eft point remplie
De gourde pie a ce matin.

Viel Testament (fcène reproduite dans ce vol.)

Or va n'arrefte point beau fire
Si irons croquer cefte pie.

Nativité de Notre Seigneur Jésus-Christ, Édit. Silveftre, Paris, 1839, sig. B. iii, recto :

De fa bouteille coppie
Plaine de gourde pie

Par extenfion, *la gourde pie, le gourd piard* fe difaient pour : *la taverne, le cabaret*. (V. GOURDEPIE au *Gloff. des Miftères*),

Vie de Saint-Christophe :

Je m'en brouay au gourd piard [3].

Et plus loin :

Se le rouaftre et fes anges
Nous trovoit a la gourdepie [4]..,

Le « gourde piarde » de Villon, lancé comme une injure à fa bande inactive, doit donc fignifier : *ivrogne,*

---

[1] V. Pier au Gloss. des mistères.
[2] Rabelais emploie cette expression, et en raconte l'origine à sa façon, dans l'ancien Prologue du Livre IV.
[3] Je m'en allai, je m'enfuis au cabaret.
[4] Si le Prévot et ses sergents nous trouvaient à la taverne.

buveuſe, ou, plus probablement : *habituée de cabaret, pilier de taverne.*

GRAVELIFFES, *foſſe* ou *tombe de la vie,* locution probablement forgée par Villon pour l'appliquer aux ſergents. Anglais : *grave,* foſſe, tombeau ; *life,* vie.

Bal. IV, vers 10 :

*Se gruppes eſtes deſgrappez
De ces angelz ſi graveliffes.*

GREFFIR, GRIFFIR, *prendre, être pris, pincé* par les *griffes* du guet, des ſergents.

Dans la *Vie de Saint-Chriſtophe,* on rencontre : *graffer,* même ſens.

LES SOUHAITS DU MONDE. Paris, 1831, in-8° de 13 pages de l'imprimerie de Crapelet, vers 181 :

LE SERGENT.

*Je ſouhaite, pour bien faire mon floc,
Trouver larrons, ſaiſir à l'avantage
Pour les griffer. . . . .*

Une autre édit. donne ici *greffer.*

GRIS (LE), employé au figuré, Bal. VI, vers 7, pour : *la peine, la douleur,* comme le font ailleurs : BLANC, BIS, NOIRCIZ.

GRUMES, GRUNES ou GREMES, *reprimandes, remontrances, admonitions, gronderies* ou *grogneries.* Bal. III, vers 2 de l'envoi et Bal. nouv., vers 12.

Nicot, au mot GROMMELER : « on diſait autrefois *gru-* « *meler* pour gronder. »

Nicot : « GREMELER, cerchez GROMMELER. »

Cotgrave : « GREMELER comme GROMMELER. »

Leroux (D^{re} Comique etc., Amſterdam 1756) : « GRU-
« MELER, gronder, quereller, réprimander. »

FARCE NOUVELLE DU CUVIER, anc. théât. fr., II, 32 :

> L'une crye, l'autre grumelle
> L'une mauldit, l'autre tempeſte...

PATHELIN, vers 734 ; Guillemette parlant du drappier :

> Il s'en va ſi fort grumelant
> Qu'il ſemble qu'il doive deſver.

GRUNES s'explique aiſément par grogneries, gronderies.

Roquefort (Gloſſaire) : « GREUNIER, grogner, le cri du pourceau, du latin grunnire. »

En remontant dans le paſſé on rencontre agrumir, qui eſt fort proche du ſubſtantif grume dont nous nous occupons :

LA DESPUTOIZON DOU CROIZIÉ & DOU DESCROIZIÉ de Rutebeuf, premiers vers :

> L'autr'ier entour la Saint Remei
> Chevauchoie por mon afaire,
> Penſix, car trop ſont agrumi
> La gent dont Diex a plus afaire...

GRUPPER, accrocher, ſaiſir, empoigner.

Cotgrave donne comme exemple la phraſe de Rabelais, Liv. III, ch, XII : « Je le vous grupperay au cruc » (ou au truc). On trouve dans Pantagruel, même Liv. III, ch. XVIII : « Qui dérobe, ne fugce, mais gruppe. » & au chap. XXII : « par fraudulentes
« poinctures, gruppements harpyaques... »

Passion Jésu-Crist :

> Son procès va donc a rebours
> S'il eſt grup?

et, quelques vers plus loin :

> Et force d'aubert [1] grupperon.

Vie de Saint-Christophe :

> Il fut gruppé et mis en roue.

Le Débat de Charité & d'Orgueil, (1530 env.) Anc. Poés. XI, page 303 :

> Pour attraper or ou chevance,
> Tu paſſe grup. . . . .

Chambrière a louer a tout faire (1550 env.) Anc. Poés. I, page 97 :

> J'attends qu'on face la leſſive,
> Où, avec une main haſtive,
> Je gruppe ce dont j'ay beſoin.

Villon l'emploie : Bal. I, vers 16 ; Bal. IV, vers 9 ; Bal. VI, vers 3 de l'envoi ; Bal. nouv., vers 2.

Le ſens n'en eſt pas douteux ; M. F. Michel (Phil. de l'Argot, au mot Grouper) en a donné d'autres exemples concluants. Les anglais ſe ſervaient de To Gripe, par lequel Cotgrave traduit Gruper. Son Dict. contient les dérivés Grupement, Gruppade. Ce dernier figure auſſi dans Rabelais, L. IV. chap. XVIII : « le « Maiſtral, accompagné de noires gruppades... »

HAIRE, 1° entendre, écouter, ou 2° tapage, bruit.

---

[1] Argent.

Bal. III, vers 9 :

> *Sans faire haire*
> *Ne hault braire.*

1° L'anglais HERE, *ouïr, efcouter* (Palfgrave), donne :

> *Sans fe faire entendre, écouter*
> *Ni crier haut, ni pouvoir parler haut.*

C'eft la meilleure traduction quant au fens général de la strophe.

2° L'autre interprétation fe fonde fur l'exemple unique fuivant, de : *faire haire :*

COMPLAINCTE DU NOUVEAU MARIÉ, page 5. Édit. des Joyeufetez de Techener :

> *En mefnayge aux petis enfans*
> *Qui font affez de haire.*

On peut lire : *tapage,* en rapprochant les notes qui fuivent : Lacurne relate : HARE, cri annonçant la clôture des foires de Champagne. — Coquillart, T. II, 102 : un grand haria, pour : *un grand tapage,* avec cette note de M. d'Héricault : « On prend encore dans le patois Picard & Normand, *Arias* dans le fens de bruit. »

Le verbe HARER, *exciter par des cris, pouffer à,* rarement ufité & dont voici un exemple :

CHARLES D'ORLÉANS, Rondel, page 290 :

> *Toufjours me refpont au contraire,*
> *Et me hare reffus fon chien.*

Les autres nombreux fens du mot HAIRE : *Jeu de cartes* (Oudin), *chemife de poil, mifere, cerf, penis,* etc. (V. Rabelais dans les Gloffaires), ne peuvent s'appliquer au « *faire haire* » de Villon.

HAIRENALLE, V. HIRENALLE.

HALLEGRUP, HALLE (LE), terme du Jargon, particulier à Villon : *la potence*.

Bal. II, vers 14 :

> *Montigny y fut par exemple*
> *Bien ataché au hallegrup.*

Nous ſavons, par les documents poſitifs publiés par MM. Longnon & Vitu, que Montigny, l'un des amis de Villon, fut condamné à mort en 1457, & finalement pendu. Il n'y a donc aucun doute quant au ſens à attribuer ; la locution eſt formée ſur HALLER, *tirer avec une corde* (Roquefort l'écrit ainſi avec deux l, maintenant : *haler*) ; ce verbe s'employait bien antérieurement à Villon comme terme de navigation (V. Littré), il paraît nous être venu de l'anglais *to hale*, même ſens[1].

GRUP, *accroché*, du verbe *Grupper* (V. ce mot).

Bal. IV, vers 18 :

> *Niaiz qui feront attrapez*
> *Bien toſt ſ'en brouent au halle.*

Ici la locution : *tiré avec une corde & accroché*, eſt abrégée pour la rime & la meſure, mais c'eſt bien *hallegrup* qu'il faut encore entendre : *Bientôt ſ'en iront à la potence.*

On la retrouve, au milieu d'autres termes qui paraiſſent tirés du Jargon de Villon, dans la *Vie de Saint-Chriſtophe* :

> *Il fut gruppé et mis en roue*
> *Par deffaut d'un allegruc.*

---

[1] Les Anglais ont un verbe ſpécial pour le ſens qui nous occupe ici : *haller*, mettre, paſſer la corde au cou. Cette richeſſe manque à notre langue.

Hallegrup rime avec *fuc,* dans Villon ; on ne prononçait pas la confonne finale.

Voici une énumération de l'attirail conftituant une potence, puifée dans : *Le Miracle de Notre-Dame qui garda une femme d'eftre arse (brulée).*

LE PREMIER SERGENT (parlant du bourreau).

> *Sire, j'ay parlé à Cochet ;*
> *Il a fourche, eflache*[1] *et crochet,*
> *Cordes et tout quanqu'a li faut.*

Théâtre français au Moyen-Age, Paris Techener 1839, p. 348. F. Michel & Montmerqué, d'après le manufcrit Cange, Bib. Sainte-Geneviève.

HAVRE, *horreur, extrême frayeur, épouvante,* avec une idée de fouffrance, de cruauté ; exactement AFFRE, dont *havre* n'eft peut-être qu'une forme corrompue.

Nicot : « HAVRE, un homme havre ; ufez des formules « de Affreux. »

Cotgrave : « HAVRE, grim, fell, horride, ghaftlie. »

Roquefort : « AFFRE, AFRE, HAFRE, OFFRE, effroi, « terreur, épouvante. »

Bal, nouv., refrain :

> *Jonc verdoiant havre du marieux.*

Jonc verdoiant : la litière du cachot, les herbes aquatiques de la Seine ou des marais entourant alors Paris, moins couteufes que la paille.

Le *marieux* eft celui qui enchaîne les prifonniers, qui procède à l'opération du *mariage* (V. ce mot).

---

[1] Poutre, étançon.

HAVRE, *port*, pris au figuré pour : *refuge* ne paraît pas avoir encore été employé au temps de Villon.

Citation du Dict. Littré au mot AFFRE : « Il leur dit « que, jour de fa vie, n'euft fi belles affres qu'il avait « à cette heure eues. *Louis XI, nouv. LXXV.* »

HIRENALLE, HAIRENALLE (LA), *la pointe des cheveux, le hériffement des cheveux.*

On doit prononcer : *hirenelle, hairenelle ;* ce mot rime avec *talle* (toile) qui fe prononçait *telle.*

De l'anglais *Heer* ou *Hear* (Palfgrave) *cheveux,* (*Haire* dans Cotgrave) ; & *nayle* (Palfgrave, 247), *clous, pointes, pointes d'un hériffon.*

Bal. IV, vers 21 :

> *Deftires fait la hirenalle
> Quant le gofier eft affegis.*

Eft affiégé par l'entonnoir (queftion par l'eau).
Édit. P. Levet, 1489 : *hirenalle ;* & : *hairenalle* dans les autres éditions reproduites ici.

HURCQUER, corruption poffible du français *hurter* ou de l'anglais *to hurt,* bleffer, faire mal à.

Bal. IV, vers 23 :

> *Et fi hurcque la pirenalle...*

Et auffi bleffe, fait mal au gofier, la poire d'angoiffe.
Exemple unique. M. A. Vitu penfe qu'il fignifie : *accrocher, pendre* (Jargon du xv° fiècle) & cite l'efpagnol *horca,* fourche ; puis le verbe normand *houquer,* accrocher, pendre. Ce dernier pourrait être adopté, *accrocher* s'allie avec le fens général :

Et auffi accroche la poire d'angoiffe (accroche au gofier).

HURME (LA), exprime l'idée du *fiège,* du *banc* des accufés pendant la queftion, de la *fellette,* pendant l'interrogatoire.

Aucun gloffaire ne nous a confervé ce mot, dont le Jargon de Villon fournit feul des exemples ; fon affonnance ne le rapproche d'aucun mot anglais. Peut-on lire : Churme, en fuppofant une faute de copifte ou d'imprimeur, ou admettre que *churme* s'eft écrit primitivement : *hurme* ?

Churme[1], devenu depuis Chiorme, Chiourme fignifiait d'abord : *le banc*[2] *des rameurs,* avant de s'étendre au perfonnel de la galère.

Bal. I, vers 21 :

Plantes aux hurmes vos picons[3]
De paour des bifans fi tres durs.

Bal. III, vers 1 de l'envoi :

De paour des hurmes
Et des grumes[4].

Bal. VI, vers 12 :

Et que point à la turterie
En la hurme ne foies affis.

Ces deux derniers vers indiquent bien clairement un fiége, un inftrument de torture quelconque fur lequel le patient eft affis. Dans le huitain, Villon énumère succeffivement[5] les trois modes de Queftion :

---

1 Cotgrave écrit *Chiurme, Chiorme,* et traduit par : *Banc des rameurs.* On le trouve écrit : *Churme,* dans Oudin, au mot GOURDIN (*Curiositez Françaises.*)
2 Villon appelle *banc* au vers 14, Bal. I, le siège sur lequel se passe l'opération du *mariage* (enferrer les prisonniers).
3 Prodiguez, ne ménagez pas, aux bancs, aux sellettes, vos paroles, vos langues.
4 Remontrances, gronderies, etc.
5 V. le détail de cette énumération au mot RURIE.

treteau (ROE), *eau* (RURIE), & vraifemblablement dans la citation ci-deffus, les *coins* ou *brodequins* (BISANS). L'accufé était en effet placé fur un fiège bas, les genoux rapprochés, les jambes ficelées entre des planches, pendant que le tourmenteur enfonçait, entre elles, les coins, à coups de maillet.

HURTERIE (LA), *echange de coups,* fur le vieux français *hurter,* pouffer, frapper : *bataillerie.*

Bal. VI, vers 3 :

> *Et frappes en la hurterie*
> *Sur les beaulx fires bas affis.*

Sur le guet bourgeois ou des métiers, furnommé *guet affis*, par dérifion. De peur des mauvais coups, il ne fortait pas volontiers du corps-de-garde. Le fervice commençait à la nuit tombante, & l'exemption de cette corvée était une des préoccupations de tout bon bourgeois.

ROMAN DE LA ROSE, vers 10,000 :

> *Quant entree eftes en la foule*
> *Ou chacun vous hurte et defoule...*

CHARLES D'ORLÉANS, Ballade, page 162 :

> *S'amour a mes huys vient hurter...*

COQUILLART, II, 174 :

> *Le hurt, la rencontre foubdaine,*
> *Chevaulx, clicquetiz de harnois...*

Rabelais, Livre I, chap. XLVIII : « & commença fon « artillerie à hurter fus ce quartier de murailles. » M. A. Vitu fignale : *hurterie* dans un vers de Cl. Marot ; je n'ai trouvé que *huterie* (fans doute formé fur *hutin*) dans les édit. que j'ai pu confulter.

JARGONNER LE TREMPLE, *parler le trépignement*, & littéralement : *agiter fes jambes dans l'air*, image des convulfions du pendu.

Bal. II, vers 15 :

> *Montigny y fut par exemple*
> *Bien atache au ballegrup*[1]
> *Et y jargonnaſt-il le tremple...*

On difait volontiers autrefois : *danfer en haut, gambiller* pour *pendre;* la trace s'en retrouve dans *Monſieur de Pourceaugnac,* acte III, fcène III :

LE PREMIER SUISSE.

Oui, de li foir gambiller les pieds en haut tevant tout le monde.

Trample eſt donné par Cotgrave comme traduction aux vieux verbes populaires : *tréper, trépigner, triper, trépiller, hurteller, pételer,* qui expriment tous une violente agitation des pieds & des jambes, fynonymes de *gambiller*.

JARTE (LA), *défaccord, difcorde, diffenfion,* de l'anglais *Jarre* (Cotgrave, traduction aux trois mots ci-deffus).

Bal. II, vers 12 :

> *Qu'en la jarte ne foiez emple.*

JEHAN, *mon amy qui les fueilles defnoue,* deuxième vers de l'envoi, Bal. nouv., peut s'appliquer avec quelque vraifemblance à Jehan Mautainct, le juge examinateur du Chaftelet, chargé d'inſtruire l'affaire du vol au Collége de Navarre (mars 1457). Villon, qui s'était efquivé, lui fait de

---

[1] A la potence.

loin *la baboue,* la grimace. La fuite du huitain, l'enfemble
de la ballade, s'accordent bien avec cette fuppofition.

Le huitain XXI du *Petit Teftament* (même époque),
malgré fon obfcurité, montre cependant, par le rapprochement de Jehan Mautainct & du procureur ou
défenfeur de Villon, que le poète avait déjà eu maille
à partir avec ce juge; il lègue :

> ... *à maiftre Jehan Mautainct...*
> *Le gré du Seigneur, qui attaint*
> *Troubles, forfaits, fans efpargnier ;*
> *Et à mon procureur Fournier*
> *Bonnetz courts, etc.* . . . .

JONC, JONCS (LES), *la litière de joncs des cachots* & par
fuite : *le cachot,* comme on a dit depuis : *la paille des cachots.*

On doit entendre par *joncs* toutes les herbes aquatiques
de la Seine, des nombreux marais environnant alors
Paris, & des foffés de l'enceinte. Ces derniers, côtoyant
la ligne des marais, étaient de véritables étangs. Dans
les *Comptes de l'Hôtel de Charles VI,* on eft furpris de
voir entrer en recette dans la Caiffe royale, le produit
du poiffon des foffés de Paris, tanches, brochets &
carreaux. (Page 197, *Coll. de la S. d'Hift. de France,*
Douet d'Arcq, 1865, un vol. in-8°).

C'était, du refte, une coutume générale de joncher les
parquets, fuivant la fortune ou la fituation des habitants, de fleurs, d'herbes ou de feuillages. Les falles
de banquets étaient femées de romarins, giroflées,
lavandes & muguets.

Coquillart, T. II, page 184, *Blafon des Armes & des
Dames* :

> *Mes joufles fe font en parquetz*
> *D'herbe verd ou en litz parez*

Les Quinze Joyes de Mariage :

Quinziefme Joye : « Les commères s'en viennent à l'ouftel & fe féent à l'entour d'un beau feu, fi c'eft en yver ; & fi c'eft en été, elles fe meétent fur le jonc. »

Le buis & le laurier[1] paraiffent avoir eu le privilège des fituations galantes :

Brantôme, Vie des Dames Galantes, quat. difcours : « Elle « ne fe vouloit encor rendre, & vouloit encor fringuer « fur les lauriers. »

Au temps de Ronfard, cet ufage n'avait pas complétement difparu :

> *Page, fuy-moi par l'herbe plus efpeffe ;*
> *Fauche l'émail de la verte faifon,*
> *Puis à plein poing en jonche la maifon*
> *Des fleurs qu'Avril enfante en fa ieuneffe.*
>
> Edit. Profper Blanchemain, I, 109.

JONCHER, JONCHERIE, JONCHEURS, *tromper, tricher, friponner,* & les dérivés. Expreffions de la langue populaire, fouvent employées & reftées longtemps en ufage. Les exemples en font nombreux, ceux qui fuivent font tirés de trois formes différentes de poéfie comique :

Villon, Bal. de l'Appel :

> *Vous entendez bien joncherie :*
> *Ce fuft fon plaifir voluntaire*
> *De me juger par fafferie.*

---

1 Les lupanars en avaient acquis les surnoms de : Bouis (moderne : *boui-boui*), Boxon (latin *buxus*, anglais *box*), Laure, Chateau-Verd, Caige-Vert. Ce dernier se trouve dans Villon, *Grand Testament* CX.

Viel Testament :

> *Ne me jonche point. Quel preud'homme*[1] *!*

Farce d'un Pardonneur et d'un Triacleur[2]. Anc. théât. français, T. II, 54 :

> *Il ment, le ribault, croyez l'ay,*
> *Sang bieu ! ce n'eſt que joncherie.*

M. F. Michel *(Philologie de l'Argot)* y voit des dérivés du mot *jonc*, au ſens du Jargon de Villon. Le Dict. du bas-langage de D'Hautel les donne comme corruption de *jongleur, jonglerie.*

Le Dictionnaire de Nicot explique ainsi le mot *Joncheur :* « Eſt proprement celui qui... ſème par terre le jonc couppé, mais par métaphore il ſe prend pour un pallieur & diſſimulateur, parce que la jonchée tient à couvert les défectuoſités du pavé ou chemin auquel elle eſt eſpandue. »

JUC (A), *en haut, au ſommet,* (au juchoir ou perchoir).

Bal. V, vers 11 :

> *N'eſtant a juc la rifflerie*
> *Des angelz et leurs aſſoces*

C'eſt-à-dire : *n'étant en haut, étant à bas, la rifflerie,* etc.

LAMBOUREUX, ſurnom, ſobriquet, donné dans ces ballades, au *bourreau,* au *tourmenteur juré.* C'était, à cette époque, Henry Couſin ; Villon l'appelle : *Maiſtre Henry,* dans le *Grand Teſtament,* huitain CXLII.

---

1 *Quel honnête homme !* par ironie.
2 Charlatan, vendeur de thériaque, de médicaments.

Soixante-dix ans après, le poète Chevalet dans la *Vie de Saint-Chriſtophe,* s'en ſert, de même, parmi d'autres termes de Jargon qui paraiſſent empruntés à Villon. C'eſt le ſeul exemple rencontré, quoique les ſurnoms de bourreaux & de tourmenteurs ſoient des plus nombreux dans les miſtères.

Villon : Refrain de la Bal. II, & envoi de la Bal. V. — Dans l'édit. La Monnoye, il eſt écrit : *Lamboureur,* comme dans la *Vie de Saint-Chriſtophe.*

LEVER AU BEC, *faire attention, lever le nez, avoir le nez au vent.* C'eſt peut-être un terme de chaſſe ou de fauconnerie.

Bal. I, vers 3 de l'envoi :

Leves au bec que ne ſoies greffis.

Se rencontre auſſi dans la Bal. nouv., vers 18 :

Luez au bec que l'on ne vous encloue.

et dans la *Paſſion de Jeſu-Criſt* :

Nous y allons luer au bec.

M. A. Vitu *(Jargon du* XVe *ſiécle)* ramène les trois exemples à : *luer au bec,* en corrigeant la Bal. I de Villon. Il traduit alors par : *luire au viſage, éclairer à la figure;* le ſens littéral ne change pas, c'eſt toujours « veillez, guettez, faites attention. »

LUEZ AU BEC, V. LEVER AU BEC. — V. auſſi à la fin de l'article ſuivant.

LUEZIE, *habileté, adreſſe,* ſuppoſé corruption de l'anglais *luſty* : (Palſgrave, 318) *habile, prompt, délibéré;* probablement l'un des ancêtres de notre : *louſtic.*

Bal. V, vers 3 de l'envoi :

Et autour de vos ys luezie.

Et autour de vos paroles, de votre langage, habilete, adreſſe. Le conſeil s'applique à la plaidoirie, à la défenſe de ſes amis. Le vieux français avait : Luez, *de ſuite, dès que, près de, auprès,* mais il n'a pas été poſſible de le rencontrer hors de ſon rôle d'adverbe ou de conjonction.

MAHES, V. MATHE.

MARIAGE (LE), l'opération d'enchaîner ou d'enferrer les priſonniers deux à deux, de les accoler, de les marier, (V. ACCOLLEZ) exécutée par le MARIEUX.

Bal. I, vers 14 :

Qu'au mariage ne ſoiez ſur le banc.

Terme particulier à Villon ; les miſtères ne l'ont point recueilli.

MARIEUX (LE), celui qui procédait au mariage, (V. ce mot), qui enchaînait, enferrait les priſonniers.

Refrain de la Bal. V :

Par la poe (la patte) du marieux.

Refrain de la Bal. nouv. :

Jonc verdoiant havre du marieux.

Seul exemple rencontré :

VIE DE SAINT-CHRISTOPHE :

Cherait-che point le marieux
Qui vient ichy pour nous graffer.

Soixante-dix ans après, le poète Chevalet dans la *Vie de Saint-Chriſtophe*, s'en ſert, de même, parmi d'autres termes de Jargon qui paraiſſent empruntés à Villon. C'eſt le ſeul exemple rencontré, quoique les ſurnoms de bourreaux & de tourmenteurs ſoient des plus nombreux dans les miſtères.

Villon : Refrain de la Bal. II, & envoi de la Bal. V. — Dans l'édit. La Monnoye, il eſt écrit : *Lamboureur*, comme dans la *Vie de Saint-Chriſtophe*.

LEVER AU BEC, *faire attention, lever le neʒ, avoir le neʒ au vent*. C'eſt peut-être un terme de chaſſe ou de fauconnerie.

Bal. I, vers 3 de l'envoi :

Leves au bec que ne ſoies greffis.

Se rencontre auſſi dans la Bal. nouv., vers 18 :

Lueʒ au bec que l'on ne vous encloue.

et dans la *Paſſion de Jeſu-Criſt* :

Nous y allons luer au bec.

M. A. Vitu (*Jargon du xvᵉ ſiècle*) ramène les trois exemples à : *luer au bec*, en corrigeant la Bal. I de Villon. Il traduit alors par : *luire au viſage, éclairer à la figure*; le ſens littéral ne change pas, c'eſt toujours « veillez, guettez, faites attention. »

LUEZ AU BEC, V. LEVER AU BEC. — V. auſſi à la fin de l'article-ſuivant.

LUEZIE, *habileté, adreſſe*, ſuppoſé corruption de l'anglais *luſty* : (Palſgrave, 318) *habile, prompt, délibéré*; probablement l'un des ancêtres de notre : *louſtic*.

Bal. V, vers 3 de l'envoi :

> *Et autour de vos ys luezie.*

Et autour de vos paroles, de votre langage, habilete, adreſſe. Le conſeil s'applique à la plaidoirie, à la défenſe de ſes amis. Le vieux français avait : LUEZ, *de ſuite, dès que, près de, auprès,* mais il n'a pas été poſſible de le rencontrer hors de ſon rôle d'adverbe ou de conjonction.

MAHES, V. MATHE.

MARIAGE (LE), l'opération d'enchaîner ou d'enferrer les priſonniers deux à deux, de les accoler, de les marier, (V. ACCOLLEZ) exécutée par le MARIEUX.

Bal. I, vers 14 :

> *Qu'au mariage ne ſoiez ſur le banc.*

Terme particulier à Villon ; les miſtères ne l'ont point recueilli.

MARIEUX (LE), celui qui procédait au mariage, (V. ce mot), qui enchaînait, enferrait les priſonniers.

Refrain de la Bal. V :

> *Par la poe (la patte) du marieux.*

Refrain de la Bal. nouv. :

> *Jonc verdoiant havre du marieux.*

Seul exemple rencontré :

VIE DE SAINT-CHRISTOPHE :

> *Cherait-che point le marieux*
> *Qui vient ichy pour nous graffer.*

MARQUES; *logis, endroit défigne*, emplacement des *réunions* de la bande des Bénards, fous les arches du Petit-Pont probablement.

Bal. III, vers 14 :

> *Souvent aux arques*
> *A leurs marques*

Bal. IV, vers 3 :

> *Allez ailleurs planter vos marques*

A cette époque dépourvue de moyens de tranfport, le Roi, les grands perfonnages de tous ordres, avaient des fourriers qui les devançaient et *marquaient* à la craie les logis pour eux & leur maifon, leur fuite. Ceux du roi étaient feuls marqués de blanc, les autres fuivant la couleur adoptée par le voyageur ou l'officier en campagne.

Charles d'Orléans, Ballade, page 105 :

> *Devant font allés mes fourriers*
> *Pour appareiller mon logis...*

Le même, Chanson, page 237 :

> *Les fourriers d'amour m'ont logé*
> *En ung lieu bien à ma plaifance...*

Les matinées du fieur de Cholières, IX : « Lors que la lune... « fait marquer les logis féminins par fon fourrier [1]... » Paris, Jean Richer, 1587, in-12.

MASSIS; le *cofffe maffis* ou *maffif*, aux trois derniers refrains de la Bal. IV, eft une image de la prifon. Voici un paffage

---

[1] Cotgrave nous a aussi conservé cette figure de réthorique, au mot Fourrier.

dans lequel *maſſis*, pris ſubſtantivement, poſſède la même
ſignification :

Les Souhaits du Monde, Anc. Poéſies, I, 312.

LE GUEUX.

> Je ſouhaitte. . . . .
> Hors du maſſis je fuſſe en ſaulve garde
> De ce tollart[1] qui eſt ſi dangereux.

MATHE, MATHE GAUDIE (LA), Maches, Mahes,
Mars, ſuivant les édit., &, dans chacune d'elles, chan-
geant le plus ſouvent d'orthographe au paſſage d'une ballade à l'autre.

La réunion des quatre exemples que nous poſſédons ne
laiſſe aucun doute ſur le ſens : *la priſon, la grand
priſon*.

Bal. I, vers 1 :

> A Parouart, la grant mathe gaudie
> Ou accollez ſont duppez et noirciz.

Bal. I, vers 24 :

> Et auſſi d'eſtre ſur les joncs[2]
> En mahes, en coffres, en gros murs.

Bal. V, vers 21 :

> Bignes la mathe ſans targer[3]
> Que vos ans n'en ſoient ruppieux

Vie de Saint-Christophe :

(Par imitation, ou emprunt au Jargon, & en un ſeul mot),

---

1 Le bourreau pendeur. V. au Gloſſ. des Miſtères.
2 La litière de joncs du cachot.
3 Regardez la prison sans entrer.

> *Allons nous en comme eſlourdis*
> *Tout droit à la mathegaudie*[1].

Lacurne de Sainte-Palaye explique le mot MATTE, par :
« Ancien nom d'une place de Paris, lieu où s'aſſemblaient les filous pour tenir conſeil entre eux. » Puis vient la citation de ce vers du Jargon [2] :

> *Bigneʒ la mathe ſans targer.*

On voit que, pour ce qui regarde Villon, *mathe* n'a pas d'autre ſens que : *priſon*. Il a employé ailleurs MATE, mais c'eſt l'adjectif vieux français : *triste*, rapporté par Raynouard & Roquefort (V. MATE au *Gloſſaire des Miſtères*).

GRAND TESTAMENT, LXXIII, parlant de l'enfer :

> *Pions y feront mate chère...*

C'eſt-à-dire : *Buveurs y feront triſte figure...* & dans la *Ballade des Proverbes*, vers 27, le verbe MATTER :

> *Tant le matte-on qu'il ſe radviſe...*

On ne s'expliquerait pas l'*h* introduit au milieu du mot, & la difficulté que paraiſſent avoir eu les imprimeurs à le tranſcrire, s'il s'agiſſait dans le Jargon du nom d'une place pariſienne, de l'adjectif *mate*, ou d'un dérivé du verbe *matter* [3], toujours correctement écrits dans les édit. de Villon.

Je crois donc à l'emploi de l'anglais *mate* que Cotgrave donne pour traduction au français COMPAGNE : *a she*

---

[1] L'acteur est un bandit découragé, il ne voit plus d'autre ressource que la prison.
[2] La même erreur se trouve reproduite dans le dictionnaire Littré (*mate*) comme citation de Lacurne Sainte-Palaye. La définition paraît avoir été puisée dans Cotgrave, au mot MATTE.
[3] L'abbé Prompsault dans son essai de traduction (Bal. 1) explique *Math-gaudie* par : *Rabat-joie* : qui mate la joie.

mate, dans le sens d'*épouse*, *d'associée;* Villon en use ironiquement : la grand mathe gaudie, *la grand' compagne joyeuse, la grande épouse gaie.* Ces locutions rentrent bien dans ses procédés de rhétorique ; il faut remarquer aussi l'emploi du mot MARIAGE, même ballade I (opération d'être enchaîné, enferré) & ailleurs celui du mot MARIEUX (geölier).

La *grand' prison,* pour les compagnons du poète, c'est le Grand Chatelet.

MAUVER (SE), *Je mouvoir, s'éloigner, changer.* Bal. nouv., vers 17. Écriture défectueuse de la forme primitive *mover, movoir.*

DRAME D'ADAM (XIIe SIÈCLE) :

Dieu dit à Adam, vers 3 :

> *Je te ai fourmé à mun semblant*
> *A ma imagene t'ai feit de terre*
> *Ne moi devez jamais mover guère.*

ROMAN DE LA ROSE, vers 20,623 :

> *Plus vistes que uns escureus* [1]
> *Et plus legiers et plus movans.*

EPISTRE DU LIMOSIN DE PANTAGRUEL, vers 96 :

> *Nous l'exhortons que de là ne te move.*

MOE, *moue,* suivant une orthographe admise à cette époque. On lui donnait alors surtout le sens de *grimace.*

PATHELIN, vers 458 :

---

[1] Ecureuil.

> *En luy ufant de beau langaige,*
> *Comme fift renard du formaige,*
> *Vous l'en avez prins par la moe.*

Idem, vers 700, Guillemette au drappier :

> *Ah ! fire ! ce n'eft pas viande*
> *Pour malades. Mangez vos oes* [1]
> *Sans nous venir jouer des moes.*

Dans le Jargon, refrain de la Bal. V, au troifième huitain, on doit foupçonner Villon de jouer fur les affonnances semblables de *moe* & de l'anglais *mow*, faucher.

MONTIGNY, écolier, jeune homme de bonne famille, fils d'un notaire au Chatelet [2] & ami de Villon ; il figure comme légataire dans le *Petit Teftament*, XXIII :

> *Item, je laiffe à ce jeune homme,*
> *René de Montigny, trois chiens...*

Déjà arrêté plufieurs fois pour vols, attaque des fergents du guet, tentative de meurtre, le deuxième huitain de la Bal. II ne laiffe aucun doute fur fon exécution. (V. HALLEGRUP).

MONTJOYE, tas de pierres inégaux fervant alors à indiquer le chemin fur le fol, fur les routes, & rendant, auprès des gens qui ne favaient pas lire, les fervices que rendent maintenant les poteaux & les bornes kilométriques.

Les Souhaits du Monde. Anc. Poes. I, vers 7 :

> *Vng jour paffay par Fol Propos*
> *Sans fçavoir en quel part j'aloye ;*

---

[1] Vos oies.
[2] A. Longnon, *Étude biographique sur F. Villon*.

> *Mais Fantasie, qui convoye*
> *Esperitz joyeux inventeurs,*
> *Me guida sans trouver montjoye...*

La partie étant prise pour le tout, *montjoie* s'entendait pour chemin, voie, direction, comme dans le passage suivant, exemple fort rare :

La Voie de Paradis, à la suite des *OEuv. de Rutebeuf*, vers 872-86 :

> *Ains m'en alai amont si droit*
> *Que nus miex voie n'i tendroit...*
> *Car c'estoit la droite montjoie*
> *De Paradis.*

Bal. III, vers 27 :

> *Rebecquez-vous de la montjoye*
> *Qui desvoye*
> *Vostre proye*

C'est-à-dire : *réjouissez-vous de la direction (fausse) qui retire votre proie du chemin (des sergents du guet).*

MOUARGIE, *fauchage, ouvrage de faucheur, (faucherie),* sur l'anglais *mower,* faucheur.

Bal. VI, vers 17 :

> *Plantes de la mouargie*

C'est-à-dire : *faites beaucoup de fauchage, (de la faucherie).* L'ensemble du huitain confirme cette interprétation ; la scène se passe sur « *les patis* ». Villon donne semblable conseil aux mêmes compagnons dans la *Ballade de Bonne Doctrine*, vers 25 :

> *De telles ordures te reculles,*
> *Laboure, fauche champs et prez.*

&, dans la *Ballade des povres houffeurs* [1], il dit au vers 31 :

Ce n'eſt que jeu de bled foyer [2]
Et de prez faulcher, vrayement.

On lit dans l'édit. nouvellement publiée du Gloſſaire Lacurne Sainte-Palaye : « MOUARGIE, *forte de plante* », avec la citation du vers de Villon, mais fans autre exemple, argument ou explication. Le mot *plantes* a trompé le rédacteur de cette définition.

NARVANS, ENNARVANS ou ENARVANS, mis à l'étroit, ferrés, enferrés.

Bal. II, vers 1 :

Coquillars ennarvans a Ruel.

On peut entendre auſſi : *enferrés, cernés* par les fergents. Paraît formé fur l'anglais *narrow*, eſtroiſſir, retraire (Palſgrave. — V. auſſi Cotgrave aux mots *retraire, étroict, mettre à l'étroict.*)
The Imperial Dictionnary, John Ogilvie, Londres, 1882. 4 tomes, qui relève les termes du langage populaire, donne l'ancienne forme « NARWE » pour : *Narrow*, avec la marque : † *Obsolete*, c'eſt-à-dire : hors d'uſage, furanné.

NINARS, nigauds, niais, de l'anglais *niny*, même fens. Cotgrave l'écrit *ninnie*, & le donne pour traduction aux mots français fuivants, férie aſſez bizarre : *niais, béjaune, jangipon, guilmin, naudin, benêt, viedaʒe.*

---

[1] Ramoneurs.
[2] Moissonner

Bal. II, vers 18, *epithete aux sergents* :

Pour ruer les ninars au loing

Il faut remarquer que Villon emploie deux fois le français *niais* dans le Jargon : Bal. III, vers 6 ; Bal. IV, vers 17, concurremment avec *ninars*. Ce dernier est donc bien une qualification particulière aux sergents du guet. On peut le croire formé sur le verbe *niner*, qui suit immédiatement ; cette seconde interprétation est également bonne.

NINER, *quiller, viser*, verbe formé sur le nom anglais du jeu de quilles : *Nine-play* ou *nine-pins*. (Palsgrave *nyne* ; Cotgrave : *nine*.) *Quiller*, dans ce sens est encore un terme du bas langage, quoique le jeu ait à peu près disparu.

Nineront tres tout au frontz...

Villon & ses amis jouaient aux quilles, il nous l'apprend dans la *Ballade de Bonne Doctrine à ceux de mauvaise vie*, vers 14 :

Gaigne au berlan, au glic, aux quilles,
Où s'en va tout ? Or, escoutez :
Tout aux tavernes et aux filles !

NOE, pour : NOUE, du verbe *nouer, attacher*, au vers 13 de la Bal. nouv. :

Pour quarre bien affin qu'on ne le noe.

Dans la même Bal., au vers 6 de l'envoi :

Noe beaucop dont il reçoit fressoue.

il paraît venir du verbe *nouer*, ancienne forme de *nager, naviguer*. (V. NOUER au *Gloss. des mistères*, pour les exemples).

La clarté du fens difparaît au milieu des tours de force exigés par l'acroftiche & les anagrammes.

On ne comprend pas bien ce que vient faire ici : *nage beaucoup dont il reçoit freffoue* (friffon).

Naviguer, fans être beaucoup plus clair, pourrait s'appliquer à la fuite de Villon fur Angers, en fuppofant ce voyage effectué par la Loire.

Petit Testament, huitain VI :

> *Pour obvier a fes dangiers,*
> *Mon mieulx eft, ce croy de partir.*
> *Adieu! je m'en voys à Angiers,*
> *Puisqu'el ne me veult impartir*
> *Sa grâce. . . . . . .*

Le dernier trait eft reproduit dans la Bal. nouv. :

> *Certain Coquillart méprifé de sa maitreffe,*
> *Et dévoyé de fon cœur et fa main.*

NOIRCIZ, *mis au noir, au cachot,* comme on dit encore dans le langage trivial : *mis à l'ombre.* Bal. I, vers 2.

Passion Jesu-Crist. Scène de la Prinfe des larrons ; le geolier dit :

> *Ha, frés viandiers, ça, ça, ça !*
> *Il vous faut retirer à l'ombre...*
> *Entrés léans et prenés place.*
>
> (Ycy entrent en la prison.)

OINGNONS (PELLER), cette locution ne paraît pouvoir mieux fe traduire que par : *pleurer, fe mettre à pleurer* comme en pelant des oignons.

Bal. II, vers 7 :

> *Pas ne fçavoit oingnons peller...*

Villon parle ici de Colin de Cayeux, fon ami, un habile voleur ; il le donne comme exemple aux autres : *Pas ne savait fe mettre à pleurer devant les juges, il babillait pour les dérouter.* Ce confeil fe trouve reproduit plufieurs fois, fous diverfes formes, au cours de ces six ballades.

Clément Marot, Dialogue de Deux Amoureux. vers 296 :

> . . . . *ma départie*
> *La faict pleurer comme un oignon.*

OSTAC, nom propre, Bal. V, vers 3 :

> *Qu'Oftac n'embroue voftre arrerie* [1]
> *Ou accoles font vos ainfnez.*

eft évidemment le même que l'officier de police *Tofca*, dont il eft queftion dans le *Grand Teftament*, au huitain CX :

> *Que de Tofca et fes gendarmes*
> *Ne lui riblent fa caige-vert* [2].

Il eft vrai que *Tofca* eft écrit *Tufca* dans nombre d'édit. mais on trouve auffi *Cofta*, ce qui femble confirmer l'anagramme *Oftac*. (V. la note de M. Paul Lacroix fur ce huitain CX, dans les *OEuvres de Villon*, édit, Jouauft, 1877).

OTRE, très ancienne forme de *outre*. Bal, V, vers 23 :

Livre de Plait et Jostice, dans la *Collection de Docu-*

---

[1] N'emmène votre bande, votre compagnie.
[2] Ne lui enlèvent, emmènent, sa prostituée, sa fille publique. (V. au mot Joncs l'explication de *Caige-vert*.)

ments inédits sur l'Histoire de France, Firmin Didot 1850, page 228 :

« Si nos en paſſons briement oîre... »

PAILLARDIE (LA), terme de mépris, (appliqué aux allures des payſans, couchant ſur la *paille*), que Villon lance à l'adreſſe des ſergents, au vers 3 de la première ballade.

Il n'avait pas encore complétement acquis le ſens de débauche ſous lequel on l'a entendu par la ſuite, car MAITRE PATHELIN[1] s'adreſſant au berger AGNELLET, dit au vers 1581 :

Maugré bien! ay-je tant veſcu
Qu'un berger, un mouton veſtu,
Un vilain paillart me rigolle ?

La Fontaine s'eſt encore ſervi de cette expreſſion, avec ſon ſens primitif, en parlant de l'âne :

Pourquoi ? répondit le paillard ;

Le Vieillard & l'Ane, vers 10.

PAROUART, au premier vers, Bal. I, ne peut déſigner que PARIS, peut-être en le qualifiant de *remarquable, brillant*, par une ſorte de jeu de mots avec l'ancien verbe *paroir* (paraître).

La terminaiſon *ouart* ajoutée par le langage trivial, ſans raiſon plauſible, ſe rencontre ſouvent à cette époque. Rabelais donne le ſobriquet de *Malparouart* à l'un des cuiſiniers de Pantagruel (Liv, IV, chap. XL), ailleurs il appelle un chat *mitouart*.

---

[1] La Farce de maistre Pathelin est postérieure de dix ans environ au Jargon de François Villon.

Un cheval (*Farce du Gaudiffeur*, T. II, page 296, anc. th. fr.) devient un *bidouart*, & les colporteurs, vêtus de groffe toile bife étaient appelés *biʒouarts*.

C'eft une tendance du langage populaire indifcutable ; on dit aujourd'hui, fans plus de raifon : *boulangemar, épicemar*, etc.

PATIS, *pâturage, herbage*, (encore en ufage). Il conferve, je crois, fon fens propre dans ce troifième huitain érotique de la Bal. VI :

> *Et n'efpargne point la flogie* (la fente)
> *Des doulx dieux fus les patis.*

Cependant il peut s'entendre auffi comme dans la fcène fuivante, exemple rare :

FARCE NOUVELLE DE FRERE GUILLEBERT. Anc. Théât., I, p. 310 :

LA FEMME.

Venez donc demain bien matin
J'envoyrai Marin au marché.

FRÈRE GUILLEBERT.

Plaisir fera au vieil mastin
De trouver son pastis herchié (hersé)

PIARDE, V. GOURDE PIARDE.

PICONS ; on ne peut que fuppofer, d'après le fens probable des vers, un terme jargonnefque pour : *langues, paroles*, tiré de *Pica*, pie. *Parler comme une pie*, a toujours été une locution populaire, &, d'après les étymologiftes, cet oifeau eft auffi le père des mots *jafer, jafeur*, de l'italien *gaʒʒa*, pie.

Bal. I, vers 21 :

Plantes aux hurmes vos picons

Prodiguez, ne ménagez pas, aux bancs de torture, vos langues, vos paroles. Ce confeil, fous des formes diverfes, fe trouve plufieurs fois exprimé au cours du Jargon.

PIETONNER, marcher ou courir à pied.

Bal. I, vers 13. — Villon l'emploie de même dans le *Franc-Archer de Bagnolet* :

Et moy tantoft de pietonner
Car, quant on oyt clarons fonner
Il n'eft courage qui ne croiffe.

VIE DE SAINT-CHRISTOPHE :

Je pietonnay toute la nuict.

FARCE DES BRUS, à V perfonnages, page 22, Recueil Techener, Tome II :

LE PREMIER HERMITTE.

Or ça, ma petite amoureufe
Y nous faut un peu piétonner
Et puys nous irons deffjeuner.

PIGONS (LES), ancienne orthog. de *pigeons*.

Bal. III, vers 33. Terme d'amitié pour fes amis, déjà employé par Villon ; au huitain XXIX du *Petit Teftament*, il lègue ironiquement :

Tous les jours plain pot de Seine
Aux pigons qui font en l'effoine [1]
Enferrés fous trappe volière [2].

---

[1] La peine.
[2] Image du cachot, de la prison.

Le Débat de l'Homme et de la Femme, p. 10, dans l'édit. des Joyeufetés de Techener :

> Quant jeune pigon femme englue
> Elle le fait devenir grue.

Compofé par frère Guillaume Alexis, religieux de Lyre & prieur de Buffi. — Imprimé en la rue neufve Notre-Dame à l'Efcu de France.

PIPERIE, fynonyme de *tromperie, rufe, malice, filouterie*. Encore en ufage. Bal. II, vers 17.

> Rabelais, *Tiers Livre*, VII : « Quoy que plufieurs l'ayent imputé à piperie, impofture, & affectation de tyrannie fus le rude populaire (de s'acouftrer d'une robbe longue de bureau), je ne veulx pourtant les blafmer... »

PIRENALLE (LA), *la poire d'angoiffe*, des mots anglais *Peare,* & *Nayle* (orth. d'après Palfgrave) que la prononciation rapproche complètement de *pirenelle* (c'eft ainfi qu'il faut dire pour rimer avec *hirenelle* & talle, prononcez *telle*) poire à pointes ou pointue, poire à clous.

Bal. IV, vers 23 :

> Et fi burcque la pirenalle
> Au faillir des coffres maffis.

Ces vers femblent indiquer qu'on menait les prifonniers à l'interrogatoire, à la queftion, au fortir du cachot, avec la poire d'angoiffe, pour éviter foit leurs cris, foit les communications entre eux.

Villon, *Grand Teftament* LXIII, fe plaint de l'évêque d'Orléans, Thibault d'Auffigny :

> Qui tant d'eau froide m'a faict boyre...
> Manger d'angoiffe mainte poire...

FARCE JOYEUSE DE JEHAN DE LAGNY, page 10. Recueil Techener :

> *Faictes le adjourner à ban,*
> *Ou fyter a ouye de paroiſſe[1] :*
> *Il faudra que boyve l'angoiſſe.*

PLACQUER, pour PLAGUER, *bleſſer, écharper, faire des plaies.* Bal. III, vers 34.

Raynouard (*Lexique,* tome IV, 550) PLAGAR, verbe *meurtrir, bleſſer,* avec l'ex. fuivant :

> *Tuit furent battu et plaïé...*

Romant du Renart.

DE L'ESTAT DOU MONDE, par Rutebeuf, vers 91 :

> *Or m'eſtuet parler des gens laies*
> *Qui refunt plaiés d'autres plaies.*

Rabelais, rapportant les jurons du peuple de Paris, inondé par l'urine de Gargantua, cite en premier : « les plagues de Dieu » Liv. I, chap. XVII.

Lacurne Sainte-Palaye : PLAGUE, bleſſure.

En anglais *to plague,* harceler, tourmenter.

PLAIN, ſubſtantif, au vers 4 de l'envoi, Bal. nouv.

> *Loing de ſon plain de ſes flos curieulx...*

C'eſt ici, je crois, pour le poète, le ſynonyme de *Floterie,* employé dans la bal. V, l'atelier de mégiſſerie qu'il a dû abandonner pour fuir, ou tout au moins dans

---

[1] Citer à audience de paroiſſe.

lequel il a laiffé fes amis, les *flos,* les compagnons de la *flotte* ou *flotterie,* dont il eft inquiet, foucieux (ancien fens de *curieux*).

Les *plains* font les cuves ou baffins d'un atelier de tannerie ou de mégifferie, dans lefquels féjournent les peaux.

(Pour plus de détails, V. FLOTERIE, FLOS, & les autres termes du même métier : BLANCHIR, ESSURGER).

PLAIN, adjectif ou adverbe, Bal. nouv., vers 17 :

> Qui ftat plain en gaudie ne fe mauve...

complètement en gaieté ne fe change. C'eft le même mot que *plein*, avec une orthographe différente & une étendue de fens qu'il ne poffède plus.

LE NOUVEAU PATHELIN, page 159, Rec. Paul Lacroix :

> Pour vous le dire plus à plain,
> Doncques, il eft vray qu'il y a
> Pour tout, dix-huit francs.

FARCE DE DEUX GALLANS ET UNE FEMME. Recueil Techener, page 11 :

> J'ay de plaifir plain une hotte.

VILLON, GRAND TESTAMENT, huitain X :

> Tant que je fuys en mon plain fens.

PLANTER, ce verbe eft dans fon fens actuel de *placer, mettre, pofer, implanter,* dans les ballades III, IV, V, & au vers 7 de la bal. VI, comme dans les exemples fuivants :

LE RETRAICT, farce nouvelle & fort joyeufe, page 13. Rec. Techener :

> *Penfes vous que vous laiffe entrer*
> *Sans argent en main me planter.*

Petit Testament, huitain IV :

> *Planter me fault autre complans.*

mais, au vers 21 de la Bal. I :

> *Plantes aux hurmes vos picons*

& au vers 17 de la Bal. VI :

> *Plantes de la mouargie*

il faut y voir l'ancien français PLANTÉ, *abondance, foifon, beaucoup, quantité, grand nombre,* prenant ainfi un fens actif qu'il faut interpréter par : *prodiguez, ne ménagez pas, faites beaucoup, abondez* (fuppofé verbe actif, ce dernier ferait ainfi la meilleure traduction).

Roman de la Rose, vers 18,376 :

> *Car je fui trefloute certaine*
> *Qu'il funt de gens a grant planté*
> *Qui de mal faire funt tenté.*

Les Repues Franches, premiers vers :

> *Vous qui cerchez les repeues franches*
> *Et tant jours ouvriers que dimanches*
> *N'avez pas planté de monnoye...*

Farce du Munyer, d'André de la Vigne, vers 105 :

> LE CURÉ, entrant.
>
> *Madame, Dieu vous doint lyeffe*
> *Et planté deffus vous envoye.*

Farce de deux Gallans et une Femme, page 7, Rec. Techener :

> *Sancte eft la vraie afurance*
> *Pour avoir des biens a planté.*

LE GEU DES TROIS ROYS, mift. inédits du xve fiècle. Ach. Jubinal, Tome II, 132 :

> *Tué avons certainement*
> *Dez enfans affez a plante...*

PLANTEUR, prifonnier, celui qui eft en plant, d'après les vers 4-5, Bal. nouv. :

> . . . *nul planteur ne fi joue*
> *Qui eft en plant en ce coffre joyeulx.*

Coffre joyeulx eft ironique, pour : *trifte cachot;* il femble donc bien que dans ce cas précis, celui qui eft en *plant* & le *planteur* font un feul & même fujet, le prifonnier. Ce mot fe retrouve dans les autres ballades en argot du manufcrit de Stockholm, il paraît y avoir alors un tout autre fens : *celui qui plante* (obfcène) facile à deviner. On le rencontre allié aux *marques* (filles, femmes, proftituées, dans l'argot du xvie fiècle) avec ce vers :

> *Et les plantez au bien en paillardie.*

PLONGIS, du verbe *plongier* ou *plonger,* au figuré.

Bal. IV, vers 5 :

> *Berart s'en va chez les joncheurs*
> *Et babigne qu'il a plongis*[1].

CHARLES D'ORLÉANS, page 129, dans l'une des onze ballades du concours Villon *(Je meurs de foif,* etc.) Vers 3 de l'envoi :

> *En eau plungié, je brule tout en flame.*

---

[1] Et raconte, bavarde, qu'il a plongé, trempé (dans le vol du coffre).

PLUC, *maraude, pitance, nourriture*, quelque chofe à manger, à fe mettre fous la dent.

Bal. II, vers 2 de l'envoi :

Et n'euffies vous denier ne pluc.

Paraît être une contraction de *épluchure* : Raynouard (*Lexique Roman*, T. IV, 487) donne le verbe PELUCAR, *eplucher*. Les fcènes de miftères reproduites ici déterminent bien fa fignification :

PASSION DE JÉSU-CRIST :

Puifqu'il n'y a ne gaing ne pluc.

Idem, vers la fin :

Si tu as pain aubert[1] *ne pluc.*

VIE DE SAINT-CRISTOPHE :

*J'eus longuement le pluc
De pain et d'eau. . .*

Ce n'eft pas abfolument un terme du Jargon, malgré fon apparence & la compagnie dans laquelle il figure ; on le rencontre dans divers ouvrages de la fin du XVᵉ ou du commencement du XVIᵉ fiècle : le *Verger d'honneur*, la *Réfolution d'amours*, etc. qui n'ont rien de jargonnefque.

Dans une chanfon politique fort férieufe contre le Seigneur de Croye (1465), laquelle ne récèle aucun terme trivial, le couplet V débute ainfi :

*Pour combattre contre ce duc
T'as fait tréfor de ton argent
Car tu le faifois pour le plucq,
Contrefaifant humble innocent.*

Chants Hiftoriques & Populaires du Temps de Charles VII & de Louis XI, publiés par Leroux de Lincy, page 66.

---

[1] Argent.

L'anglais *pluck* possède une partie du sens de cette vieille expression.

PLUMBIS ou PLUMAS A COING, instrument de répression ou de torture, sorte de calotte de plomb garnie intérieurement de coins ou pointes, condamnant le porteur à l'immobilité par la crainte de la souffrance. (V. FARCIZ).

> On mettait aussi aux prisonniers, probablement aux récalcitrants, de lourdes manchettes de plomb couvrant l'avant-bras, interdisant ainsi tout mouvement prolongé. *Plumas,* donné par deux édit., indique bien ici qu'il s'agit de la coiffure.

> Bal. II, vers 21 :
>
>> *Farciz d'ung plumbis (plumas) à coing*
>> *Qui griffe ou gard le duc.*

> *Qui écorche, griffe ou jardine le chef, la tête.*

> L'usage de *mitrer* les délinquants s'est longtemps conservé après Villon :

> SERMON D'UN CARTIER DE MOUTON, Recueil de Farces Techener, vers 155 :
>
>> *Prions pour ces loyaux muniers*
>> *Que tous chascuns disent larrons,*
>> *Qu'ils puissent aller tous mitrés*
>> *En paradis à reculons.*

> EPITHETON DES FAULX TESMOINGS, Roger de Collerye, page 261, vers 1 :
>
>> *Nous faulx tesmoings que vous voyez mitrez...*

POE, POUE, *patte,* & par dérision : *main.* Bal. V, refrain ; Bal. VI, vers 14 : Bal. nouv., vers 9. Si rarement employé qu'il n'eſt pas rapporté dans les anciens gloſſaires ; Lacurne Sainte-Palaye, feul, le donne avec cette citation :

> *Vous n'avez doit qui ne femble une poe...*
> *Euſtache Defchamps.*

On trouvera au *Gloſſ. des Miſtères* deux citations tirées du *Viel Teſtament* & de la *Vie de Saint-Chriſtophe*. (au mot POUE).

DE MONSEIGNEUR ANCEAU DE L'ISLE, par Rutebeuf, vers 39 :

> *Nus ne tent au lever la poe...* [1]

ROMAN DE LA ROSE, vers 20,213 (ex. unique) :

> *Ou tournoiés à grans chevilles,*
> *Comme Ixion à trenchans roes,*
> *Que maufés tornent a lor poes* [2].

POE pourrait prétendre à une étymologie grecque vraiſemblable, mais fon origine n'eſt pas auſſi haute ; elle nous eſt indiquée par les Dict. anglais au mot PAW [3]. *patte.*

Dict. étymologique *Henfleigh Wedgwood*, Londres, 1878, Trubner : PAW, breton *pao, pav* ; avec la curieuſe juſtification fuivante : « Old French, *poue.*

> *En fa goule bouta fa poue*
> « *Fab. & contes, III,* 55 *(Meon).* »

Dict. Impérial *John Ogilvie*, Londres 1882, en 4 tomes : « Armorican, *pav, pao* ; Celt. *pawen.* »

POGOIZ, *poche*, paraît être un compromis entre *poche* français, & *poke, poach* anglais.

---

1 *Nul ne tend la main pour le relever.*
2 *A roues tranchantes, que diables tournent avec leurs pattes.*
3 Assonnance semblable au français *Poe*. Autrefois *Pawe* (Palsgrave).

Bal. III, vers 3 :

> *Avances dedans le pogoiz...*
> *Et fur la tarde*
> *Defbourfez les pouvres nyais*

Avancez, répété Bal. VI, vers 22, y a auffi le fens de : *allongez*. La traduction *poche, facoche*, eft donc bien certaine, fi l'explication du terme de Jargon ne l'eft pas.

On difait auffi *pouquette* dans le langage populaire.

L'Aveugle, son Varlet et une Tripière, Farce joyeufe à 3 perfonnages, page 5 ; Rec. Techener :

> *N'ayron befache ne pouquete*
> *Qui nous ferve plus de rien.*

Une petite monnaie du XIIIe fiècle portait le nom de Pogues, Poges, Pougeoife, mais il n'en était plus queftion au temps de Villon. Roquefort *(Gloffaire)* : « ainfi nommée parce qu'elle était fabriquée au Puy : « *Podium.* »

POUE, V. POE.

POURQUARRE, augmentatif de *chercher*. Bal. nouv., vers 13. N'était guère ufité qu'à l'infinitif.

Nicot : « Pourquerre, chercher en toutes parts, aug- « mentatif de querre. »

Cotgrave : « Pourquerre, chercher, folliciter, s'entre- « mettre, etc., par toutes voies & moyens. »

La Comtesse de Ponthieu, dans les *Nouvelles Françoifes* du XIIIme siècle, page 196 :

> *Mais ains pourquift ki fa terre gardaft.*

POUSSEZ DE LA QUILLE, expreffion triviale : *jouer des jambes.* Bal. V, vers 5.

    Voici deux autres locutions de l'époque, pour exprimer la même idée :

Vie de Saint-Cristophe :

    brandimas, l'un des tyrants, s'écrie :
        Flouons du guigard[1].

Farce nouvelle a 5 personnages d'un Cousturier, son Varlet, etc., page 10; Rec. Techener :

    le cousturier.
    Mefchant, vous gaignerés au pié.
                (Le badin s'enfuit).

QUEREZ, du verbe *querir, querre* ou *querrir* : chercher.

    Bal. V, vers 2 de l'envoi :
    Querez couplans pour Lamboureux.

Le Testament de Pathelin, vers 26 :
    Ne m'efles vous pas allé querre
    Le fac où font mes efcriptures?

QUIDANT ou QUIDE, Bal. nouv., vers 12, n'eft autre que l'ancien verbe *cuyder* ou *cuider* : croire, penfer.

Chanson de Roland, vers 150 :
    E f'in avrez, ço quid, de plus gentilz.

Pathelin, vers 784 :
    De quoy cuidez-vous que je rie?

---

[1] Jouons de la gigue.

PATHELIN, vers 1,176 :

> *Ha ! feray-je, il eſt nice,*
> *Il cuyde parler à ſes beſtes.*

On le rencontre encore dans Mathurin Régnier & dans La Fontaine :

> *Il ſe plait aux tréſors qu'il cuide ravager.*
>
> Satire IX, vers 203.

> *Tel, comme dit Merlin cuide engeigner autrui,*
> *Qui ſouvent ſ'engeigne ſoi-même.*
>
> La Grenouille & le Rat, premiers vers.

QUILLE, V. POUSSEZ DE LA QUILLE.

RASUREZ-VOUS, pour « raſſurez-vous, remettez-vous de ce trouble. » Bal. III, vers 3.

On n'attachait alors aucune importance à ces différences d'orthographe qui nous déconcertent & nous font héſiter ſur le ſens. Un exemple, tiré de la *Farce des Deux Gallans & une Femme* (au mot PLANTER) contient *aſurance,* pour : aſſurance.

REBECQUEZ-VOUS, ſur *Rebec,* ancien violon à trois cordes des ménétriers qui conduiſaient les danſes & les noces : *danſez, réjouiſſez-vous.* (En anglais : *Rebecke,* d'après Palſgrave).

Bal. III, vers 27 :

> *Rebecquez-vous de la montjoye*

On a dit, mais plus tard, « *viſage de rebec* » & « *ſe rebecquer* » en raiſon de la figure grimaçante ſouvent ſculptée au manche des rebecs.

Le paſſage ſuivant de la *Vie de Saint-Chriſtophe* ſe rapporte à cette dernière explication :

> *Pour mettre au bout d'un rebec*
> *Oncques ne vis meilleur grimace.*
>
> Folio B.B.iiii, recto.

REBIGNER, REBIGUER, augmentatif de ·BIGNER (V. ce mot), *regarder à deux fois, avec attention, guetter.*

Bal. I, vers 17 :

> *Rebiguez-moy toſt ces enterveux*[1].

Bal. V, vers 2 :

> *Rebignes bien ou joncherez.*

RIFLER, RIFFLER, RIFFLERIE, anciens termes populaires : *enlever de force, pourſuivre, donner la chaſſe*, etc., & dérivés.

(Anglais : *to Rifle*, même ſens).

Bal. III, vers 34. — Bal. V, vers 11.

C'EST DU ROY DE SEZILE, d'Adam de la Halle, vers 205 :

> *En aloit en planant plus toſt c'uns arondiaus*
> *De ſi pres qu'il riffloit gloieres & bouriaus.*

COMPLAINTES & EPITAPHES DU ROY DE LA BAZOCHE d'André de la Vigne, vers 42 :

> *D'avoir le ſoir Bachus eſcorniflé,*
> *Venus rifflé, Ganimedes befflé...*

La meilleure preuve de ſon emploi fréquent, quoiqu'il

---

[1] Intervenants, curieux, interrogeurs.

nous en reste peu de traces, est dans les nombreux
« Riflart » du théâtre : bourreaux, valets de bourreaux, tyrans ou diables, qui s'agitent dans les mistères & les moralités. Plus tard, au xvie & au
xviie siècle, ce surnom est passé aux gens de justice,
sergents, huissiers, estaffiers, etc. (Oudin).

Rifler avait une autre signification : *avaler, manger avide-
ment, goinfrer,* elle ne s'applique pas aux vers de
Villon ; on la rencontrera au *Gloss. des Mistères*.

ROE, ROUE ; il s'agit dans le Jargon d'un instrument de
torture, & non du supplice de la roue introduit seulement
en France au commencement du xvie siècle & réglementé
par un arrêté de François Ier, enregistré au Parlement le
11 janvier 1534. (Sauval, *Recherches des Antiquités de Paris,*
tome II, page 599 ; Isambert, *Recueil des anciennes lois Françaises,* tome XII, page 400 [1]).

Bal. II, vers 5 :

Devant la roe, babiller [2].

Bal. VI, vers 6 :

*Et vous gardes bien de la roe
Qui au sires plante du gris* [3].

---

[1] V. aussi : *Journal d'un Bourgeois de Paris sous le règne de François Ier,* dans
la collection de la Société de l'Histoire de France, Paris, 1854, un vol. in-8°,
page 452. La publication à son de trompe de l'Édit, dans les carrefours de
Paris eut lieu le 11 janvier 1534 (nouveau style 1535).
Avant cette date, le *Journal,* qui relate un grand nombre de supplices subis par
des malfaiteurs de tous ordres : décapitation, feu, pendaison, etc., ne mentionne jamais *la roue*.
V. aussi : *Viel Testament,* couplet du bourreau et de son valet, énumérant tous
les genres de supplices.
[2] Devant la roue, parlez (pour dépister les juges).
[3] Implante de la douleur.

Bal. nouv. vers 2 :

> *Car efcornes vos efles à la roue*[1]

La queſtion du tréteau fe donnait avec des cordes qu tendaient le corps du patient ; elles paſſaient fur une forte de treuil muni d'une *roue* dentée & d'un cliquet pour l'empêcher de retourner en arrière. Les juges ordonnaient au tourmenteur la torture par le nombre de crans de cette *roue*.

Guy Tabarie, ami de Villon & fon complice dans le vol au Collége de Navarre, fut mis au tréteau dans l'informatien qui fuivit. (V. BERART, COFFRES). Les deux vers de la Bal. VI déterminent bien ce que le poète entend par : *Roe;* il y commence l'énumération des trois modes de queſtion : Tréteau, Eau, Brodequins, invitant le leéteur à s'en préferver. (V. cette énumération au mot RURIE).

ROUGES, *malins, fins, rufés*.

Bal. IV, vers 4 :

> *Benardz vous eſtes rouges gueux.*

On le rencontre au vers 66 de la *Ballade des Efcoutans*, dans les *Repues Franches;* le fens y eſt bien déterminé :

> *Tant d'ameçons et tant d'affiques*
> *Pour attraper les plus huppés ;*
> *Les plus rouges y font happés* [2]

Cotgrave cite cette dernière locution, au mot ROUGE : « Les plus rouges y font pris, *the craftieſt or the cunningeſt*, etc. » (les plus rufés ou les plus malins, etc.)

---

[1] Car maltraités, humiliés, etc...
[2] D'autres éditions : *gruppes*.

Viel Testament, 311 verſo :

>GOURNAY, (bourreau).
>*Ha! que tu es ung rouge gueux...*

Farce de la Pipée :

>*Que les plus rouges y ſont pris,*
>*Ne l'a vous oncques jamais ſçeu ?*

Le Passe Temps d'Oysiveté, de Robert Gaguin, vers 867 :

>*Les plus rouges y ſont deceups.*

ROUPPIEUX, RUPPIEUX, *penaud, honteux, déſappointé.* (D'après Cotgrave ; il n'eſt pas rapporté par les autres dict.)

Bal. V. vers 6 :

>*Pouſſez de la quille et brouez* [1]
>*Car toſt ſeriez rouppieux*

Bal. V, vers 22 :

>*Bignes la mathe ſans larger* [2]
>*Que vos ans n'en ſoient ruppieux.*

Le Bon Payeur et le Sergent bouteux et borgne, page 20, Recueil de Farces Techener :

>*Vous rires enſemble vos deulx,*
>*Tantoſt ſeres bien roupieulx.*
>*Le borgne eſt pres qui vous eſcoute.*

Repues Franches, derniers vers de la troiſième, dite des Torcheculs :

>*Mais quant il le vit ſi breneux* [3],
>*Il ſ'en alla tout roupieux...*

---

1 Jouez de la jambe et fuyez, courrez.
2 Regardez la prison, sans entrer.
3 Couvert de bren, d'excréments.

RUEL, eſt le village des environs de Paris : *Rueil* à 15 kil. environ. Ce même endroit eſt cité comme théâtre des exploits de la bande dans la *Belle leçon de Villon aux enfans perduz*, vers 5 :

> *Se vous allez à Montpipeau*
> *Ou à Ruel, gardez la peau;*

RUER, ancien verbe français; ou plutôt : ancien ſens du verbe RUER : *jeter avec force, renverſer* ; & par extenſion : *frapper, battre*.

LE FRANC-ARCHER DE BAIGNOLLET, vers 17 :

> *Povres priſonniers deſnuez*
> *Sitoſt que je les euz ruez...*

FARCE NOUVELLE DU CUVIER, vers 191. (Recueil de Copenhague) :

> *La m... y eſt par mon ſerment!*
> *Voicy un treſpiteux meſnage.*

LA FEMME.

Je vous rueray tout au viſage.

RUFFLE (LE), paraît être le mot anglais qui s'écrit de même[1].

Palſgrave (page 695) : I RUFFLE, *je plionne, je froyſſe* ; mais c'eſt dans Cotgrave, où nous le retrouvons employé à rendre des termes de la langue populaire, qu'il eſt préférable d'en puiſer la traduction, car nous ſommes bien ici dans le bas-langage.

---

[1] M. A. Vitu *(Jargon du XVᵉ siecle)* explique aussi par l'anglais Ruffle, mais sa traduction donne : *vent d'orage, aquilon*.

« Desbagouler. *To ruffle or disorder;* aussi : mettre hors de la bouche un morceau demi-mâché.

Encharbouté, *ruffled,* emmêlé comme des cheveux.

Godeluré, *ruffled,* chiffonné, froissé.

Houspillé, *ruffled,* pressé, déchiré.

Retouiller, *To ruffle,* mêler, mélanger, embarrasser, dérouter, déconcerter. »

Le *Ruffle* ferait donc le barbouillage, le mélange, le fouillis dans la bouche; l'embarras, le bredouillage de la langue. Si l'on pouvait encore se servir de ces vieux mots français, on dirait : *retouillage,* pour traduire le vers 15 de la Bal. nouv. :

> *Ou vous aurez le ruffle en la joue.*

La joue est ici pour : *la bouche,* comme ailleurs : *la giffle.* (autrefois synonyme de joue ; V. GIFFLE au Glossaire).

Le conseil donné par le poète, dans ce passage de la Bal. nouv., est souvent répété dans le Jargon; on l'y voit craindre la timidité, la maladresse de ses amis dans leur défense, ou leur faiblesse devant l'appareil de la torture.

Bal. I, vers 28 :

> *Songears ne soies pour dorez*
> *Et babignes tousjours aux ys*
> *Des sires pour les desboufes* [1].

Bal. II, vers 5 :

> *Devant la roe babiller* [2]

---

[1] Embarrassés, songeurs, ne soyez pour dissimuler, mentir; et bavardez, répondez, toujours aux paroles des juges pour les dérouter.
[2] Devant la roue, parlez.

Bal. II, vers 3 de l'envoi :

Qu'au giffle ne laiffez l'appel[1].

Bal. V, vers 2 de l'envoi :

*Querez couplans pour lamboureux
Et autour de vos ys luezie*[2].

& dans la Bal. nouv., le vers 15 déjà cité.

RUPPIEUX, V. ROUPPIEUX.

RURIE (RUIRE dans les deux édit. Treperel), Bal. VI, vers 9. Paraît formé fur le vieux français RU, *ruiffeau,* ou RUIRE, *ruiffeler, couler,* & fignifier : ruiffelage écoulement du liquide dans la bouche, le gofier, pendant la queftion par l'eau.

Cette interprétation eft confirmée par la lecture de la ballade ; Villon y énumère fucceffivement les trois modes de queftion en confeillant aux lecteurs de s'en préferver :

Vers 6 :

Et vous gardes bien de la roe [3]
*Qui au fires plante du gris
Et leur faifant faire la moc.
La giffle gardes de rurie* [4]
*Que voz corps n'en aient du pis
Et que point à la turterie
En la burme ne foies affis* [5]...

---

[1] Qu'en votre bouche, entre vos dents, ne laissiez l'appel.
[2] Cherchez arguments habiles pour éviter Lamboureux (le bourreau, le tourmenteur) et autour de vos paroles, adresse, malice.
[3] *Question du tréteau* : la *roue* servant à enrouler les cordes. (V. *Roe.*)
[4] *Question par l'eau* : la bouche gardez de ce ruisselage, préservez de cet écoulement.
[5] *Question des coins ou brodequins* (V. *Bisans*) : Ne soyez assis au banc (*Hurme*) sur lequel s'appliquait cette torture (*turterie*).

SAILLIR, s'employait pour : *sortir* & n'avait pas le sens énergique sous lequel on l'entend aujourd'hui.

> Bal. IV, vers 24 :
>
> *Au saillir des coffres massis*

GRAND TESTAMENT, huitain XXI :

> *Nécessité faict gens mesprendre,*
> *Et faim saillir le loup des boys.*

SARGES, corruption[1] ou abréviation de *sergents,* gens de police. Dans le même cas, l'argot populaire parisien dit : *sergots.*

Sergent, dans sa forme primitive, alors qu'il signifiait : *serviteur,* s'écrivait *sarjhan.*

> Bal. IV, vers 13 :
>
> *De vos sarges serez besisles*

Ils formaient deux compagnies composées de cent dix hommes chacune, sous les ordres du Prévôt de Paris; Villon les appelle « *les Unze-Vingtz* », Grand Testament CXVII :

> *Item, aux unze-vingtz sergens*
> *Donne, car leur faict est honneste,*
> *Et sont bonnes et doulces gens...*

Ils parcouraient la ville, dès la nuit tombante, à travers les rues étroites, noires & encombrées d'établis destinés aux étalages du jour.

PETIT TESTAMENT, XXII :

> *Et aux pietons qui vont d'aguet*
> *Tastonnant par ces establis...*

---

1 En anglais, on écrivait *Sargiant* (Palsgrave, 265).

Farges, qui fe lit dans deux ou trois éditions, peut s'expliquer par : *ferges*, fers des prifonniers, mais le vers incident qui fuit dans la ballade IV :

Tout debout nompas affis

indique bien clairement qu'il s'agit des fergents du guet, en fpécifiant le guet de la Prévoté ou *guet debout*.

Le guet des métiers ou guet bourgeois s'appelait *guet affis*, par dérifion.

SARPES, premier vers de l'envoi, bal. IV :

Prince des gayeulx les farpes...

La rime *(urques)* exigerait : *furques*; il eft difficile d'expliquer cette faute perfiftante autrement que par la fynonymie de *farpes* avec *furques*.

Tous deux fe retrouvent dans le bas-langage anglais : *Sharpe*[1] & *Shark*[2] fignifient « habile, rufé, adroit coquin », & traduifent affez bien les *joncheurs, pipeurs, vendangeurs*, du Jargon de Villon (V. GAYEULX).

Rabelais, L. II, chap. XVII, parlant de Panurge, qui efcamote l'argent des pardonneurs, d'églife en églife :

« Voire mais, dis-je, vous vous dampnez comme une
« farpe, & eftes larron & facrilege. »

C'eft le feul exemple de ce mot, encore n'oferait-on affirmer fon identité avec le *farpe* du Jargon ; les commentateurs de Rabelais ne l'ont pas relevé dans leurs gloffaires[3].

---

[1] Palsgrave, pages 322, 323 : *Sharpe, Sharpe Quycke*.
[2] Voir Dictionnaire Impérial, John Ogilvie, en 4 tomes, Londres, 1882.
[3] La Locution se retrouve Liv. III, chap. XXII et Liv. V, chap. XLVI, mais c'est alors « damné comme une serpe ».

L'incorrection de la rime a mis ici les éditeurs dans l'embarras ; l'édit. La Monnoye corrige par « *à vos marques* » ; Prompfault par « *à l'escarpe* » ; le Jargon du xv° siècle par « *en les harpes* » mais ces deux derniers ne satisfont pas plus à la rime *(arques)* que le « *sarpes* » des éditions primitives.

SAULT (LA) au vers 19 de la Ballade II, si on le lit en deux mots (au lieu de *l'assault*) donne la traduction suivante :

Au bois, vite, sans rechignade !

Vieux français : SAULT, bois, surtout d'un bois parsemé de clairières.
On le trouve encore dans Ronsard :

Ores il erre en quelque bois sauvage
Fuyant de sault en sault.

Chanson, T. I, 211, *édit. Prosper Blanchemain.*

SAULVE (LA). Villon s'est imposé dans la Bal. nouv. l'emploi quatre fois répété à la rime de : *sauve* ou *saulve*, avec quatre sens différents. On en trouvera trois dans le Glossaire, le verbe *se sauver* est le quatrième. Deux d'entre eux paraissent bien appartenir à l'anglais défiguré.

Bal. nouv., vers 1 :

Brouez benards eschequez a la saulve.

Fuyez, Benards, échappez à la poussade, à la ruade, aux mauvais coups.

TO SHOVE, *pousser, pousser à terre, ruer, irruer* (Palsgrave. page 705).

SAUPICQUEZ ou SAUPICQ̃S. L'édit. Pierre Levet écrit feule : *faupicquez*, les trois autres édit. primitives : *faupicq̃s*, avec le figne de l'abréviation fur la lettre q. Je crois donc qu'il faut lire : *faupicques* en confidérant l's ou le z comme la marque du pluriel. Depuis, on a imprimé : *faupicquets*, cette dernière expreffion étant mieux comprife des éditeurs.

C'eft alors un mot de la langue courante, le nom d'une certaine fauce piquante :

FARCE NOUVELLE D'UN COUSTURIER, SON VARLET, ETC. page 4, Recueil Techener :

Faictes-vous faulpiquet ou fauce,
Hau! ma commére?

MORALITÉ DE LA CONDAMNATION DE BANCQUET. Rec. Paul Lacroix, page 308 :

Saulce Robert et cameline,
Le faupiquet, la cretonnée...

On le rencontre quelquefois au figuré pour *fubtilités*, ou pour *gens fubtils, éveillés* [1], mais il eft toujours écrit *laulpicquet* [2] ou *faupicquet* & rime avec fricquet, bruniquet, naquet, bicoquet. Aucuns de ceux qui ont relevé les anciens termes populaires, le bas-langage : Cotgrave, Oudin, Leroux, Francifque Michel ne mentionnent *faupiquet*; Villon n'a pas employé dans fes ouvrages ce terme anodin, qui ne s'accorderait guère avec la qualification de *renfrognés, renfrognants, grognants*, du vers 1 de la Bal. VI :

Saupicquez fronans des gours arques.

---

[1] Coquillart II, 218, 245. — Ancien th. fr. III, 264. — *Vie de saint Christophe*, feuillet AA iiii.
[2] Saulpicquet est aussi le nom d'un des innombrables cuisiniers de Pantagruel, liv. IV, chap. XL.

Je crois donc à une injure fur l'anglais Sowe, *truie*, &
Pygge, *cochon* (Palfgrave. 273. 155).

Le mot compofé *fow-pigge* fert, dans Cotgrave, de traduction au françois Cochonnière, lieu où les truies mettent bas.

Villon, de fon cachot de Meung, crie aux mêmes compagnons :

> *Ainfi fe font l'un à l'autre pourceaulx,*
> *Car, où l'un brait, ils fuyent a monceaulx.*
> *Le lefferez-là, le povre Villon !*

Épiftre en forme de ballade à fes amis, Envoi.

On fait combien les invectives prenaient volontiers, à cette époque, la forme : Fils de . . ., né de . . . [1]. Le poète, dans fon Jargon, entend fans doute : *Fils de truies, nés de truies.* (V. SAUVE).

SAUVE (SA), *fa truie*, pour : *fa maîtreffe, fa concubine.* — De l'anglais Sowe, *truie*. (Palfgrave, 273).

Bal. nouv. vers 9 [2] :

> *Maint coquillart efcorne de fa fauve*
> *Et desboufe de fon cuer ou poue.*

On ne doit point s'étonner d'entendre Villon traiter ainfi une de fes maîtreffes, il n'agit guère mieux dans fes poéfies, foit par plaifanterie, foit qu'il ait réellement fujet de fe plaindre :

Grand Testament, huitain LXXXIII, lorfqu'il charge Pernet de porter la *Ballade à f'amye*, « fa chère Rofe » :

---

[1] *Farce du Munyer*, page 257, P. Lacroix : Fils de putain, ord et immonde !
Vie de faint Chriftophe, vers 19 de la reproduction incluse : Fils de loudière.
[2] Dans cette ballade, *sauve* ou *saulve* est répété quatre fois, à la rime, avec des sens différents.

> *Pourveu, s'il rencontre en son erre* [1]
> *Ma damoyselle au nez tortu,*
> *Il luy dira, sans plus enquerre :*
> *Orde paillarde* [2], *d'où viens-tu ?*

GRAND TESTAMENT, huitain CXII :

> *Mais qu'à la petite Macée*
> *D'Orléans, qui eut ma ceincture,*
> *L'amende soit bien hault taxée :*
> *Elle est une mauvaise ordure.*

DOUBLE BALLADE SUR LE MÊME PROPOS, vers 36 :

> *Qui me fist mascher ces groiseilles,*
> *Fors Katherine de Vaufelles ?*

Celle que Villon désigne dans la bal. nouv. est peut-être la Denise du huitain CXV :

> *Quant chicaner* [3] *me feit Denise,*
> *Disant que l'avoye mauldite.*

SAUVE, *excepté, réservé.* Bal. nouv., vers 19 :

> *C'est mon advis tout autre conseil sauve*

Nicot mentionne le terme de Palais : *je suis à sauveté;* Roquefort, le verbe SAUVER, *excepter, réserver,* langage du Palais :

« Sauver les parties à se pourvoir devant le juge. »

CHANSON SUR LE COMTE DE WARWICK (1470 env.), Recueil de Chants histor. Leroux de Lincy, page 161 :

> *Quant Rouan fut, saulve ses droix,*
> *Prinse par monseigneur de Bourbon.*

---

1 Chemin.
2 Sale débauchée.
   Poursuivre en justice (cette fois comme blasphémateur).

SIRES, eſt employé par le poète dans le ſens général d'*individus*, *gens*, auſſi bien pour déſigner ſes compagnons, que les archers du guet, les ſergents ou les juges.

SOE, prononciation de l'anglais Sowe, *ſemer* (Palſgrave. page 725).

Envoi de la bal. VI :

> *Prince (celui) qui n'a bauderie*
> *Pour eſchever de la ſoe.*

Celui qui n'a trop de bonne humeur, de gaîté, pour éviter de la ſemer, de la répandre, de la diſſeminer...

SONGEARS, pour SONGEURS : *rêveurs, embarraſſés*. Bal. I, vers 27.

MONOLOGUE DE LA BOTTE DE FOING, Coquillart, II, p. 215 :

> *Veoir, mais il eſt ſi ſongeart*
> *Que a peine ſe peult remuer.*

Rabelais, liv. III, chap. XV : « Tout le monde ſouppoit exceptez quelques reſveurs ſongears... »

SPELICANS, ſuppoſé formé de l'anglais SPELL : *ſort, charme, incantation* (Cotgrave).

> Villon commence la bal. III en lançant cette épithète à ſes compagnons : « *Sorciers* (peut-être : *eſcamoteurs*), qui enlevez la bourſe aux pauvres niais, etc. »
> *Spelicans* peut auſſi être rapproché du français *ſpelonque* : caverne, mais c'eſt une expreſſion bien ſavante pour le Jargon & ne rentrant aucunement dans le vocabulaire de l'auteur.
> Le *Jargon du* XVᵉ *ſiècle* corrige par : *Eſpelicans*, pour

ajouter une fyllabe, & fans conclure à aucune traduction précife. Il ferait préférable, fi l'on admet les corrections, d'écrire : *Ces pelicans,* pour lever toutes les difficultés. Cotgrave : PELICAN, *a Snap or Dog.*

STAT, c'eft l'expreffion latine employée dans la Bal. de la *Groffe Margot* :

S'ils payent bien, je leur dis que bien ftat.

Bal. nouv., vers 17 :

Que ftat plain en gaudie ne fe mauve.

SUC (LE), *le crâne, la nuque.*

Raynouard (*Lexique Roman,* tome V, 282) SUC, avec l'indication du diminutif ZUQUET, *nuque,* & les exemples fuivants :

Can fera blanc mos fucs[1]...

A. Daniel, *Amors e Joie.*

Et les reveries et penfées de fon fuc...

Hiftoire Macaronique, page 47.

L'emploi de ce mot parait avoir été fort rare en français, on le retrouve cependant dans Clément Marot, pour fatisfaire à une rime en *uc* :

BALLADE DU JOUR DE NOËL, vers 20 :

D'une grand' croix lui donna fi grand choc
Qu'il l'abattit et lui caffa le fuc.

---

[1] Quand sera blanc mon chef, ma tête.

Il est probable que Villon s'en est servi pour déguiser sa pensée, au refrain de la deuxième ballade du Jargon :

Pour Lamboureux[1] *qui rompt le suc.*

SUERIE, SURIE, *maussaderie, rechignade.* Corruption vraisemblable de l'anglais : *surlie.*

> Cotgrave traduit le verbe Rechigner, par : *be surlie.* C'est le sens évident aux vers suivants, quelle que soit l'origine de l'expression :

Bal. II, vers 19 :

> *A la sault (ou : l'assault) sans suerie.*

Bal. V, vers 19 :

> *Qu'en astes ne soies en surie*[2]
> *Blanchir voz cuirs et essurgez.*

TALLE, *toile, linge.* On prononçait *telle* & l'on écrivait souvent de même. (V. BAUDROUSE).

Bal. IV, vers 20 :

> *La baudrouse de quatre talle.*

Villon, Double Ballade sur le même propos, vers 34 :

> *J'en fus battu comme a ru telles...*

Comme au ruisseau, toiles, linges, sont battus...

(L'explication de ce dernier vers, se trouve au mot Pelle, du *Gloss. des Mistères*).

---

[1] Le bourreau, le tourmenteur.
[2] Qu'en l'atelier ne soyez en rechignade, en maussaderie.

Voici un paffage de Rabelais qui fixe bien la prononciation, fur laquelle est bafée la plaifanterie :

« A propos (dift le moyne) une femme qui n'eft ny belle ny bonne, à quoy vault toille ? — A mettre en religion, dift Gargantua. — Voyre, dift le moyne, & à faire des chemifes. »

(Gargantua, Ch. LII.)

TARDE (LA), la foirée, le foir.

Bal. III, vers 5 :

Et fur la tarde
Defbourfez les pouvres nyais.

Villon a employé ailleurs : *fur le tard*, Petit Teft. XXIV :

. . . . . . un canart
Prins fous les murs comme on fouloit
Envers les foffez, fur le tard ;

Roquefort (*Gloffaire*) enregiftre : *heure tarde*, pour : *le foir* ; mais on ne trouve pas d'autres exemples de : LA TARDE, fubftantif.

M. A. Vitu (*Jargon du* XVe *fiècle*) en fait auffi la remarque, furpris de n'avoir rencontré nulle part cette expreffion, digne de figurer dans le langage populaire.

TARGER, ce verbe, en fus des deux fens jargonnefques indiqués dans la traduction fignifiait régulièrement : *tarder*. On difait cependant plus volontiers *atarger*, dans ce cas. — *Se targer*, fe couvrir du bouclier ou *targe* ; au figuré fe couvrir, fe mettre à l'abri. — L'exemple fuivant réunit les deux verbes :

ROMAN DE LA ROSE, vers 10,754 :

> *Traient for eus, et cil fe targent*
> *Qui de deffendre ne f'alargent.*

On ne peut les employer à traduire le vers 21, Bal. V :

> *Bignes la mathe fans targer.*

car dans le vers fuivant, Villon donne à fes amis le confeil de dèloger, de fe cacher.

TREMPLE, V. JARGONNER LE TREMPLE.

TROIS, trois compagnons auxquels Villon adreffe fes confeils :

Bal. I, vers 18 :

> *Et leur monftres des trois le bris*
> *Qu'en claves ne foies deux et deux.*

Bal. V, vers 18 :

> *Chanter leur trois fans point fonger.*

Bal. nouv., vers 14 :

> *Couples vous trois a fes beaulx fires dieux.*

Ce font probablement Guy Tabarie, Petit-Jean & Colin de Cayeux, fes complices dans l'affaire du collège de Navarre, à laquelle nombre d'allufions rattachent déjà ces ballades. (V. fur ce fujet ARCHQUANT, BERART, COFFRES, DAVID, JEHAN.)

Ailleurs le poète, à la même époque, s'adreffe auffi, du même ton paternel & protecteur qui diftingue le Jargon, à trois autres amis, nommés dans les vers qui fuivent :

PETIT TESTAMENT, XXV :

> *Derechief, je laiffe en pitié*
> *A troys petitz enfans tous nudz*

> *Nommez en ce préfent traictié,*
> *Paouvres orphelins impourveuz,*
> *Tous defchauffez, tous defpourveuz,*
> *Et defnuez comme le vers ;...*

Et au huitain fuivant :

> *Premièrement Colin Laurens,*
> *Girard Goffoyn et Jehan Marceau,*
> *Defprins de bien et de parens,*
> *Qui n'ont vaillant l'anfe d'un ceau,*
> . . . .
> *Ils mangeront maint bon morceau*
> *Ces enfans, quant je feray vieulx !*

Cinq ans après, dans le Grand Teftament, Villon leur confacre les huitains CXVII à CXX, huitains ironiques qui ne laiffent aucun doute fur ces garnements, malgré les artifices du poète :

> *Item, j'ai fceu, à ce voyage,*
> *Que mes trois povres orphelins*
> *Sont creus et deviennent en aage*
> *Et n'ont pas tefles de belins* [1]...

Il ne ferait donc pas furprenant que certaines ballades du Jargon, toutes de confeils, leur fuffent adreffées.

TURTERIE, altération de *torture*, pour la rime avec *rurie*. Bal. VI, vers 11.

URTIS (L'), peut s'expliquer par : L'HURTIS, *le heurt, le coup,* avec une intention érotique.

Le Roman de la Rofe emploie quelquefois le verbe *hurter* dans ce fens équivoque :

---

[1] *Moutons,* faux compagnons, espions, dans les prisons.

Vers 22,633 :

> *Trois fois a la porte affailli,*
> *Trois fois hurta, trois fois failli...*

Vers 22,642 :

> *Tant ai hurté que toutevoie*
> *M'aperçui d'une eftroite voie*
> *Par ou bien cuit* [1] *outrepaffer.*

Le compofé *hurtebiller* était plus fignificatif, il ne diffimulait pas :

Vers 9,885 :

> *Suis-ge mis en la confrarie*
> *Saint-Ernol, le feigneur des cous* [2] *?*
> *Toutes fe font hurtebiller...*

Rabelais fe fert de même du verbe *hurtebiller* ; on rencontre au chap. LVI du livre IV : *hurtis,* mais pour peindre le choc des armures : « Lors gelerent en l'air « les paroles & cris des hommes ..... les hurtis des « harnois, etc. [3] »

Ailleurs Panurge s'adreffant au bafchatz qui cherche à s'embrocher ; « Miffaire bougrino, tu perds icy ton temps : car tu ne te tueras jamais ainfi : bien te bleffèras quelque hurte, dont tu languiras toute ta vie entre les mains des barbiers. » Pantagruel, ch. XIV.

LE PASSE-TEMPS D'OYSIVETÉ, de Robert Gaguin, Anc. Poéf. VIII, 273 :

> *Le voifin, qui confeil donna*
> *Y envoya aide et fecours,*

---

[1] Du verbe *cuider*, croire : Par où je crus bien...
[2] Cocus.
[3] Cotgrave rapporte les substantifs : *Heurtade, Heurtement, Heurtis, Hurtis,* synonymes de coups, chocs.

*Mais depuis il contrepensa
Les hurs de fortune et les tours.*

Dans le Jargon de Villon, l'ensemble obscène du huitain ne laisse guère de doute sur le sens de ces vers :

Bal. VI, vers 18 :

*Puis ça puis là pour l'urtis
Et n'espargne point la flogie* (la fêlure, la fente)
Des doulx dieux sur les patis.

VENDENGEURS, *fripons, larrons*, avec la qualification sous entendue de : habiles, adroits.

Bal. I, vers 8 :

*Car vendengeurs des ances circoncis
S'en brouent du tout à néant* [1]

Bal. nouv., vers 27 :

Le vendengeur beffleur [2] *comme une choue...*

Passion Jesu-Crist :

Nous y allons luer au bec [3]
Pour le vendenger à l'effray [4]

Vie de Saint-Christophe :

Nous en aurons a ses vendanges

Le Retraict, Farce nouvelle & fort joyeuse. Recueil Techener, t. III, 29 :

---

[1] Car d'habiles larrons, avec les oreilles coupées, deviennent de tout à rien.
[2] Trompeur, fourbe.
[3] Faire attention, veiller.
[4] Le voler à la frayeur, en l'effrayant.

GUILLOT.

. . . *Je l'ai laiſſée (la perdrix)*
Tumber, puis le chat l'a mangée.

LE MARY.

L'aires-tu poinct vendengée ?
Tu as eſté, pardieu, le chat.

VERGNE (LA), *le printemps, la belle ſaiſon,* ou, au figuré : *la jeuneſſe.*

Bal. nouv., vers 23 :

Par la vergne tout au long de la broue [1].

Une note au bas du texte donne le ſens attribué à ce vers & à ceux qui l'avoiſinent.
On écrivait primitivement *ver,* comme en latin :

Sur la verdure
Tant que ver dure
Nous cſbatons...

Miſtere de la Conception, xve ſiècle. Citation de l'*Hiſt. du Théâtre en France, Tome II,* 429.
L'adjectif *vernal,* printanier, eſt reſté dans la langue.
Clément Marot emploie auſſi *vernant* :

Comme la roſe au pleiſant temps de ver

Epiſt. XXIII, dernier vers.

Roſe vernant, de Dieu mère et ancelle [2]

Rondeau à Noſtre-Dame, vers 4.

Il paraît donc tout-à-fait logique de ſuppoſer : *verne,* printemps (*vergne* par la prononciation populaire).

---

1 Par le printemps (ou « la jeuneſſe ») tout au long de la fuyante (la vie).
2 Servante.

Le mot exiſtait probablement dans la langue parlée, quoique je n'en puiſſe donner d'exemple écrit.

Dans le Jargon réformé, ou Argot du XVIᵉ ſiècle, *vergne* ſignifie : *ville, maiſon*[1], mais nous ſommes alors au milieu d'un véritable argot, d'un tout autre langage que le Jargon de Villon. (V. la Notice.)

VOIR, *vrai, vraiment,* dans l'ancien langage. Bal. VI, vers 25 : « a voir advis », *à vrai dire, à mon avis ſincere.*

YS, de l'anglais *Hyſſe* (Palſgrave, 585), *ſiffler, ſubler, ſifflet, ſublet,* & par extenſion comique : *voix, paroles.* On dit de même aujourd'hui dans le langage trivial :

« Mon galoubet », *ma voix.*

« Couper le ſifflet » : *couper la parole.*

Peu de temps après Villon on rencontre *huchet* (petit cornet de chaſſe) :

> *Regarde auſſi Maiſtre Pierre Blanchet,*
> *Qui ſçeut tant bien jouer de ſon huchet*
> *Et compoſer ſatyres proterveuſes...*
>
> Epiſt. famil. de Jean Bouchet, p. 22.

L'ouvrage de Palſgrave (page 780) contient les exemples ſuivants : *I wete my whiſtell* (j'arroſe mon ſifflet) & : *wyll you wete your whiſtell* (voulez-vous arroſer, humecter votre ſifflet). Le ſifflet eſt ici pris pour la gorge, le goſier ; dans le Jargon de Villon le ſens de : *paroles, voix,* ne peut être mis en doute devant la réunion des exemples :

---

1 Sans doute du latin : *vernaculus,* dit M. A. Vitu.

Bal. I, vers 28 :

> *Et babignes toujours aux ys*
> *Des fires pour les defboufes* [1].

Bal. II, vers 2 :

> *Men ys vous chante que gardes* [2].

Bal. V, vers 3 de l'envoi :

> *Querez couplans pour lamboureux*
> *Et au tour de vos ys luezie* [3].

---

[1] Bavardez, répondez, toujours aux paroles, aux demandes des juges, pour les dérouter.
[2] Ma voix, mon huchet, mon sifflet, vous chante que preniez garde...
[3] Cherchez d'adroits discours, de bons arguments (il s'agit de l'*esterie* ou plaidoirie) pour le tourmenteur ; et autour de vos paroles, habileté, malice.

MISTERES

TEXTE ET TRADUCTION

LE MISTERE

DU

VIEL TESTAMENT

'est une vaste compilation de 49,000 vers environ commençant à la Création & se terminant au milieu du règne de Salomon. Plusieurs parties forment des pièces absolument distinctes, entre autres l' « Hystoire de Hester » dans laquelle se trouvent les passages rapportés ici.

Parmi ses vingt-cinq personnages, *Saouldouvrer*, charpentier, & *Gasteboys*, son valet, parlent le langage du peuple, tandis que le bourreau *Gournay* & son valet *Micet* y ajoutent quelques expressions d'argot.

L'ouvrage eft anonyme, comme la plupart des œuvres de théâtre du Moyen-Age; on fait feulement qu'une repréfentation en fut donnée à Abbeville en 1458, une autre à Paris vers 1500. (*Hiftoire du théâtre en France*, T. II, 353.)

La première des trois éditions de cet ouvrage, celle de Pierre le Dru pour Geoffroy de Marnef, eft auffi placée vers 1500 par les bibliophiles. Les deux autres éditions font de 1520 & 1542. — Une édition avec notes, par le baron James de Rothfchild, eft en cours de publication, Paris, chez Didot.

LE MISTÈRE DU VIEL TESTAMENT

(Folio 326 recto.)

SCÈNE DE GOURNAY ET MICET

(Le bourreau & fon valet.)

GOURNAY

Micet.

MICET

Gournay.

GOURNAY

*Happe la charge[1]
Et entonne ce ront au creux.*

---

[1] La dépouille des fuppliciés conftituait régulièrement le profit du bourreau.

LE MISTÈRE DU
VIEL TESTAMENT

GOURNAY, MICET

Chargés de pendre Aman, le favori d'Assuérus, ils se disputent les vêtements dont ils l'ont dépouillé.

GOURNAY

Micet?

MICET

Gournay?

GOURNAY

Attrape le paquet
Et rentre ce chapeau au logis [1].

---

[1] *Chapeau* est une traduction arbitraire de *Ront*. Comme il s'agit des détails du costume, elle paraît la plus vraisemblable.

MICET

Mon maiſt atendez ſi tu veux
Que diable tu auez grant haſte
Nous pierons en ceſte grand mate
Gourdement vecy choſe groſſe.

GOURNAY

Or taillé[1] *auons quelque endoſſe*
Elle n'eſt point de mincerie.

MICET

Gournay c'eſt toute gourderie
Vecy bon fons pour la pience.

GOURNAY

Eſt-il homme de congnoiſſance
Ou nous le penſon mettre en plaint.

MICET

Vous ſouciez-vous hay auant
De ce point ie ne me ſoucie.

GOURNAY

Ou vas-tu.

MICET

A la freperie

---

[1] *Taillé* ſignifie ici : reçu, touché, perçu l'impôt de la taille. Alluſion agréable au public, ſur lequel peſait cette taxe. (V. au
Gloſſaire.)

MICET

Mon maître, attendez, je vous prie.
Que diable! vous êtes trop preffé;
Nous boirons en cette grande trifteffe ¹
Abondamment.
    (Montrant le paquet de vêtements) :
        Voici une groffe prife.

GOURNAY

En effet, nous avons perçu quelques habits
Qui ne font point de mince valeur.

MICET

Gournay, c'eft toute une abondance;
Voici bonne fource ² pour notre boiffon.

GOURNAY *(parlant de Aman)*.

Eft-ce quelqu'un de connaiffance?
Ou fi nous penfons le laiffer en place.

MICET

De quoi vous fouciez-vous? Allez toujours!
Je ne me foucie point de cela.

GOURNAY

Où vas-tu?

MICET

    A la friperie;

---

1 *Grande trifteffe* eft ironique.
2 *Source* eft au figuré : « Voici de quoi nous payer à boire. »

  Ie y trouueroy Martin marchant
  La fourrure en fera gaudie.

GOURNAY

 Ou vas-tu.

MICET

  A la freperie
 Au gibet veulx perdre la vie
 Si ie n'en ay vn grain content
 Gournay que vous ne faurez mie
 Ie ne vous le diray pas pourtant.

GOURNAY

 Or va n'arrefte point beau fire
 Si irons croquer cefte pie.

MICET

 A ce ie ne failliray mie
 Quant ie puis croquer de ce mouft
 Qui me femble de fi bon gouft
 Ie fuis gueri de la pepie
 Ie voys vendre ma marchandife
 Et ne feray pas fi cofnart
 Que ie n'en mette vn grain a part
 De quoy Gournay n'en faura rien
 Et au retourner ie fcay bien
 Ou entre foit en mal an [1]

---

[1] *En mal an, en male eftreine*, expreſſions fréquemment employées au moyen-âge ; on les rencontre à tout inftant dans le théâtre comique.

J'y trouverai le marchand Martin ;
La fourrure en fera (dépenſée) ¹ gaiment.

GOURNAY

Où vas-tu ?

MICET

A la friperie.
(A part.) Que je perde la vie au gibet
Si je n'en ai quelque écu comptant,
Gournay, dont vous ne ſaurez rien.
Je ne vous le dirai pas, certainement.

GOURNAY

Or, va, ne t'arrête pas, beau ſire,
Puis nous irons boire ce bon vin.

MICET

A cela je ne manquerai point ;
Quand je puis boire de ce vin doux,
Qui me ſemble de ſi bon goût,
Je ſuis guéri de la pépie.
(A part.) Je vais vendre ma marchandiſe
Et ne ferai pas ſi nigaud
Que je n'en mette écu à part,
De quoi Gournay ne ſaura rien ;
Et à mon retour je fais bien,
A moins d'être entré en déveine,

---

1 Il faudrait traduire par une locution du bas langage : rincée, nettoyée, mangée gaiment.

Se ie n'ay le georget de Aman
Dont ma feulle fera gaudie
Et les tirandez fur ma vie
Ie le feray & fans mot dire.

. . . .

. . . .

S'il a au doys quelque brocant
Gaultier[1] *en fera foudoie*

. . . .

Se Gournay fauoit la trainee
l'auroie de luy vn tour de pelle[2]

. . . .

Bien gourt me fera ce pourpoint.

GOURNAY

Voullez vous auoir le pourpoint
Ha ha quel vaillant feruiteur
Par tous nos dieux maiftre beffleur
Vous venez à la blefferie
Et cuidez-vous par tromperie
Confoncer cefte aumuce gourde.

. . . .

---

1 *Gaultier* n'eft pas un perfonnage du myftère, c'eft une petite injure amicale que Micet s'adreffe à lui-même. V. au Gloffaire.
2 Allufion à la correction « au cul de la charrette. » Voyez le mot *Pelle* au gloffaire.

Si je n'ai le pourpoint de Aman
Dont ma bande fera réjouie,
Avec les chauffes, fur ma vie!
Je le ferai, & fans mot dire.

A part.

S'il a au doigt quelque bijou
Micet en fera fon profit.

. . . .

Si Gournay connaiffait l'intrigue
J'aurais de lui des coups de pelle.

. . . .

Bien feyant me fera ce pourpoint ¹.

GOURNAY

(*S'apercevant que Micet le veut tromper.*)

Vous voulez avoir le pourpoint?
Ha! ha! quel brave ferviteur!
Par tous nos dieux, maître fourbe,
Vous tournez à la fourberie;
Et croyez-vous, par tromperie,
Vous payer cette riche aumuffe ²?

. . . .

---

1 On peut interpréter : Bien élégant, bien faftueux, etc., me fera ce pourpoint.
2 C'eft la fourrure dont il eft précédemment queftion. (V. *Aumuce* au gloffaire.)

Se deffus euffiez mis la poue
C'eft vn poefon mais quoi il noue
Ne me ionche point quel preudhomme.

(Folio 327 recto.)

COUPLETS DU BOURREAU GOURNAY

ET DE SON VALET MICET [1]

MICET

Je fuis Micet ce gracieux lourdault
Je fuis Micet pour fleftrir d'vn fer chault
Je fuis Micet pour couper vne oreille
Je fuis Micet pour faire vn efchafault
Je fuis Micet qui point ne fe trauaille

---

[1] Ce curieux paffage figure furtout ici pour fervir à la juftification de termes relatés dans les gloffaires. Il fe lit affez facilement dans le texte pour autorifer une traduction libre, afin de rendre avec plus d'exactitude le fens général.

Si deffus aviez mis la patte... [1]
C'eft un poiffon, or donc, il nage [2].
Ne me triche point. Quel honnête homme !

COUPLETS DU BOURREAU GOURNAY
ET DE SON VALET MICET

MICET

Je fuis Micet, ce gracieux lourdaud,
Je fuis Micet, pour marquer au fer chaud [3];
Je fuis Micet, pour couper une oreille [4];
Je fuis Micet, pour conftruire l'échafaud;
Je fuis Micet, qui point ne fe tracaffe;

---

[1] Phrafe menaçante inachevée.
[2] Ce vers n'aurait aucun fens s'il n'était deftiné à amener de mauvais jeux de mots sur *poiffon* (maquereau, fouteneur de filles) et *nouer*, nager, et auffi : mettre à nu, defnuer, dépouiller.
[3] V. *Saulconduyt.*
[4] Punition infligée aux voleurs. V. *Ances, Efforer* au Gloffaire de Villon.

Ie fuis Micet qui iamais ne fommeille
Ie fuis Micet bateur fur les carreaux
Ie fuis Micet qui a mal s'aparaille
Ie fuis Micet le varlet des bourreaux.

GOURNAY

Ie fuis Gournay ouurier efpeciaulx
Ie fuis Gournay a la haulte œuure faire
Ie fuis Gournay qui ay fais mains affaulx
Ie fuis Gournay pour pendre a ung gibet
Ie fuis Gournay ou beffleur vont d'aguet
Ie fuis Gournay pour couper vne tefte
Ie fuis Gournay pour les brigans d'aguet
Ie fuis Gournay ou n'a nulle conquefte
Ie fuis Gournay qui fais fouldre & tempefte
Ie fuis Gournay pour bouillir & ardoir
Ie fuis Gournay qui de mal maine fefte
Ie fuis Gournay pillorieux de voir
Dont maint homme n'eft guiere refiouy.

Je fuis Micet, qui jamais ne s'endort ;
Je fuis Micet, qui fuftige aux carrefours ¹ ;
Je fuis Micet, qui fe complaît au mal ;
Je fuis Micet, le valet des bourreaux.

GOURNAY

Je fuis Gournay, un artifte en fon genre ;
Je fuis Gournay, chargé des hautes œuvres ;
Je fuis Gournay, expert en tous fupplices ;
Je fuis Gournay, pour pendre à son gibet ;
Je fuis Gournay, guetté par les coquins ;
Je fuis Gournay, pour couper une tête ;
Je fuis Gournay, au guet fur les brigands ;
Je fuis Gournay, que rien ne fait fléchir ;
Je fuis Gournay, qui fait foudre & tempête ;
Je fuis Gournay, pour bouillir & brûler ² ;
Je fuis Gournay, qui du mal fe réjouit ;
Je fuis Gournay, le vrai pillorieux ³ ;
Dont nul homme ne s'avife de rire.

---

1 Pour quelques détails fur cette correction, V. le mot *Pelle*.
2 *Bouillir*, supplice réfervé aux faux-monnayeurs. V. *Arderie* au Gloffaire de Villon.
3 Celui qui expofe au pilori. On trouvera au Gloffaire un exemple du verbe *pillorier*, tiré de la *Farce de Pathelin*.

LES ACTES DES APOTRES

PAR ARNOUL ET SIMON GRÉBAN

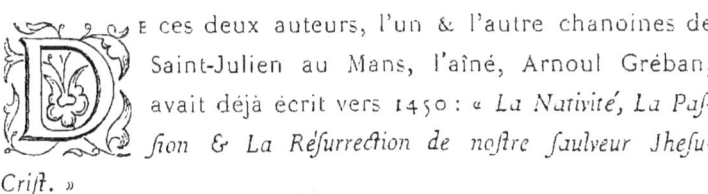E ces deux auteurs, l'un & l'autre chanoines de Saint-Julien au Mans, l'aîné, Arnoul Gréban, avait déjà écrit vers 1450 : « *La Nativité, La Paſ- fion & La Réſurrection de noſtre ſaulveur Jheſu- Criſt.* »

Les Actes des Apôtres furent compoſés, croit-on, vers 1460. Ces deux ouvrages font de véritables monuments de notre littérature, et la renommée de leurs auteurs fut longtemps brillante.

Clément Marot nous en a laiſſé le témoignage :

Les deux Grébans ont Le Mans honoré...
Épigramme CLXXV à Salel.

Les deux Grébans au bien réfonnant ftyle...
Complainéte v, vers 41.

Auffi doit-on fuppofer que fi ces lettrés corrects ont introduit dans leur œuvre quelques parcelles de jargon, c'eft uniquement pour fatisfaire à une mode, à un goût particulier du public.

Parfois de bien curieufes expreffions fe rencontrent fous leur plume ; on en trouvera quelques-unes recueillies comme exemples parmi les 61,908 vers du miftère. L'un des 494 perfonnages, un diable, fe nomme Pantagruel.

Les feules éditions connues font :

1538. — Paris. — Nicolas Couteau pour Guill. Alabat.

1540. — Paris. — Les frères Angeliers, 2 vol. in-4° gothiq.

1541. — Paris. — Les mêmes, deuxième édition à laquelle eft jointe l'Apocalypfe Saint-Jean Zébédée, de Loys Choquet.

(*Hiftoire du Théâtre en France*. T. I, 262, 276 et T. II, 461. — V. aussi l'*Hiftoire du Théâtre François,* par les frères Parfaiét, Tome II, pages 343-416.)

LES
ACTES DES APOTRES

(Tiers Livre, folio CVII, verso, édition de 1540.)

LE PRÉVOST, GRIFFON & AGRIPPART, TYRANS

GRIFFON

Et s'on le trouue aucunement
Voulez-vous pas qu'on le tue.

LE PREVOST

Nenny non amenez-le en mue
Ceans dedans cette baſſe foſſe.

AGRIPPART

Rauault [1] *broura ſur ſon endoſſe*
Entendez-vous bien mon gougeon.

GRIFFON

Qu'eſt-ce cy vous parlez iargon
Maiſtre Agrippart.

---

[1] La reproduction de ce paſſage, donné par M. Fr. Michel ſur l'édition de 1541, porte : *Braybaut*, au lieu de *Rauault*.

LES

ACTES DES APOTRES

LE PRÉVOT, GRIFFON & AGRIPPART, TYRANS

GRIFFON

Et fi on le trouve aucunement
Voulez-vous pas qu'on le tue ?

LE PRÉVOT

Non pas, amenez-le en cage,
Céans, dedans cette baffe-foffe.

AGRIPPART

Mon baton Ravault s'abattra fur fon dos[1],
Entendez-vous bien, fils de gouge ?

GRIFFON

Qu'eft-ceci ? vous parlez jargon,
Maître Agrippart ?

---

[1] *Ravault* eft un vieux mot français fignifiant *perche, gaule*. C'eft ici le nom de guerre donné par Agrippart à fon gourdin.

(Scène des Béliſtres, folio CXXI, verſo.)

MAUDUYT, PREMIER POVRE ; TOULIFAUT, DEUXIÈME POVRE, & TROUILLART, TROISIÈME POVRE.

TOUTLIFAUT

*Qui a plus d'vne legion
De métal qui ſoubz l'ongle croque*

. . . .

*C'eſt vous dit-on ung eſpicier
Il ne maine autre marchandiſe.*

MAUDUYT

*Il y pert bien à ſa chemiſe
Elle eſt plus iaune que haran.*

. . . .

TOUTLIFAUT

Tu es bien mince de pecune.

. . . .

TROUILLARD

*Ce fut à la beliſtre
Quant moy & ta fille Maunette*

(Scène des Gueux ou Béliftres.)

MAUDUYT, premier pauvre; TOULIFAUT, deuxième pauvre, & TROUILLART, le troisième pauvre.

TOUTLIFAUT

Qui a plus d'une légion
De vermine, puces & poux.
. . . .
C'eft, vous dit-on, un épicier;
Il ne mène autre marchandife.

MAUDUYT

Il y parait à fa chemife
Elle eft plus jaune que hareng.
. . . .

TOUTLIFAUT

Tu es bien pauvre d'argent.
. . . .

TROUILLARD

Ce fut à la fête des gueux,
Quand moi & ta fille Maunette

Allions ronfler ¹ *l'efguillette*
A la bifette de l'autonne.

TOUTLIFAUT

S'il eft vray ce qu'il me iargonne
Enfin nous trouuerons parens.

. . . .

TROUILLARD

Quant nous gouffames les harans
Que nous trouuafmes au caignard

. . . .

Comment auez-vous tant rifflé
Sans mettre vn lopin en referue.

MAUDUYT

Efcoutez comment il enterue.

(Folio CLXXII, verfo)

AGRIPPART

Car ie mourroye d'auarice
S'il falloit qu'auiourd'huy perdiffe
Le moulle de mon chapperon ².

---

1 La reproduction de l'édition de 1541, dans la *Philologie de l'argot* de M. Fr. Michel, porte : *jouer à l'efguilette* au lieu de : *ronfler*. Le fens eft exactement le même ; le ronfle était un jeu très répandu.
2 Cette image fe retrouve dans la *Vie de Saint Chriftophe*. (V *Moulle*.)

Allions jouer à l'efguillette [1]
Au temps de bife de l'automne.

TOUTLIFAUT

Si ce qu'il me jargonne eft vrai,
Enfin nous trouverons mari.

. . . .

TROUILLART

Quand nous goinfrâmes les harengs
Que nous trouvâmes au cagnard [2].

. . . .

Comment avez-vous tant avalé
Sans mettre un morceau en réferve ?

MAUDUYT

Écoutez, comment il comprend!

AGRIPPART *(menacé d'être décapité.)*

Car je mourrais d'avarice,
S'il fallait qu'aujourd'hui perdiffe
Le moule de ma coiffure (la tête).

---

[1] Locution érotique. V. *Efguillette*.
[2] *Cagnard*, lieu de réunion des gueux, des gens de mauvaife vie, particulièrement à Paris, Voy. au Gloffaire.

(Folio CLXXXVII.)

ALEXANDRE

Sus paillards prenez vos baſtons
Et laiſſez ce debat eſter...

GRIFFON

Si l'on exerce la iuſtice
Ie vous recommande Griffon.

ALEXANDRE

En avant! paillards, prenez vos armes [1]
Et laiffez ce débat venir devant le juge [2].

GRIFFON

Si l'on exerce la juftice,
Je vous recommande Griffon.

---

[1] *Baftons*, fe difait de toutes les armes portatives.
[2] *Efter* eft encore un terme de Palais : Comparaître, fe préfenter devant la juftice. Autrefois il avait le fens plus étendu, & fignifiait auffi : plaider pour foi.

LE MISTÉRE DE

LA PASSION JESU-CRIST

DE JEAN MICHEL

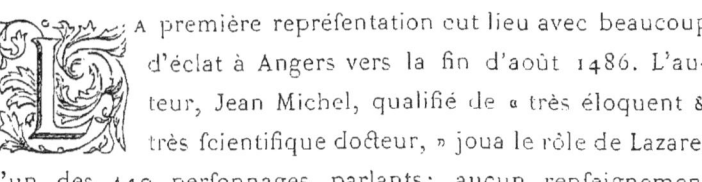A première repréfentation eut lieu avec beaucoup d'éclat à Angers vers la fin d'août 1486. L'auteur, Jean Michel, qualifié de « très éloquent & très fcientifique docteur, » joua le rôle de Lazare, l'un des 140 perfonnages parlants; aucun renfeignement certain ne nous eft parvenu fur fon individualité.

Cet ouvrage de 30,000 vers environ, eft une imitation fouvent heureufe du *Miftère de la Paffion*, d'Arnoul Gréban. Imprimé dès 1490, il eut de nombreufes éditions tant que dura le goût du public pour cette forme du théâtre, c'eſt-à-dire juſqu'au milieu du xvıᵉ ſiècle. *(Hiſtoire du Théâtre en France*, T. I, 324 et T. II, 437.)

Les extraits ſuivants ont été pris ſur le bel exemplaire d'Antoine Vérard 1499, in-fᵒ gothique à deux colonnes, appartenant à la Bibliothèque Nationale. La ſcène principale, celle des « *Sergents de Pilate, de Anne & de Caïphe,* » nous montre, ſous l'habit des gardes qui mettront la couronne d'épines, conduiront le Chriſt au calvaire, etc., de véritables bandits ou *feuillarts* du xvᵉ ſiècle. Eux-mêmes ſe qualifient de *ſoudards* à la fin de la ſcène, & l'énumération de leurs armes complète l'anachroniſme. (V. *Feullade, Verdis).*

Les audacieux méfaits de ces bandes étaient une des grandes préoccupations de l'ardent public des miſtères. La *Vie de Saint-Chriſtophe* nous offrira un exemple encore plus marqué.

LA PASSION IESV-CRIST

(Première Journée, 4ᵉ Feuillet après Biiii.)

Puisqu'il ny a ne gaing ne pluc
Les dyables demourront en cruc
Ia n'y brouray dessus la pleine ¹

(Même Feuillet.)

Si i'eusse eu quelque paillardaille
A decapiter ou a pendre
Il y eust eu au mains a prendre
Quelque endosse pour les despens.

(Troisième Journée, 3ᵉ Feuillet après Liiii.)

« Ycy viengnent les quatre sergens de Pilate aux sergens de Anne &
de Cayphe & les autres se vont armer. »

GRIFFON

Dieu gard les gueux de fier plumaige
Comme se compassent millours.

---

1 Mot à mot : *Maintenant n'y marcherai sur la plaine.*

LA PASSION JESU-CHRIST

Colloque entre les tyrans ou valets du bourreau.

Puifqu'il n'y a ni gain ni butin,
Les pendus refteront au crochet;
Je ne me dérangerai pas maintenant.

. . . .

Si j'euffe eu quelque canaille
A décapiter ou à pendre,
Il y eût eu au moins à prendre
Quelque vêtement pour nos dépens.

GRIFFON, DRAGON, BRAYART, GADIFER,
ORILLART, CLAQUEDENT, MALCHUS,
ROULLART, DENTART, BRUYANT,
Sergents de Pilate, de Anne et de Caïphe.

GRIFFON

Que Dieu garde les gueux au fier plumage[1] !
Comment fe comportent meffeigneurs?

---

[1] Allufion probable à la branche de houx portée au chapeau par les bandits ou feuillars. (V. *Verdis*.)

DRAGON

Eſtoffes mouſſus ſains drus gours.

BRAYART

Ou brouent-ilz preſent ſur la ſorne.

GADIFER

Nous allons donner ſur la corne
A quelque duppe.

ORILLART

Eſt-il hauſſaire.

CLAQUEDENT

Eſt-il gourt.

MALCHUS

Mais mince de caire
Il n'a tirandes ne endoſſe
Aubert temple ne pain ne poulce ¹
Le marmoyn eſt tout a ſec.

ROULLART

Nous y allons luer au bec
Pour le vendenger a l'effray.

---

1 La traduction de : *temple*, par : *bijoux*, eſt douteuſe.

DRAGON

Bien vêtus, plantureux, fains, difpos, riches,

BRAYART

Où vont-ils maintenant à la brune?

GADIFER

Nous allons donner fur le crâne
A un prifonnier.

ORILLART

Eft-il faftueux?

CLAQUEDENT

Eft-il élégant?

MALCHUS

Au contraire, pauvre de mine ;
Il n'a chauffes ni manteau,
Argent, bijoux, rien à manger ni à boire [1].
Le vilain finge eft tout à fec.

ROULLART

Nous allons y faire attention
Pour le dépouiller en l'effrayant.

---

1 Mot à mot : *Ni pain, ni la plus petite mefure de boiffon.*

GRIFFON

Et d'eſtoffe pour le deffray [1]
Qui en fonce.

DENTART

Oui les millours.

BRAYART

Son proces va donc a rebours [2]
S'il eſt grup.

ORILLART

Deuant qu'on ſi ſoulle
Les gros fonceront a la foulle
Et force d'auber grupperon.

CLAQUEDENT

Nous mouldrons franc & ſi aron
Pain a paulme pour les ſouldards.

BRUYANT

Larges partiſanes & dars
Arbaleſtes & cranequins

---

1 *Eſtoffe* eſt ici au figuré.
2 *Son procès va donc à rebours*, c'eſt-à-dire : commencera par l'exécution, fera bientôt fait.

GRIFFON

Et de quoi nous défrayer.
Qui le fournira?

DENTART

Vraiment, les richards.

BRAYART

Son procès fera bientôt fait,
S'il eft empoigné.

ORILLART

Avant qu'on foit raffafié
Les écus fourniront à nos poches,
Et force argent empoignerons.

CLAQUEDENT

Nous moudrons fans impôt, & ainfi aurons ¹
Pain en main pour les foudards.

BRUYANT

(Prenez) larges pertuifanes & dards,
Arbalètes & crenequins ²,

---

1 Allufion au droit de moûture. Ces deux vers font au figuré.
2 *Crenequins* ou *cranequins*, pièces en forme de pied de biche pour bander les fortes arbalètes. Le cranequinier était un arbalétrier à cheval.

*Ars a ialetz & ars turquins
Et vous en venez quant & nous.*

(Quatrième Journée, verſo du feuillet avant Jiii.)

*Ne te laiſſe point vendenger
Si tu as pain aubert ne pluc.*

(Même feuillet.)

*Puiſque tu as tant attendu
Il ne te faut qu'vne cornette
De beau chanure ronde & eſtroite
Pour te couvrir vn peu le col.*

Arcs à galets & arcs turquois [1],
Et vous en venez avec nous.

Scène devant Pilate.

Ne te laiffe pas dépouiller
Si tu as pain, argent, ou butin.

. . . .

Dans ces vers, *cornette* fert à défigner la corde de la potence. Villon l'appelle : *cornette court* dans la Bal. nouvelle, vers 5.

---

[1] *Arc à galets*, arbalète qui lançait de groffes balles, des jalets ou galets. — *Arc turquois*, ou de Turquie, de la forme de celui repréfenté entre les mains de l'Amour :

> *Ie vy qu'il portoit des ailes,
> Dans la main vn arc Turquois,
> Et fous l'aiffelle vn carquois.*

(Ronfard, édition Lemerre, T. II, 215.)

LA

VIE DE SAINT CHRISTOPHE

Joué à Grenoble, le 9 juin 1527, ce curieux miſtère n'a encore eu qu'une ſeule édition, due à la libéralité d'un riche citoyen de cette ville. La rubrique en eſt ainſi conçue :

« S'enſuyt la vie de ſainct Chriſtofle élégamment compoſée
« en rime françoiſe & par perſonnages, par maiſtre Chevalet,
« iadis ſouuerain maiſtre en telle compoſiture. Imprimé à
« Grenoble le vingt huit de januier, l'an comptant à la nati-
« vité de Noſtre Seigneur mil cinq cens trente, au deſpens de
« maiſtre Anemond Amalberti, citoyen de Grenoble. » In-4°, environ 20,000 vers.

La liſte des cent-vingt perſonnages commence par l'empereur Dioclétien ; elle préſente le mélange le plus bizarre : Tribolet, meſſager ; le fol ; la folle ; Landureau, vilain ; la vieille Landurée; le roy de Damas; Cornugant, premier chevalier; le fenefchal; Brandifert, capitaine; Noftre Dame; Dieu; Blandureau, efcuyer; Morgalant, bourreau; Lucifer; Sathan; Proferpine; Clarmonde, damoyfelle; le prince de Souyffe; Yftrigon, fouyffe; le duc d'Albany; Antropatos, preftre; Mauloué, bafteleur; Sainct Chiftofle; Dieu le petit; l'âme de Sainct Chriftofle; Jacotin, tavernier; & les quatre tyrans ou foudards dont on trouve plus loin les noms dans la longue fcène de la première journée.

Ces derniers acteurs revenaient fouvent devant le public, au cours des quatre journées néceffaires à la repréfentation, l'élément comique étant fort développé dans cet ouvrage; leur dialogue contient prefque toujours quelques mots de jargon, répétition de ceux déjà connus. Maiftre Chevalet paraît avoir puifé dans les ballades de Villon, pour renforcer fa connaiffance de ce langage, probablement peu répandu à Vienne (Dauphiné), réfidence habituelle du poète.

LA VIE DE SAINT CHRISTOPHE

BARRAQUIN, BRANDIMAS.

BARRAQUIN *(premier tyrant.)*

He chouq plais Dieu & qu'esche chy [1]
N'aray-ie iamais de l'aubert
Ie suis en ce boys tout transy
Donc i'ay fait endosse de vert [2]
Ie porte le cul descouuert
Mes tirandes sont desquirees
Les passans rompus il y pert
Et porte la lyme nouee.

BRANDIMAS *(deuxiesme tyrant.)*

Tous mes grains ont pris la brouee
Cap de Dio tout est despendu

---

1 Barraquin a, par moments, l'accent picard.
2 Au figuré, pour : Je me suis réfugié sous la feuillée. Il y a ici un jeu de mots probable avec *vair*, fourrure recherchée.

LA VIE DE SAINT CHRISTOPHE

BARRAQUIN, BRANDIMAS,
Premier & deuxième tyrants ou foudards.

BARRAQUIN *(arrive & s'adreffe au public.)*

Ha ! qu'à Dieu plaife ! Qu'eft ceci ?
N'aurai-je jamais d'argent ?
Je fuis en ce bois tout tranfi,
Car je me fuis vêtu de verdure :
Je porte le cul découvert,
Mes chauffes font déchirées,
Les paffants rompus y paraiffent [1]
Et je porte la chemife nouée [2].

BRANDIMAS *(de même.)*

Tous mes écus ont pris la fuite,
Tête Dieu ! tout eft dépenfé :

---

1 *Paffants* ou anneaux de la boucle de ceinture.
2 *Chemife nouée*, figne de la mifère. (V. *Lyme* au gloffaire.)

*J'ay mon arbalefte flouee
Et le galier pieça vendu
Le ront eft pelé & tondu* [1]
*Mon comble eft a la tatiere
Or ay que ne fuis le pendu
Mon ieorget n'a piece entiere.*

BARRAQUIN *(affaillant.)*

Demeure.

BRANDIMAS *(defendant.)*

Tire-toy arriere.

BARRAQUIN

A mort ribault.

BRANDIMAS

Rien de la main.

BARRAQUIN

Ha crapaudeau.

BRANDIMAS

Fils de loudiere.

BARRAQUIN

Demeure.

---

1 *Ront* eft à traduire : *chapeau de feutre*, par allufion à fa forme & à fon pelage.

J'ai mon arbalète perdue au jeu
Et le chéval déjà vendu ;
Le chapeau eſt pelé & tondu,
Mon avoine eſt au cabaret,
Il ne me manque que d'être pendu ;
Mon jaque n'a pièce entière [1].

BARRAQUIN *(apercevant Brandimas, l'aſſaille ; pendant le dialogue qui ſuit, ils prenaient probablement des poſes d'eſcrime.)*

Reſte ici.

BRANDIMAS *(ſe défendant.)*

Recule-toi.

BARRAQUIN

A mort, vaurien !

BRANDIMAS

Rien de la main [2].

BARRAQUIN

Ha! vilain crapaud !

BRANDIMAS

Fils de coureuſe !

BARRAQUIN

Reſte ici.

---

[1] *Jaque* ou *jaquette,* vêtement de deſſus des hommes de guerre, le plus ſouvent en peau de cerf.
[2] Peut-être une locution d'eſcrime, ou ſimplement : *(Je ne donne) pas la main.*

BRANDIMAS

Tire-toy arriere.

BARRAQUIN

Quel mynois.

BRANDIMAS

Quelle fiere maniere.

BARRAQUIN

Es-tu narquin.

BRANDIMAS

Ouy compain.

BARRAQUIN

Demeure.

BRANDIMAS

Tire-toy arriere.

BARRAQUIN

A moy ribault.

BRANDIMAS

Rien de la main.

BARRAQUIN

Broues-tu,

BRANDIMAS

Recule-toi.

BARRAQUIN

Quelle tête !

BRANDIMAS

Quel air arrogant !

BARRAQUIN

Es-tu gueux ? soudard ?

BRANDIMAS

Oui, compagnon.

BARRAQUIN

Refte ici.

BRANDIMAS

Recule-toi.

BARRAQUIN

Viens à moi, ribaud.

BRANDIMAS

Rien de la main.

BARRAQUIN

Fuis-tu ?

BRANDIMAS

Ie cours le terrain.

BARRAQUIN

Ou vas-tu.

BRANDIMAS

A mon aduenture.

BARRAQUIN

Tu es deſchiré.

BRANDIMAS

*Tout a plain
De dormir veſtu ſur la dure.*

BARRAQUIN

*Et par Iuppiter ie te iure
Que i'en ay de meſme que ty.*

BRANDIMAS

Tout vng.

BARRAQUIN

N'ayez paour.

BRANDIMAS

Ie t'aſſeure.

BRANDIMAS
Je parcours le pays.

BARRAQUIN
Où vas-tu?

BRANDIMAS
A l'aventure.

BARRAQUIN
Tu es déguenillé.

BRANDIMAS
Complètement,
De dormir vêtu fur la terre.

BARRAQUIN
Et, par Jupiter! je te jure
Que je fuis de même que toi.

BRANDIMAS
Tout pareil.

(Ils fe rapprochent.)

BARRAQUIN
N'ayez peur.

BRANDIMAS
Raffure-toi.

BARRAQUIN

Me recognoys-tu pas.

BRANDIMAS

Nenny.

BARRAQUIN

Gaulthier ou as-tu tant dormy.

BRANDIMAS

He gueux aduance moi la poue.

BARRAQUIN

Es-tu la he hau chardemy.

BRANDIMAS

Il eft bien force que l'on floue.

BARRAQUIN

Ou eft arquin[1]*.*

BRANDIMAS

*Il fait la moue
A la lune.*

BARRAQUIN

Eft-il au iuc.

---

1 Cet ami Arquin ne figure pas dans le miftère.

BARRAQUIN

Me reconnais-tu pas?

BRANDIMAS

Nenni.

BARRAQUIN *(examinant les guenilles de Brandimas.)*

Gaulthier, où as-tu tant dormi [1]?

BRANDIMAS

Eh! gueux! donne-moi la main.

BARRAQUIN

Eſt-ce bien toi, He hau! chair de moi!

BRANDIMAS

On eſt bien forcé de flouer.

BARRAQUIN

Où eſt Arquin?

BRANDIMAS

Il fait la moue

A la lune [2].

BARRAQUIN

Eſt-il au gibet?

---

[1] *Gaulthier* eſt une injure amicale. (V. au gloſſaire.)
[2] Sur la roue, le fupplicié agoniſait la face tournée vers le ciel. (V. *Moue.*)

BRANDIMAS

Il fuſt gruppe & mis en roue
Par deffault d'vn allegruc.

BARRAQUIN

Et toy.

BRANDIMAS

J'eus longuement le pluc
De pain & d'eau tenant aux geƈtz.

BARRAQUIN

Comment eſchappas-tu.

BRANDIMAS

Ce fut
Pour vne ance & l'eſparge.

BARRAQUIN

Le rouaſtre & ſes ſubieƈtz
Me mirent aux coffres maſſis.
Par les pieds tenant aux gros ſeptz.

BRANDIMAS

Y couchas-tu.

BRANDIMAS

Il fut empoigné & mis sur la roue
A défaut d'une potence.

BARRAQUIN

Et toi ?

BRANDIMAS

J'eus longtemps pitance
De pain & d'eau, tenu aux chaînes.

BARRAQUIN

Comment échappas-tu ?

BRANDIMAS *(continuant son récit sans répondre à la question.)*

Ce fut
Pour un bénitier & le goupillon.

BARRAQUIN

Le Prévot & ses sergents
Me mirent aux cachots massifs
Par les pieds tenant aux gros fers.

BRANDIMAS

Y couchas-tu ?

BARRAQUIN

l'eſtois aſſis [1]
Quant ce vint entre cinq & ſix
Dedans les ſeptz laiſſay ma guétre
Et de paour d'eſtre circoncis
Des ances ſaultay la feneſtre.

BRANDIMAS

Cela fuſt bien vng tour de maiſtre.

BARRAQUIN

Pourquoi.

BRANDIMAS

He poure berouart
Ta ſentence eſtoit ia preſte
L'on n'atendoit que le telart
Pour te pendre hault comme vng lart
Nonobſtant tout ton babinage.

BARRAQUIN

Ie m'en brouay au gourdpiard.

BRANDIMAS

Et ie demouray au paſſage.

---

1 Cette rime de *ſix* avec *aſſis*, l'expreſſion : *circoncis des ances*, ainſi que *coffres maſſis, berouart, mathegaudie*, etc., etc., tirés de la première ball. de Villon, ſemblent bien indiquer que maiſtre Chevalet avait le Jargon du poète, ou devant les yeux, ou fixé dans la mémoire.

BARRAQUIN

J'étais affis ;
Quand il fut entre cinq & fix heures
Dans les fers je laiffai ma guêtre,
Et, de peur d'être circoncis [1]
Des oreilles, fautai la fenêtre.

BRANDIMAS

Ce fut un coup de maître.

BARRAQUIN

Pourquoi?

BRANDIMAS

Eh! pauvre diable [2] !
La fentence était déjà prête ;
L'on n'attendait que le pendeur [3]
Pour te pendre haut comme lard,
Malgré tout ton babillage.

BARRAQUIN

Je m'en allai au cabaret.

BRANDIMAS

Et je reftai au paffage.

---

[1] Ou : *châtré des oreilles,* allufion à la peine de l'efforillement. — (V. *Ance* & *Efforer* au gloffaire de Villon.)
[2] *Berouart* ne fignifie pas: *diable.* C'eft ici une injure amicale, comme : *pauvre diable.* (V. au gloffaire de Villon, les divers effais de traduction.)
[3] *Telart* ou *tòllart,* bourreau, s'applique feulement à celui qui pend.

BARRAQUIN

l'eschaquay.

BRANDIMAS

Et i'estois en cage[1].

BARRAQUIN

Ie pietonnoy toute la nuict.

BRANDIMAS

Et lamboureur pour tout potage
Me mist dehors par faulconduyt
A torches de fer.

BARRAQUIN

Quel desduit.

BRANDIMAS

Tousiours quant la guerre est finée
L'on trouueroit du pain mal cuyt
Ains que nous vne fournée.

BARRAQUIN

Embuschons-nous soubz la feullée
Pour attendre quelque syrois.

---

1 Conf. le passage des *Actes des Apotres*, pages 256-257, et la *Vie de Saint Christophe*, pages 310-311.

BARRAQUIN

J'échappai.

BRANDIMAS

Et j'étais en cage.

BARRAQUIN

Je courus toute la nuit.

BRANDIMAS

Et Lamboureux pour tout potage [1]
Me mit dehors avec un paſſeport
Au fer rouge [2].

BARRAQUIN

Quel agrément !

BRANDIMAS

Toujours, quand la guerre eſt terminée,
Soudards trouvent du pain mal cuit
Plus souvent que bonne fournée.

BARRAQUIN

Embuſquons-nous ſous le bois
Pour attendre quelque perſonnage.

---

[1] *Lamboureux*, ſurnom du bourreau dans les ball. de Villon.
[2] La marque au fer rouge. (V. *Saulconduyt.*)

BRANDIMAS

S'il avoit des grains à l'emblée
On luy raferoit le mynois.

. . . .

BARRAQUIN, BRANDIMAS, FREMINAUD,
troifiefme tyrant, ALIBRAQUIN, *quatriefme tyrant* [1].

BARRAQUIN

Brandimas voicy des marchans
Il eft force qu'on les affaille.

BRANDIMAS

Quelz marchans ce font deux mefchans
Qui ne vallent pas vne maille.

BARRAQUIN

Sont ilz affranchis de la taille.

---

[1] La première partie de cette fcène ne contenant pas de termes jargonnefques, je l'ai fupprimée ici malgré fon intérêt particulier. On la trouvera dans la Notice de *Rabelais, Trois Difcours & un Quatrain traduits & expliqués pour la première fois* (A. Lemerre). où elle eft citée comme exemple de l'introduction des langues étrangères & des patois dans les œuvres comiques de cette époque.

BRANDIMAS

S'il avait des écus à enlever
On lui raferait le minois.

. . . .

BARRAQUIN, BRANDIMAS, FREMINAUD,
ALIBRAQUIN [1].

Barraquin & Brandimas aperçoivent les nouveaux arrivants, & le dialogue reprend entre eux.

BARRAQUIN

Brandimas! voici des marchands,
Il nous faut les affaillir.

BRANDIMAS

Cela, des marchands? Ce font deux pauvres diables
Qui ne valent pas une maille [2].

BARRAQUIN

Sont-ils affranchis de la taille [3]?

---

[1] *Lorfque Freminaud & Alibraquin entrent en fcène, l'un baragouine de l'allemand corrompu mêlé au français, l'autre du français italianifé; la fcène continue enfuite en langage populaire. Ces quatre nationalités des tyrants (Picard, Gafcon, Allemand, Italien) ne font plus obfervées dans les autres fcènes du miftère.*

[2] Monnaie de très minime valeur.

[3] L'impôt de la taille. (Voy. au gloffaire.) Le foudard s'informe ici de leur fituation de fortune.

BRANDIMAS

L'on cognoit a leur haucqueton
Que ce ne font que quoquinaille
Qui n'ont pas vaillant vng bouton.

BARRAQUIN

L'vng porte la peau d'vng mouton
Et fa picque comme vne brode.

BRANDIMAS

Et l'aultre mynce de coton
Eft lombard regardez fa mode[1].

BARRAQUIN

Leurs foliers font liez de corde.

BRANDIMAS

Ils font pendans comme clabaulx
. . . .
. . . .
. . . . . . *L'habillement*
Monftre que c'eft vng vray droncart.

BARRAQUIN

Et ceftuy-cy.

---

1 On trouvera à la page fuivante les derniers mots italiens mis dans la bouche d'Alibraquin : *flare, meffere cy* (pour *fi*).

BRANDIMAS

On voit bien à leur hoqueton [1]
Que ce ne font que des coquins
Qui n'ont pas vaillant un bouton.

BARRAQUIN

L'un porte une peau de mouton
Et fa pique comme un lâche [2].

BBANDIMAS

Et l'autre, pauvre de linge,
Eft Lombard, regardez fa tournure.

BARRAQUIN

Leurs fouliers font liés de corde.

BRANDIMAS

Ils font pendants comme oreilles de clabauds [3].
. . . .
. . . .
. . . . L'habillement
Montre que c'eft un vrai ivrogne.

BARRAQUIN

Et celui-ci.

---

1 Sorte de cafaque des archers.
2 Ou : *comme une gourgandine*.
3 Chiens de chaffe.

BRANDIMAS

Par mon ferment
Ie le iuge eftre lombart.

ALIBRAQUIN

Laiffe me ftare.

BARRAQUIN

A coquart.

BRANDIMAS

N'eft-il pas vray.

ALIBRAQUIN

Meffere cy.

BRANDIMAS

Ne vous tirez point a l'efcart.

BARRAQUIN

N'ayez paour.

BRANDIMAS

Demourez icy.

BARRAQUIN

Ce font blefleurs.

BRANDIMAS

Il eft ainfi.

BRANDIMAS

Par mon ferment
Je le juge être Lombard.

ALIBRAQUIN

Laiſſe-moi tranquille !

BARRAQUIN

Ha ! nigaud !

BRANDIMAS

N'eſt-il pas vrai?

ALIBRAQUIN

Oui, meſſire.

BRANDIMAS

Ne vous retirez pas à l'écart.

BARRAQUIN

N'ayez peur.

BRANDIMAS

Reſtez ici.

BARRAQUIN *(à Brandimas.)*

Ce font des fourbes.

BRANDIMAS *(à Barraquin.)*

C'eſt certain.

BARRAQUIN

Narquins.

BRANDIMAS

De ſi pres echiques
Que leur habit eſt tout tranſſy
Et ſont comme nous desbiffez.

BARRAQUIN

Ie cognois a leurs eſtiquetz
En effet qu'il n'y a que mordre.

BRANDIMAS

L'on vous poindra ſi vous picquez.

BARRAQUIN

Approuchez vous eſtes de l'ordre
Et penſons comme nous reſſourdre
Pour brouer ſur le hault verdis.

FREMINAUD

Nous ne ſçavons plus quel boys tordre [1].

ALIBRAQUIN

La guerre nous a deſgourdis [2].

---

1 Il faut expliquer *tordre* par *preſſurer* pour arriver au ſens *exploiter*.
2 *Deſgourdis* eſt ici l'oppoſé de *gourdis*, enrichis. Exactement : *déſenrichis*.

BARRAQUIN

Des coquins.

BRANDIMAS

Déchirés de si près
Que leur habit est tout transpercé ;
Ils sont comme nous dépenaillés.

BARRAQUIN

Je vois bien à leurs étiquettes [1]
En effet, qu'il n'y a rien à mordre.

BRANDIMAS (à Freminaud & Alibraquin.)

L'on vous piquera si vous piquez.

BARRAQUIN (de même.)

Approchez, vous êtes des nôtres [2],
Et pensons ensemble surgir de nouveau
Pour avancer, la branche verte au chapeau.

FREMINAUD

Nous ne savons plus quel bois exploiter.

ALIBRAQUIN

La guerre nous a appauvris.

---

1 *Etiquettes* s'entendait alors de la suscription des sacs de procédure : *est hic quæstio*, là est la question. Ce n'est pas ici « étiquette » dans le sens moderne de : cérémonial.
2 *Vous êtes de l'ordre des feuillarts*, vous êtes des nôtres.

BRANDIMAS

Il faut que l'on y remedie.

FREMINAUD

Allons nous en comme eſtourdis
Tout droit a la mathegaudie.

BARRAQUIN

Va va ie feray la landie [1]
Ta mère.

BRANDIMAS

Nous irons aux changes.

BARRAQUIN

As-tu de l'or teſte etourdie.

BRANDIMAS

Nous en aurons a ſes vendanges.

ALIBRAQUIN

Se le rouaſtre & ſes anges
Nous trouoit a la gourdepie.

BARRAQUIN

Ils nous menroient a double renge
Liez pour faire l'accropie.

---

1 Voyez *Landie* au Gloſſaire. Cette injure obſcène n'était pas traduiſible exactement.

BRANDIMAS

Il faut que l'on y remédie.

FREMINAUD

Allons-nous-en, comme des étourdis
Tout droit à la prison[1].

BARRAQUIN

Va, va! je ferai catin
Ta mère.

BRANDIMAS

Nous irons aux boutiques de change.

BARRAQUIN

As-tu de l'or, tête folle?

BRANDIMAS

Nous en aurons à ces (prochains) vols.

ALIBRAQUIN

Si le prévôt & ses sergents
Nous trouvaient au cabaret...

BARRAQUIN

Ils nous mèneraient deux à deux
Liés, pour être claquemurés.

---

[1] Freminaud ne se voit plus d'autre ressource. *Mathegaudie*, prison, est tiré du jargon de Villon.

BRANDIMAS

Il vault trop mieux que l'on espie
Vn bon marchant & qu'on le guette.

FREMINAUD

Mais le prendre a la pepie
Pour lui empoigner sa bougette.

ALIBRAQUIN

Embuschons nous cy.

BARRAQUIN

     Qu'on s'i mette
Et que quelc'un d'entre nous aille
Pour nous apporter sans brouette
Pain & vin & autre victuaille.

. . . .

(Première journée, feuillet Eiiii, verso & suiv.)

BARRAQUIN, BRANDIMAS, FREMINAUD,
ALIBRAQUIN.

BARRAQUIN

A par tous noz dieux voicy rage
Pour poures gallans morfondus

BRANDIMAS

Il vaut bien mieux que l'on épie
Un bon marchand, & qu'on le guette.

FREMINAUD

Mais le prendre à la gorge
Pour lui empoigner fa valife.

ALIBRAQUIN

Embufquons-nous ici.

BARRAQUIN

     Qu'on s'y mette;
Et que l'un d'entre nous aille
Pour nous apporter fans brouette
Pain & vin & autre victuaille.

. . . .

BARRAQUIN, BRANDIMAS, FREMINAUD,
ALIBRAQUIN.

BARRAQUIN

Ah! par tous nos dieux, voici furprife[1]
Pour les pauvres gaillards morfondus,

---

[1] Locution de l'époque. Cotgrave : *C'eft rage,* that is a wonder.

Qui ont tous leurs grains deſpendus
A la tatiere au temps paſſé.

. . . .

He gueux gueux ſus bonnes nouelles
Laiſſez la feullade grant erre
Et vous en venez a la guerre
Que l'empereur a fait crier[1]
A ſon de trompe & publier
Dont mon cueur de ioie treſſaulte.

BRANDIMAS

Que n'auons nous cheſcun ſa gaulpe
Pour triumpher ſur le bigard.

FREMINAUD

Quelque groſſe putain ribaulde
Prinſe au fin fons du cagnart.

ALIBRAQUIN

Levons ſus.

BRANDIMAS

Flouons du guigard.

(Première journée, feuillet Fiiii recto.)

---

1 *L'empereur*, c'eſt Dioclétien, perſécuteur des chrétiens, mais l'auteur oublie plus d'une fois ſon ſujet pour les faits contemporains. Il ſonge ici à Charles-Quint qui venait de capturer François Ier à Pavie. Le peuple devait ſe plaire à ces alluſions qui alliaient l'ennemi victorieux à la vile canaille.

Qui ont tous leurs écus dépenſés
Au cabaret, au temps paſſé.
. . . .
Hé! gueux, gueux! ſus! bonnes nouvelles!
Laiſſez là le bois promptement,
Et vous en venez à la guerre
Que l'empereur a fait crier
A ſon de trompe & publier
Dont mon cœur de joie treſſaute.

BRANDIMAS

Que n'avons-nous chacun ſa gourgandine
Pour jouer à la triomphe ſur la table[1] !

FREMINAUD

Quelque groſſe putain ribaude
Priſe au fin fond du cagnart[2] !

ALIBRAQUIN

Levons-nous, en avant!

BRANDIMAS

                Jouons de la jambe!
. . . .

---

1 *Triomphe,* jeu de cartes ſemblable au *ronfle,* tous deux fort répandus. (V. ces mots au gloſſaire.) Il doit y avoir un ſens obſcène, diſſimulé ſous ces paroles.
2 *Cagnart,* lieu de réunion des proſtituées, des vagabonds, des gens de mauvaiſe vie. (V. au gloſſaire.)

ALIBRAQUIN, LE CONNESTABLE, CORBAULT,
BARRAQUIN, L'ADMIRAL.

ALIBRAQUIN

Pendu foit-il qui demourra
Ie voys mettre la plume au vent.

LE CONNESTABLE

Or fus gallans deuant deuant
Allons rendre a l'empereur
Il n'y fault point de procureur
Allons nous y en propre perfonne.

CORBAULT, deuxiefme homme d'armes du Conneftable,

Deuant trompettes que l'on fonne
A coup a ce départ ioyeulx.

BARRAQUIN

Ie quie de paour par noz dieux[1]
Ses gens viennent pour nous frapper
Cheroit-che point le marieux
Qui vient ichy pour nous graffer.

. . . .

---

1 La peur fait reprendre à Barraquin l'accent picard, on ne fait pourquoi.

ALIBRAQUIN, LE CONNÉTABLE, CORBAULT,
BARRAQUIN, L'AMIRAL.

ALIBRAQUIN

Que pendu foit qui reftera !
Je vais mettre la plume au vent.

LE CONNÉTABLE

Or, fus ! gaillards, en avant, en avant !
Rendons-nous près de l'empereur,
Pas n'eft besoin de procureur,
Allons-y en propre perfonne.

CORBAULT, *deuxième homme d'armes.*

En avant, trompettes ! que l'on fonne
De fuite, à ce départ joyeux.

BARRAQUIN

Je chie de peur, par nos dieux !
Ces gens viennent pour nous frapper ;
Serait-ce point le marieux [1]
Qui vient ici nous agripper.

. . . .

---

[1] *Le marieux*, celui qui enchaîne les prifonniers deux à deux, qui les marie.

L'ADMIRAL

Venez vous en donc avec moy
Et vous aurez ſçavez-vous quoy
Force d'aubert en la folloufe.

(Première journée, feuillet Fiiii, verſo.)

BARRAQUIN

Telle chancon leur chanteron
Que le moulle du chapperon
Aux chapplis n'eſchappera.

(Deuxième journée, feuillet AA, verſo.)

BRANDIMAS

Au moins en aurons-nous l'endouſſe
Et le georget pour noſtre eſtrayne.

(Feuillet AAiiii, recto.)

MALLEPART

l'auray donc pour gage l'endoſſe.

BRANDIMAS

Si tu veulx auoir les habitz
Viens auec moy & les prendras.

(Feuillet BB, recto.)

ALIBRAQUIN

Que fais-tu Morgalant.

L'AMIRAL

Venez-vous-en donc avec moi,
Et vous aurez, favez-vous quoi?
Force d'argent en votre poche.

. . . .

BARRAQUIN

Nous leur chanterons telle chanfon,
Que le moule du chaperon (la tête)
Aux coups de hache n'échappera.

. . . .

BRANDIMAS

Au moins en aurons-nous le manteau
Et le pourpoint pour notre étrenne.

. . . .

MALLEPART

J'aurai donc pour gage le coftume.

BRANDIMAS

Si tu veux avoir les habits,
Viens avec moi, & les prendras.

. . . .

ALIBRAQUIN

Que fais-tu, Morgalant?

MORGALANT

     l'enterve
Vng tas de propos en ma tefte
Et tout feul par moy me tempefte.

(BB. verfo.)

Ie luy vois fecourre l'endouffe

. . . .

Viens a coup ouurir tes prifons
Car nous t'amenons deux oyfons
Pour engreffer dedans ta mue.

(EEiiii.)

FREMINAUD

Que pleuft aux dieux que le taulart
Vous euft branché en la tourtoufe.

BRANDIMAS

Mais du ravau du grand rouart
Fuffe ta effle fecit fouiloufe.

(Troifième journée, HH, recto.)

MORGALANT, *bourreau.*

      J'entrevois
Un tas de propos en ma tête
Et tout à part moi me tempête.

   (Le même)

Je vais lui fecouer l'échine.

. . . .

Viens, de fuite, ouvrir tes prifons,
Car nous t'amenons deux oifons
Pour engraiffer dedans ta cage.

. . . .

   FREMINAUD

Plût aux Dieux que le pendeur
Vous eût branché avec fa corde.

   BRANDIMAS

Mais de la gaule du grand rouart [1]
Fuffe ta bedaine faite beface.

---

[1] *Rouart*, bourreau qui roue, par oppofition à *Taulart*, bourreau qui pend. Le fupplicié, avant fon expofition fur la roue, avait les membres & les reins brifés à coups de gaule ou de barre de fer.

GLOSSAIRE

DU

JARGON AU THEATRE

GLOSSAIRE

DU

JARGON AU THÉATRE

A COUP, locution populaire : *de suite*.

 Le Nouveau Pathelin, page 169, Rec. de Farces, P. Lacroix :

> *Fol, enragé, démoniacle,*
> *Tais-toy, & t'en vas bien à coup.*

AINS, *mais*; ains que, *avant, auparavant*.

ALLEGRUC (UN), *une potence*, par corrruption de *hallegrup*, employé par Villon dans le Jargon. L'un & l'autre font d'exemple unique; on ne le rencontre même dans la *Vie de faint Chriftophe* qu'au milieu d'une férie d'emprunts au poète parifien. (V. Hallegrup au Gloff. de Villon.)

ANCE (UNE), *un bénitier,* dans ce vers de la *Vie de faint Chriſtophe :*

> *Pour une ance & l'eſparges* [1].

Le *Dict. Godefroy* donne : ANCEL, ANCELET.

« L'ancel a l'iau benoite. » (1381, *Comptes de l'égliſe de Troyes.* De Laborde, *Emaux.*)

« Une petite boîte ronde d'argent doree à mettre le « pain a chanter et a fur le couvercle un petit ance- « let. » *(Inventaire du duc d'Anjou.* Idem, ibid.)

Ce mot très rare et qui n'a point perſiſté, repréſente le bas latin *anceria,* rapporté par Du Cange avec cet exemple : « Cubes, anceres, tonnes et autres parte- nances à garniſon de troil [2] »

ANCES (LES), *les oreilles,* expreſſion d'argot ; par analogie avec les anſes d'un pot. (V. ANCES au Gloſſ. de Villon.)

Si cette expreſſion était nouvelle, l'image qu'elle rappelle ne l'était pas. « Cefte maniere de baiſer eſtant appellee *olla,* en prenant la teſte pour le pot, & les oreilles pour les anſes, comme nous trouuons en Clement Alexandrin. » (Bouchet, *Serées,* t. III, 50.)

ANGES (LES), *les ſergents, les archers du guet :* anges ou meſ- ſagers du grand Prévôt. (V. auſſi au Gloſſ. de Villon.)

ARDOIR, verbe du vieux langage : *brûler.*
VIEL TESTAMENT, couplet du bourreau Gournay :

> *Je ſuis Gournay, pour bouillir & ardoir.*

---

[1] Le goupillon. (V. plus loin *Esparges.*)
[2] Garniſſant le preſſoir.

Roman de la Rose, vers 12.722 :

> *Que tout vif ardoir le ferons.*

AUBERT, *argent*. Ce terme d'argot eft bien connu, par la phrafe de Rabelais, l. III, chap. XLI :

> « Plus d'aubert n'eftoit en fouilloufe pour folliciter & pourfuyure. »

Farce de Marchandise et Mestier, anc. théâtre français, III, 260 :

> *Où prins aubert ? Où prins tant de deniers ?*

Monologue du Varlet a louer, anc. poéfies, I, 80 :

> *Je fçay ma jacquette engager*
> *Quand je fuis d'haubert un peu minfe.*

Les avis font partagés fur fon origine : on peut le croire venu du latin *albus,* blanc, couleur de l'argent (Le Duchat); ou du *haubert,* forte de cotte de mailles (Francifque Michel.) Ce dernier eft beaucoup plus dans la rhétorique habituelle du Jargon : *affemblage de mailles,* petite monnaie.

AUMUCE, ou *aumuffe,* fourrure des chanoines, deftinée à couvrir la tête, mais portée le plus fouvent fur le bras. C'était auffi un ornement de tête pour les élégants, comme le montrent les exemples fuivants :

Roman de la Rose, vers 14.957 :

> *Li jones hons*[1]... *tant faire ne faura*
> *Grant chaperon ne large aumuce...*

---

[1] Le jeune homme.

Complainète du nouveau Marié, dans les *Joyeufetez* de Techener, page 12 :

> *Chafcun veult porter une aumuce*
> *En maniere de coqueluche*[1].

Nouveau recueil de Comptes de l'argenterie des rois de France, page 247, Collection de la Société de l'Hiftoire de France :

> *Une aulmuce d'efcarlate vermeille pour ledit fol du roy.*

On ne doit donc pas s'étonner de voir Gournay & Micet, dans le *Viel Teftament*, fe difputer *l'aumuce de Aman*, le favori d'Affuérus.

BEFFLEUR, BEFFLERIE, *trompeur, fourbe; tromperie, fourberie.* (V. BLESFLEURS au Gloff. de Villon.)

Le verbe beffler, quoique rare, fe rencontre encore au XVIIᵉ fiècle :

« Si ce n'eft qu'on ait pris pour paix ce difcours de la trève duquel les Efpagnols nous ont befflés. » (Lettres de J. Chapelain, éd. Tamizey de Larroque, I, 612.)

BELISTRE, *gueux, mendiant, vagabond.*

Le paffage des *Actes des Apôtres* :
« *Ce fuft à la beliftre* » doit s'entendre : *ce fut à la fête des gueux.*

BEROUART, eft évidemment, dans la *Vie de faint Chriftophe*, un terme de mépris ou de commifération. On verra au Gloff. de Villon que : « *povre berouart* » peut fe lire : pauvre filou, pauvre gardeur d'ours, pauvre colporteur (F. Michel); pauvre foldat brigand ou pauvre compagnon du brouillard (A. Vitu). — La traduction en regard du texte porte : *pauvre diable*, par conciliation & par prudence.

---

[1] *Coqueluche*, forme de capuchon ou chapeau alors à la mode.

BIGARD, *pièce de bois, poutre*, sur le vieux français *bigue*, encore en usage dans la marine.

« *Triumpher sur le bigard* » pour les bandits de la *Vie de saint Christophe*, c'est : jouer à la triomphe, aux cartes, sur la pièce de bois qui leur sert de banc dans la forêt. C'est là le sens propre, mais, d'après la réplique de Freminaud, il est probable que ces paroles recèlent une image érotique. *Triumpher* (V. ce mot) *sur le bigard* signifierait alors : « gagner, avoir les atouts, au jeu d'amour, sur la bigue, le banc ou le chalit[1]. »

BISETTE (LA) *de l'automne*, le temps de *bise* de l'automne.

Dans le passage des *Actes des Apôtres*, il y a équivoque érotique comme dans l'exemple suivant :

LES SECRETS ET LOIX DE MARIAGE, anc. poés. III, 169.

A toute heure, soit froid ou chault,
Il fault souffler au trou de bise.

BLEFLEURS, *trompeurs, fourbes*. (V. BLESFLEURS au Gloss. de Villon.)

BOUGETTE, *sacoche, sac de cuir, bourse*.

COQUILLART, tome I, page 155 :

Ilz empruntent franc dix escus
Dessus la clef de leur bougette.

Rabelais, livre II, ch. XVII : « Panurge... me monstra dix ou douze de ses bougettes pleines d'argent. »

---

[1] Conférez Rabelais, *Tiers Livre*, chap. XXVI. Frère Jean conseille à Panurge de se marier : « Faiz en crier les bancs et le challit » (avec un jeu de mots érotique sur *bans*).

Cet ancien mot français, devenu l'anglais *budget* : fac de cuir contenant les papiers d'État apportés au Parlement, eſt entré récemment dans notre langue après cette métamorphoſe.

BROCANT, *bague*, dans la ſcène du *Viel Teſtament* ; mais s'entendait de tous les bijoux ou petits ornements de toilette, vendus par les colporteurs ſur leur étalage ou *brocante*.

« Une robbe de laine toutte chargie de brocquans de fin or. »

(*Trah. de Fr., Chronique Belge*, 183.)

BRODE, forme abrégée de *broudier, brodier* ; au ſens primitif : *cul*, comme dans les citations ſuivantes, tirées de notre théâtre :

FARCE JOYEUSE DU GAUDISSEUR, vers 15, anc. théâtre fr., t. II :

Il a le broudier & la pance
Plus peſant que noſtre jument.

FARCE DES CINQ SENS, anc. théâtr., t. III, page 314 :

LES YEUX (*s'adreſſant au Cul*)
Brodier !

MONOLOGUE DU RÉSOLU, par Roger de Collerye, p. 64 :

Je vous eſtoys ceint ſur la brode
D'ung beau baudrier riche & plaiſant.

La langue triviale ſemble s'en être ſervie pour *gourgandine, coureuse*. C'eſt ainſi qu'il faut interpréter « pourſuiveur de filles, » le ſire « de Rachace brode » imaginé par Coquillart dans *L'Enqueſte d'entre la Simple & la Ruſée*, tome II, 123. *Brode* eſt enfin devenu un terme de mépris équivalent à *lâche, efféminé* ; le vers de la

Vie de faint Chriftophe, que nous avons à traduire, comporte les deux fens :

Il tient fa pique comme une brode.

Dans une pièce datée de 1508, *L'Arreft du Roy des Rommains,* qui malmène les divers ennemis de Louis XII, l'auteur, Maximien, qualifie les Allemands de « *brodes,* » au vers 242.

D'Aubigné dit encore, au commencement du XVIIe fiècle, « *gros brode* » en parlant d'un aumônier fuiffe. *(Aventures du Baron de Fœneste,* liv. IV, chap. III.)

Montaigne nous a laiffé deux exemples : « Muleaffes...
« reprochoit la memoire de Mahomet fon pere, de fa
« hantife auec les femmes, l'appellant brode, effeminé,
« engendreur d'enfants. » *(Effais,* t. II, 82, Éd. Courbet & Royer.) « C'eft un langage (le Perigourdin) brode,
« traifnant, esfoiré. » *(Effais,* t. III, 29.)

Le fouvenir de cette expreffion s'eft confervé dans le bas-peuple : le fynonyme moderne y fert aujourd'hui à qualifier un homme mou, lâche, fans vigueur, ou celui qui fe laiffe conduire par une femme.

BROUÉE (LA) *la fuite, la courfe,* fur le verbe *Brouer,* aller, marcher, fuir, etc. (V. au Gloff. de Villon.)

VIE DE SAINT CHRISTOPHE :

Tous mes grains ont pris la brouée.

« Tous mes écus ont pris leur courfe, ont pris la fuite. »

BROUER, verbe fouvent employé, & dans un grand nombre de fens actifs : *aller, marcher, fuir, tranfporter, mener, defcendre, s'abaiffer,* etc., etc. Le Gloff. de Villon contient des exemples de fon emploi dans les Chroniques, les Miftères, les Farces et les Œuvres de Coquillart.

CAGNART, CAIGNARD, lieu de réunion des ribauds & ribaudes. Maiftre Chevalet fe fert ici d'un terme parifien, quoique la *Vie de faint Chriftophe* ait été repréfentée à Grenoble :

> *Une groffe putain ribaulde*
> *Prinfe au fin fond du cagnart.*

Sauval en témoigne ainfi au tome II, page 174, *Recherches des Antiquités de Paris* : « ruelle entre le Petit-
« Pont & le Marché-Neuf, nommée le Caignart, à
« caufe qu'elle fervoit de paffage aux hommes & aux
« femmes de mauvaife vie qui y paffoient en fe reti-
« rant la nuit fous les logis du Petit-Pont, où ils me-
« noient une étrange vie. »

Au propre, *Cagnart* fignifie *coin* ou *chenil*, mais le paffage fuivant de Rabelais va achever de nous fixer fur ce qu'il faut entendre par *cagnart* & *caignardiers* :

Pantagrueline Prognoftication, chapitre : *De l'Eftat d'aulcunes gens :* « Soumis... à Vénus, comme putains, maque-
« relles, marjolets, bougrins, bragars, napleux, efchan-
« crez, ribleurs, rufiens, caignardiers, chamberieres
« d'hoftelerie, etc. »

CAIRE, dans cette locution : *mince de caire*, eft une corruption probable de *chiere, chere* : vifage, mine (V. *Mince de caire*). Cette forme fe trouve auffi dans le dialecte wallon.

CARREAUX, fynonyme de *carrefour, pavé des rues*. On dit encore à Paris : le carreau des halles, le carreau du Temple.

VIEL TESTAMENT, couplet du valet du bourreau :

> *Je fuis Micel, bateur fur les carreaux.*

(V. fur le même fujet, le mot PELLE.)

VILLON, GRAND TESTAMENT, huitain LXXXIX.

Il aura, avec ce, ung réau,
Prins sur la chauffée & carreau
De la grant closture du Temple.

CHAPPLIS, vieux langage : *coups, heurt, rencontre d'hommes armés.*

ROMAN DE LA ROSE, vers 16.551-56 :

Si renforça li chapleis...
Chascuns sa mesnie[1] *appela.*

Rabelais, liv. IV, chap. LVI : « Lors gelerent en l'air « les parolles & crys des homes & femmes, les chaplis « des maffes, les hurtys des harnoys... »
Cotgrave : « CHAPPLER, hacher, tailler en pièces. » (V. un exemple au mot MOULLE.)

CHOUQ, *ce que, ce qui*, par imitation du dialecte Picard, au commencement de la scène, *Vie de saint Christophe.*

LI JUS DE SAINT NICHOLAI, de Jean Bodel, scène de la taverne.

Puis-jou estre dont asseurs
De chouque Rasoirs chi me conte[2] *?*

CLABAULX, *clabauds,* chiens de chasse à grandes oreilles pendantes. — Acad. : « Ce chapeau fait le clabaud, il a les bords pendants. »

COFFRES MASSIS, terme du jargon pour désigner *les cachots, la prison.* (V. au Gloss. de Villon.)

---

1 Sa maison, ses gens.
2 Puis-je donc être assuré de ce que Rasoir me conte ici?

COMBLE, ancienne mefure de grains & de légumes. Dans la *Vie de faint Chriftophe*, le foudard l'entend de la ration d'avoine de fon cheval :

Mon comble eft à la tatière.

C'eft-à-dire : *au cabaret,* pour fervir fans doute à payer l'écot.

Ordonnance de Charles VI, février 1415, au tome X de la *Collection des Ordonnances des Rois de France,* page 312, § 460 : « Une petite mefure appellée le comble dont « les trois font le boiffeau. »

Dénombrement du bailliage de Caux, 1393, *Dict. Godefroy* : « Vingt-cinq combles d'avoinne... »

COMPAIN, forme ancienne de *compagnon,* confervée long-temps dans le langage populaire & peut-être jufqu'à nos jours dans le « copain » des écoliers.

CHANSON DE ROLAND, vers 1.070 :

Cumpainz Rollanz, funez voftre olifan!

PATHELIN, *au berger,* vers 1.074 de la Farce :

Dieu te gard, compains ! que te fault ?

COMPASSER (SE), *fe conduire, régler fa vie, fe comporter.* « *Aller par compas,* » expreffion courante au moyen-âge.

PASSION JESU CRIST :

Comme fe compaffent millours ?

CH. D'ORLÉANS, Éd. Marie Guichard, 1842, page 312 :

Ainfi ma vie fe compaffe
Malheureufe, chétive & laffe.

Le *Dialogue de Maillepaye & de Baillevent* contient un exemple curieux cité au mot MYNCE.

CONFONCER, *prélever, se payer, se faire payer*. Composé de *foncer*, dont on trouvera divers exemples. (V. Foncer.)

COQUART, jeune coq, & par extension : *niais, nigaud, béjaune,* etc. Fort souvent employé dans les anciennes Farces.

> VILLON, GRAND TESTAMENT, huitain LXII :
>
>> *De viel porte voix & le ton*
>> *Et ne suis qu'ung jeune coquart.*
>
> PATHELIN, vers 534 :
>
>> *Allez sorner à vos coquardz !*
>
> CLÉMENT MAROT, DIALOGUE DE DEUX AMOUREUX, vers 34 :
>
>> *Et seroit l'homme bien coquart*
>> *Qui vouldroit appeler un quart* [1].

CORNE (LA) terme trivial pour : *la tête,* le crâne.

> PASSION JESU-CRIST :
>
>> *Nous allons donner sur la corne*
>> *A quelque dupe.*

Ce n'est pas de l'argot, non plus que cette image semblable :

> FARCE D'UN MARY JALOUX, anc. th. fr., t. I, 142 :
>
>> *Or je soys donc de Dieu mauldit*
>> *S'il n'a tantost sur la cornette.*

COSNART, *nigaud, niais;* souvent employé dans les farces comme *coquart, cornard, béjaune,* etc. :

---

[1] Un quatrième témoin.

PATHELIN, vers 448 :

> *Le corbeau par fa couardie,*
> *Oyant fon chant ainfi vanter...*

Et plus loin, vers 1.297.

> LE JUGE
>
> *Sommes-nous bejaunes*
> *Ou conards? Où cuydez-vous eftre*[1]*?*

FARCE DES POURES DEABLES, Rec. Techener, page 22 :

> *Je prye a tout plaifant conard*
> *Qu'il ayt mémoire mefouen*[2]*.*

CREUX, logis quelconque des bandits, terme confervé par le Jargon du XVIe fiècle.

VIEL TESTAMENT :

> *Happe la charge*
> *Et entonne ce ront au creux.*

C'eft-à-dire : « Prends ce paquet & rentre ce chapeau à notre logis. »

LE TRIUMPHE DE DAME VEROLLE, ROYNE DU
PUY D'AMOURS :

(Bibliothèque nation., Y 4.464, fol. Ciij. Attribué à Jean Le Maire.)

> *Se goulte ne vous preffe,*
> *Nudz & veftuz fault délaiffer vos creux*
> *De toutes parts.*

« Dans le pays Chartrain, un *creux* défigne une *petite maifon*. Dans l'Eure on appelle un *creux* : *une pièce, une chambre*. A Laigle, pour foixante francs, on a trois *creux* au mitan de la ville. » (Godefroy.)

---

[1] Où croyez-vous être?
[2] Cette année, dorénavant.

CROQUER PIE, CROQUER MOUST, pour : *boire pie, boire mouſt*. (V. ces mots.)

CRUC, *croc, crochet,* ſpécialement le crochet de la potence. (V. au Gloſſ. de Villon, à la fin du mot HALLEGRUP, une citation du *Miracle de Notre-Dame*.)

> Rabelais, liv. III, chap. XII : « Je le vous grupperay au cruc. »

DEFFRAY (LE), *le paiement des frais,* comme *défrayer* ſignifie : *payer les frais*. (PASSION JESU CRIST.)

DESBIFFÉS, *froiſſés, meurtris, ereintés,* et, en parlant des vêtements : *chiffonnés, dépenaillés,* etc.

> FARCE DES CINQ SENS, ancien théâtre français, t. III, page 306 :
>
> *Qu'on te puiſt batre de beaulx coups
> Si aſprement qu'on te deſbiffe.*
>
> FARCE DES CHAMBERIERES *qui vont à la meſſe de cinq heures,* t. II, 438 :
>
> *Il ſemble que ſoyez debiffée,
> Vous avez la couleur tant paſle.*
>
> MORALITÉ DE LA CONDAMNACION DE BANQUET, page 295, Rec. Paul Lacroix :
>
> *Dieu gard ces nymphes deſbifées!*

DESDUIT, ou : *déduit,* ſynonyme de « lieſſe, joie, plaiſir. » Cette vieille expreſſion eſt encore au Dict. de l'Acad. pour honorer, ſans doute, ſes longs états de ſervice.

> ROMAN DE LA ROSE, vers 13.805 :

> *Des douz deduiz, des douz besiers*
> *Et des tres-douces acolées*
> *Qui s'en ierent si tost volées*[1].

DESGOURDIS, *appauvris, ruinés*, ou, plus exactement : *défenrichis*.

>VIE DE SAINT CHRISTOPHE :
>
>> *La guerre nous a desgourdis.*
>
> disent les foudards; c'est ici l'opposé de gourds : *riches;* gourdis: *enrichis*. (V. GOURS au Gloss. de Villon.)

DESPENDRE, forme ancienne de dépenser.

>ROMAN DE LA ROSE, vers 21.577 :
>
>> *Et se rendre ne poés* (pouvez)
>> *Les biens despendus ou joés* (joués),
>> *Aiés en bone volunté*
>> *Quant des biens aurés à planté* (à foison).

>VILLON, GRAND TESTAMENT, XXIV :
>
>> *Si ne crains avoir despendu*
>> *Par friander & par leschier;*

>PATHELIN, vers 504 :
>
>> *Je happeray là une prune*
>> *A tout le moins, sans rien despendre.*

DRONCART, *ivrogne, goulaffre*, de l'anglais *Drunkare*, (orth. d'après Palsgrave.)

>FARCE DU COUSTURIER, anc. théât. fr., t. II, 174 :
>
>> *. . . S'il m'eust gardé ma part*
>> *De la perdrix, deux morceaulx ou trois,*
>> *Sans la manger toute comme un drongart.*

---

[1] Qui si tôt s'étaient envolées.

Chants historiques français, t. II, page 74, recueillis par Leroux de Lincy :

> Mais les dronquars, godaillers[1] ignorans,
> Du boys tordu n'ont point gousté le fruict.

Moralité de la Condamnacion de Banquet, page 338, Rec. Paul Lacroix :

> Car je vous dy que ces coquars,
> Tendant à leur ventre remplir,
> Boivent mon vin comme droncquars.

Par une singulière erreur, M. Paul Lacroix l'explique ainsi, dans une note au bas de cette même page 338 : « *autruches, grands oiseaux d'Afrique.* »

DRU, *vif, alerte, dispos, bien portant.*

Pathelin aborde le drapier par cette formule de politesse, vers 105 :

> Estes-vous sain & dru, Guillaume?

DUPPE, s'applique généralement à ceux qui ont été pris, *duppés, empoignés.* Oudin, *Curiositez françoises :* « Celuy qui trompe, & celuy qui se laisse tromper. »

ECHIQUÉS, *déchiquetés,* mis en lambeaux, en *chiquets* ou petits morceaux.

Vie de saint Christophe :

> ..... De si prés echicqués,
> Que leur habit est tout transy.

Coquillart, tome I, page 64 :

> Portez maintz habitz chicquetez...

---

[1] Buveurs de *good ale,* les anglais.

Ch. d'Orléans, page 246, Éd. Marie Guichard, 1842 :

Par leur manche defchiquetée.

EFFLE (LA), *la soufflante* ou : *la bedaine,* par allufion au mouvement produit par la refpiration[1].

Vie de saint Christophe, à la fin des extraits :

Mais du ravau du grand rouart
Fuffe ta effle fecit fouilloufe !

Expreffion jargonnefque unique, tirée du bas-latin *efflare,* souffler, dont il n'y a qu'un exemple relégué dans le Supplément de Diefenbach au Gloffaire de Du Cange. On rencontre *efflation* dans Ambroife Paré : « L'efflation ou foufflement faite par quelque perfonne qui ayt l'haleine douce. » (Éd. Malgaigne, XV, xxi, d'après Fr. Godefroy.)

EFFRAY, *frayeur, effroi,* orthographe du XVIe fiècle. Montaigne (tome I, page 397 de l'édit. Courbet & Royer) : « Vous engagez... voftre valeur & voftre fortune à celle de « voftre cheual..., fon effray ou fa fougue vous rendent ou « temeraire ou lafche. »

EMBLÉE (A L'), enlèvement d'un objet avec une idée de violence & de rapidité. *Enlever d'emblée.*

ENDOSSE, *le dos,* & auffi tous les vêtements portés fur le dos ou le bufte : manteaux, pourpoints, etc. Il eft auffi écrit *endauffe,* & dans le Jargon de Villon : *andoffe.* (V. ce mot pour les exemples.)

ENTERVER, *entendre, comprendre, entrevoir,* etc. (V. au Gloff.

---

1. Je me borne à faire remarquer qu'on peut entendre aussi : *la feffe.*

de Villon.) Ce verbe, forti de la langue romane, a été quelquefois employé par de bons auteurs avant de paſſer dans le Jargon, et de là dans l'argot, où il ſubſiſte encore.

ENTONNER, au propre : *mettre en tonne;* en langage trivial : *rentrer, ſerrer, fourrer au logis ou creux.*

Viel Testament :

> *Et entonne ce ront au creux.*

On dit de même aujourd'hui : *enfourner, s'enfourner :* Acad. : « Le vent s'entonne dans cette cheminée. »

ERRE, vieux langage : *train, allure, chemin.* — Grand'erre : *grand train, vite, promptement.*

ESCHAQUER, *échapper, ſe diſperſer;* ancien verbe rarement employé. (V. Eschequer, Eschicquer, au Gloſſ. de Villon.)

ESGUILLETTE (jouer ou ronfler à l'), locution érotique : dénouer les *aiguillettes,* férets ou lacets, retenant ſoit les braguettes des hommes, ſoit les robes des femmes. Coquillart & Rabelais diſent : « *courir l'eſguillette* » pour *faire le débauché, paillarder.*

Farce du Pect, anc. théâtre fr., t. I, 95 :

> . . . *Peult-eſtre*
> *De vous baiſſer une eſguillette*
> *Eſt rompue, ou quelque laſſet.*

Coquillart, tome I, 46 :

> *S'elle eſt damoyſelle ou bourgoiſe...*
> *S'elle a ne rubens, n'eſguillettes...*

Le Dict. de l'Acad. donne encore la locution : « *Nouer* « *l'aiguillette,* faire un prétendu maléfice auquel le

« peuple attribuait le pouvoir d'empêcher la confom-
« mation du mariage. »

ESPARGES, ancienne orthographe de *afpergès* : *goupillon*.
(Acad. : « on prononce l'S final. ») On écrivait cependant
afpergès longtemps avant l'apparition de la *Vie de faint
Chriftophe*, dans laquelle fe trouve le vers :

> *Pour une ance & l'efparges.*

COQUILLART, t. I, 181 :

> *Au chevet du lit, pour tous jeux,*
> *Pend ung benoiftier, qui eft gourd,*
> *Avec un afpergès joyeulx...*

FARCE DES CHAMBERIERES *qui vont à la meffe de cinq heures*,
anc. théât. fr., t. II, 441 :

> *... Car, comme j'eftime,*
> *L'afperges d'ung moyne, fans doubte...*

Comptes de l'argenterie des rois de France, Collection de la
Société de l'Hiftoire de France, Douët-d'Arcq, 1874,
page 190 :

> *Un efpargès d'argent doré.*

Le même, page 270 :

> *Façon dudit eaubenoitier & efpergès.*

ESTER, *comparaître en juftice, plaider.*

(V. ESTERIE, au Gloff. de Villon.)

ESTOFFÉS, traduit en regard du texte par : *bien vêtus*, peut
auffi s'expliquer par : *courageux, valeureux*, etc., comme
dans l'exemple fuivant : « Avoit bien, de bonne eftoffe,

« mille hommes d'armes. » (*Mémoires de Pierre de Fenin* 1407-27, page 43, édit. de la Soc. de l'Hiftoire de France, 1 vol.)

FEULLADE, FEULLE, FEULLÉE, *la forêt, la feuillée,* fervant de repaire aux bandits, aux foudards inoccupés, aux *feuillarts,* qui s'agitent devant le fpectateur dans les miftères, fans égard pour les quinze ou vingt fiècles écoulés entre l'action & fes acteurs.

Par extenfion, ces mots fervaient quelquefois à défigner la bande, la compagnie de ces brigands; le vers du *Viel Teftament* :

Dont ma feulle fera gaudie.

doit s'entendre : « Dont ma bande fera réjouie. » *Feulle* n'eft autre que *feuille,* comme dans le vers fuivant :

ROMAN DE LA ROSE, vers 14.245 :

Fruit, fuſt [1]*, feulle, efcorce & racine.*

(Pour d'autres détails, V. FUEILLES, au Gloff. de Villon.)

FLOUÉE, *filoutée, perdue au jeu.* (V. FLOUER.)

VIE DE SAINT CHRISTOPHE :

J'ai mon arbalefte flouée...

FLOUER, *tromper, voler,* particulièrement au jeu, & même fimplement : *jouer avec adreffe,* dans cette locution de la *Vie de faint Chriftophe :* « Flouons du guigard, » jouons de la jambe. Probablement formé fur *flux* ou *flus,* jeu de cartes

---

[1] Bois.

fort répandu (Opinion de M. Fr. Michel, *Philologie de l'argot.*) — (V. RONFLER & TRIUMPHER, autres verbes formés fur des noms de jeux.)

PASSION JESU-CRIST, journée IV :

A beaux dez, au glic ou au flux...

Rabelais, *Pantagr. Prognoſtication*, II : « Dont pour ceſte « année... lon ne rencontrera point d'as au flux. »

CLÉMENT MAROT, *Épître* XLIV :

J'ai flux, contreflux, carte amont.

FOLLOUSE, *poche, ſacoche.* (V. FOUILLE.)

FONCER, *payer, fournir,* ou *verſer des fonds.*
En langage trivial moderne : *financer.*

COQUILLART, LES DROICTS NOUVEAUX, t. I, 88 :

Que pour le plaiſir & déduit
Il fonce & qu'il n'eſpargne rien.

COQUILLART, t. II, 22 :

Car qui ne fonce, de quibus ?

DIALOGUE DE MALLEPAYE ET DE BAILLEVENT, vers 244 :

Mais, s'on nous fonçoit or au poing...

FONS, ancien langage : *ſource, fontaine,* employé au figuré.

VIEL TESTAMENT :

Vecy bon fons pour la pience.

C'eſt-à-dire : « Voici une bonne reſſource pour la boiſſon, pour nous payer à boire. »

Villon, Dict de la Naissance Marie, vers 6 :

> *Marie, nom tres gracieux,*
> *Font de pitié, source de grâce...*

L'emploi au masculin est justifié par l'exemple suivant : « Octroié aux habitans de ladite ville le fons, le abreuvoir. » (1374, Archives JJ 198, pièce 360. *Dict. Godefroy).*

Dans le *Viel Testament* on liroit *fonds* au sens actuel si nous avions à interpréter un langage correct, mais le jargon comme l'argot recherche et préfère les images.

FOULLE, FOLLOUSE, FOUILOUSE, terme du jargon : *poche, sacoche,* etc.

Cotgrave : « Fouillouse, un sac, besace ou poche. »

Oudin : « Fouillouse, sacoche. »

C'est un dérivé populaire du verbe *fouiller*.

Rabelais, liv. I, chap. XXXIV, avec un jeu de mots sur *foulle :* « Et de tant de loing qu'ilz l'aperceurent, « accoururent sus luy à la foulle pour le destrousser. » (V. un autre exemple de Rabelais au mot Aubert.)

Ancien Théâtre français, tome VIII, page 254 :

> *Que je voudrois avoir aussi-tost un escu,*
> *Voire deux, voire trois, dans ma pauvre fouillouse.*

GALIER, *mauvais cheval, haridelle, rosse.* Figure seulement dans Palsgrave, page 233 :

« Jade, a dull horse : galier. »

Cotgrave reproduit exactement la même définition au mot « Galier : Jade, a dull horse. » La seconde édit. de Cotgrave le signale comme hors d'usage.

Vie de saint Christophe :

> *Le galier eſt pieça vendu,*
> *Mon comble eſt à la tatière.*

C'eſt-à-dire : « ma roſſe eſt déjà vendue, l'avoine eſt au « cabaret (ſans doute pour payer l'écot). »

Cette expreſſion, qui faiſait partie du langage courant puiſque les deux philologues anglais l'ont recueillie, ne ſe retrouve pas en dehors du Jargon. Il faut comprendre : *cheval de galier*, c'eſt-à-dire cheval de tranſport, rebut de la cavalerie ; le *galier*, c'eſt le vivandier, le goujat, le valet du ſoldat, terme dont nous n'avons pas d'exemple, mais ſur lequel le latin *galearii* (V. Du Cange) ne laiſſe aucun doute.

GALLANS, à cette époque, s'entendait : *bons vivants, joyeux garçons, gaillards.*

Les Repues Franches, vers 24 :

> *Tous gallans à pourpoints ſans manches*
> *Qui ont beſoin de repues franches.*

GAULPE, ou *gaupe,* terme de mépris, femme malpropre & déſagréable. Dans la *Vie de ſaint Chriſtophe,* les ſoudards déſignent ainſi leurs concubines.

Tartuffe, acte I, dernier vers de la ſcène I :

> *Marchons, gaupe, marchons.*

GAULTIER, nom propre ſervant d'injure, d'invective, ſuivant un uſage de cette époque.

De même : *Naudin, Bernard, Jennin, Benoiſt, Jaquet, Jehan, Guillaume,* etc. (V. Montaigne, *Eſſais* I, ch. 46.) *Gaultier* dans cet emploi trivial doit s'entendre comme un dérivé du vieux mot *gaut, bois* : habitant des bois. Ceux qui l'employaient, comme ici dans le *Viel Teſta-*

ment & la *Vie de saint Christophe,* se souciaient probablement fort peu de son origine germanique; c'était
simplement, pour eux, une injure amicale.

Rabelais, liv. I, ch. XXXIV : « Quoy, dist Tripet,
« (parlant de Gymnaste) ce gautier icy se guabele de
« nous. »

GECTZ, ou *gets;* au figuré : *entraves, chaînes des prisonniers;*
au propre : *entraves des oiseaux dressés à la chasse.* —
Nicot : « *Gects,* sont deux petites courroies courtes de
« peau de chien, une en chasque iambe du faulcon pres
« la serre. »

GEORGET, *pourpoint, jaque* ou *jaquette.*

Le *jaque* était le vêtement de dessus des hommes de
guerre, le plus souvent fait de peau de cerf. On écrit
aussi *Jeorget.*

La Comédie des Proverbes, anc. th., t. IX, 56 :

« Ce georget est comme si je l'avois commandé. »
Le *Jargon ou Langage de l'Argot réformé,* par Olivier Ché-
reau, 1634, réimprimé dans les *Joyeusetez* de Techener,
contient cette phrase, page 74 : « Les rupines & mar-
« quises leur fichent les unes un georget, les autres
« une lime... [1] » (On trouvera plus loin l'explication du
mot Lyme.)
C'est bien l'esprit du langage populaire ou jargonnesque :
remplacer *jaque* ou *jaquette* par *georget, saint Jacques*
par *saint Georges.* Il ne faut sans doute pas chercher
plus loin l'origine de cette expression. (Conférez *gilet*
venu de *Gilles*).

---

1. Les richardes et catins leur donnent les unes un pourpoint, les autres une
chemise.

GOUGEON, fils de *gouge*, de proftituée. — *Gouge* eft encore français; antérieurement, *gougeon*, comme *goujat*, s'eft employé pour *valet*. — Dans le *Jus de faint Nicholas* de Jean Bodel (Arras, XIII° fiècle), le valet du cabaretier eft appelé le *geugon*.

Théât. fr. au Moyen-Age, page 182, par MM. F. Michel & Montmerqué, F. Didot, 1839.

GOURDEMENT, *grandement, largement, richement, abondamment*. Formé fur *gourd*, qui fignifie : gros, grand, riche, abondant. (V. GOURS au Gloff. de Villon.)

GOURDE PIE (LA), GOURD PIARD (LE), *la taverne, le cabaret, la tatiere* ou *le bouchon*. (V. GOURDE PIARDE au Gloff. de Villon.)

Gourde ou *gourd* fignifie : riche, bonne, abondante, et : *pie* ou *piard* : boiffon, vin. Il eft probable que l'attrait du facile jeu de mots avait fait prendre comme enfeigne une Groffe pie à nombre de cabarets (A LA GOURDE PIE) comme, en nos temps modernes, l'inévitable « AU BON COING, » des quartiers populeux. — « Quand le vin eft bon, il eft gourd. » (Bouchet, *Serees*, tome III, page 129.)

GOURDERIE, *abondance, richeffe*. Formé fur *gourd* ou *gourde*.

GOURS, *riches, gros meffieurs*, & auffi : gros, grands, etc. (V. au Gloff. de Villon.)

On le rencontre écrit : *gourd*; il en eft de même du mot fuivant, c'eft donc le fens feul de la phrafe qui peut fixer fur la traduction à adopter.

GOURT, orthographié avec un *t*, paraît avoir été plus particulièrement l'adjectif de *gorre* : mode, élégance, fafte, etc.

Gorre est le radical de *gorrier*, homme fastueux, élégant, mondain.

Il n'y a malheureusement aucune régularité dans l'emploi de la lettre finale, celle qui nous servirait à déterminer exactement le qualificatif.

Viel Testament :

Bien gourt me sera ce pourpoint.

GOUSSER, manger gloutonnement, dévorer. (Cotgrave.) On le retrouve de nos jours dans le terme trivial *goussepain*.

Actes des Apotres :

Quant nous goussames les harens...

GRAFFER, prendre aux *griffes*, agripper, agrafer.

Vie de saint Christophe :

*Cheroit-che point le marieux
Qui vient ichy pour nous graffer.*

Villon se sert du diminutif *grafignier*,

Petit Testament, XX :

Pour ses paouvres sœurs grafignier.

GRAIN, petit poids de 0,0542 gram. dont on se servait pour indiquer le titre de l'or, concurremment avec le carat. Par extension : écus, monnaie d'or, monnaie quelconque.

Viel Testament :

*Et ne seray pas si cosnart
Que je n'en mette un grain à part.*

Vie de saint Chistophe :

Tous mes grains ont pris la brouée.

GROS, ou *gros denier*, monnaie d'argent de Louis IX. Pour le fergent de Pilate, dans le *Miftère de la Paffion*, c'eft toute monnaie bonne à prendre.

GRUPPER, GRUP, empoigner, *faifir*, accrocher, et : *empoigné*, *faifi*, etc. (V. au Gloff. de Villon.)

GUIGARD, formation d'exemple unique fur *gigue*. Acad. : « Gigue, terme populaire qui fe dit pour jambe. »

VIE DE SAINT CHRISTOPHE :

Flouons du guigard.

C'eft-à-dire : « Jouons de la jambe, sauvons-nous. »

HAPPER, prendre.

VIEL TESTAMENT :

Happe la charge,
Et entonne ce ront au creux.

VILLON, BALL. DE LA GROSSE MARGOT, vers 5 :

Quant viennent gens, je cours & happe un pot,
Au vin m'en voys, fans demener grant bruyt.

PATHELIN, vers 455 :

Vous l'avez happé
Par blafonner, & attrapé
En luy ufant de beau langaige.

HAUSSAIRE, *faftueux, arrogant*, faifant étalage de fa richeffe; en langage populaire : *efbrouffeur*.

Nicot : « Eft dit celuy & celle qui font arrogants pour fe voir en puiffance, foit de biens, credit, faueur *ou de corps.* »

Cotgrave le traduit par : *fier, faftueux, arrogant, préfomp-*

tueux. Tous deux l'écrivent HAULSAIRE. — Les exemples en sont fort rares.

CLEMENT MAROT, pfaulme XVIII, vers 45 :

Me recourut des puiſſans & haulſaires...

APOCALYPSE SAINT JEAN ZÉBÉDÉE, de Loys Choquet, édit. 1541, feuillet VI, recto :

Gens orgueilleux, pervers, haulſaires....

JALETS (ARC A), ou *galets* (dont il eſt queſtion à la fin de la ſcène dans le *Miſtère de la Paſſion*), arbalète lançant des galets, ou plutôt des balles de terre glaiſe, moulées & ſéchées.

Comptes de l'Hotel des rois de France aux XIVᵉ *&* XVᵉ *ſiècles.* Douët d'Arcq, 1865, 1 vol. in-8°, Soc. de l'Hiſtoire de France, page 359 : « Item, pour deux moles (moulles) à faire jalets, 24 ſous tournois. »

JEORGET, *pourpoint ou juque.* (V. GEORGET.)

JONCHER, *tromper, ruſer, filouter, tricher..* (V. au Gloſſ. de Villon.)

JUC (être au), être au juchoir, au perchoir, c'eſt-à-dire pour le ſoudard Barraquin demandant des nouvelles de ſon ami : « *être au gibet.* »

VIE DE SAINT CHRISTOPHE :

Eſt-il au juc?

LAMBOURREUR, ſobriquet du bourreau ou du tourmenteur juré.

On ne le rencontre pas parmi les nombreux ſurnoms donnés aux exécuteurs ou à leurs valets dans les

Miſtères; auſſi doit-on ſuppoſer qu'il figure dans la *Vie de ſaint Chriſtophe* par imitation du Jargon de Villon. (V. LAMBOUREUX au Gloſſ. de Villon.)

LANDIE (LA), la nature de la femme, le *clitoris*.

> Le *Dict. de Furetière* & le *Dict. de Trévoux* le donnent avec l'explication ſuivante : « *les nymphes* ou *dames des eaux,* terme d'anatomie, du grec *landica.* »
>
> Brantôme l'emploie dans un des plus obſcènes chapitres des *Dames galantes :* « *De la vüe en Amour.* »
>
> Cotgrave : « The two Pterigones, or great wings within the lips of a woman's privities. »
>
> Dans la *Vie de ſaint Chriſtophe,* c'eſt une expreſſion injurieuſe, à la mode du temps :
>
> > *Va, va, je feray la landie*
> > *Ta mère.*
>
> *Lacurne de ſainte Palaye* cite deux exemples tirés de lettres de rémiſſion, contenant cette même injure : « *la landie ta mère.* »
>
> Dans le ſuivant on pourrait entendre : « retourne d'où tu es ſorti ; » mais ce ferait, à mon avis, forcer le ſens :
>
> « Faulchon diſt au ſuppliant qu'il alaſt à la landye ſa mère. » (1456. Arch. JJ 189, pièce 44. *Dict. Godefroy).*

LOUDIERE, *femme de mauvaiſe vie, paillarde, gourgandine.*

> Cotgrave : « une ſale & obſcène coquine. »
>
> FARCE DE L'OBSTINATION DES FEMMES, anc. théât. fr., tome I, page 25 :
>
> > *Pour ung loudier, pour ung ivrongne.*
>
> LE DÉBAT DE LA NOURRISSE ET DE LA CHAMBERIERE, Ibid., t. II, 427 :

> *Langue serpentine, loudiere,*
> *Me viens-tu chercher de telz motz?*

FARCE DES CINQ SENS, Ibid., t. III, 311 :

> *Quelle loudiere, quelz revers!*
> *Comme elle fiert & tambure*[1] *!*

ROMANT DU RENART, vers 3.072 :

> *D'un mais loudier bien un renclus*
> *Et un evesque d'un guinau*[2].

LUNE *(faire la moue à la)* : être exposé sur la roue. (V. MOUE.)

LUER AU BEC, littéralement : *faire attention, lever le nez, avoir le nez au vent.*

Il semble que l'on doit lire, comme dans Villon : *lever au bec.* (Bal. I du Jargon.)

LYME NOUÉE (LA), *la chemise, la blouse* des pauvres gens. *Lyme*, du latin *limus* : *cotte, cotillon.* — La chemise nouée est le signe de la misère dans les auteurs comiques, probablement par opposition aux chemises & pourpoints froncés des élégants. (V. à ce sujet : Œuvres de Roger de Collerye, B. elzévirienne, page 65.)

« Les mattois... appellent vne chemise, vne lime. » (Bouchet, *Serées*, tome III, page 129.)

Lyme nouée est d'exemple unique[3] *(Vie de saint Christophe)*; *chemise nouée* se rencontre de façon à ne laisser aucun doute sur le sens attribué :

---

[1] Comme elle frappe et tambourine!
[2] D'un mauvais loudier fait un bon moine reclus, et un évêque d'un gueux.
[3] *Lime* pour : *chemise*, figure dans un passage du *Jargon ou Langage de l'Argot réformé*, déjà cité au mot GEORGET.

Farce de Folle Bombance, anc. théât. fr., tome II, page 282. Le Gentilhomme, le Marchant & le Laboureur qui fe font ruinés, demandent à Folle Bombance :

Que veſtirons-nous ?

FOLLE BOMBANCE

Robe de Friſe.

LE MARCHANT

Et deſſoubʒ ?

FOLLE BOMBANCE

Chemiſe nouée.

Dans la *Pantagrueline Prognoſtication*, chap. V, *De l'Eſtat d'aucunes gens*, Rabelais énumère les pauvres diables :

« Boteleurs de foing... Faulcheurs... Bouviers... Gaigne-
« deniers... Claquedens... Gueux de l'hoſtiaire... etc.,
« généralement tous portant la chemiſe nouée fur le
« dos. »

Le même, chap. VIII du liv. I, nous apprend que la chemiſe de Gargantua « n'eſtoit poinct froncée, car la
« fronſure des chemiſes n'a eſté inventée finon depuis
« que les lingieres... »

MAIS, conjonction ; placée au commencement d'une réplique, dans les Farces ou les Miſtères a prefque toujours le fens de : *Au contraire.*

Passion Jesu-Crist :

Mais mince de cairc.

MARIEUX (LE), celui qui enchaînait deux à deux les prifonniers, qui les *mariait*. (V. au Gloſſ. de Villon : Accollez, Mariage, Marieux.)

MARMOYN (LE), formé fur *marmot*, efpèce de gros finge, & auffi : figure grotefque, comme aujourd'hui *magot*.

> M. F. Michel a relevé ce mot d'exemple unique dans fa *Philologie de l'argot*, où il eft écrit *marmyon*. Il fuppofe qu'il fignifie *bourfe*, d'après le fens du vers.
>
> La traduction : *vilain finge*, paraîtra certaine fi l'on confidère la terminaifon femblable de : *babouin, fagouin*, autres efpèces de finges connues de ce temps.

PASSION JESU-CRIST :

> *Le marmoyn eft tout à fec.*

dit Malchus, dédaignant de dévalifer un autre perfonnage du miftère.

Exemples de *marmot, fagouin, babouin*, comportant le même fens :

COQUILLART, tome I, 145 :

> *Et c'eft ung putier ordinaire*
> *Qui eft auffi lait qu'ung marmot.*

PATHELIN, vers 428 :

> *Toutesfois on euft arraché*
> *Les dents du villain marfouin*
> *Son feu pere, & du babouin*
> *Le fils, avant qu'ilz en preftaffent...*

SERMON JOYEUX DE BIEN BOYRE, anc. théât. fr., t. II, page 12 :

> *Le vez-vous*[1] *là, ce baboyn ?*
> *Vrayement, il put tant le vin...*

CLÉMENT MAROT : Epiftre de Fripelipes à Sagon :

> *Zon! fur le dos du fagouyn!*

---

[1] Langue populaire : « *Le voyez-vous.* »

Marmoyn ferait donc une forme péjorative de *marmot :* « finge. » — Le diminutif *marmion* a le fens de : « petit enfant. » On le rencontre fort rarement; je n'en connais que deux exemples, dont le fuivant :

Prenostication de Songecreux, anc. poéfies fr., t. XII, vers 339 :

> *Par les grandes conjunctions*
> *Qui fe feront en mariage*
> *Verrés troter les marmions*
> *Tant que nul n'en vit de fon aage.*

MATE, *trifteffe, mélancolie.*

Viel Testament :

> *Nous pierons en cefte grant mate*
> *Gourdement.*

C'eft-à-dire : « nous boirons, en cette grande trifteffe, mélancolie, abondamment. »

Ironiquement, cette « grande trifteffe, » c'eft la pendaifon de Aman, dont les dépouilles vont rapporter de quoi boire aux exécuteurs.

Parmi les nombreux fens afférents au mot *mate,* il faut donc choifir celui-ci (Raynouard, *Lexique Roman*) : « MAT, MATE, adjectifs, *trifte.* »

> *L'apoftoles & le Senat*
> *Moult font dolenz & moult font mat.*

Nouv. Rec. de Fab. & Contes, II, 103.

> *Elle devint moult mat, vaine & morne.*

Hift. de Gérard de Nevers, page 129.

Villon, Grand Testament, huitain LXXIII, parlant de l'enfer :

> *Pions y feront male chère*
> *Qui boivent pourpoinct & chemise.*

c'eſt-à-dire : « Buveurs y feront triſte figure, etc. »

MATHEGAUDIE, imprimé en un ſeul mot. Expreſſion imaginée par Villon au premier vers du Jargon Jobelin : *la grand' priſon;* elle ne figure que dans la *Vie de ſaint Chriſtophe,* & par imitation du poète pariſien.

> Les notes ſuivantes viennent à l'appui de la traduction : *compagne joyeuſe, épouſe gaie* (par ironie), donnée par le Gloſſaire de Villon.
>
> « Ne doubtez pas (Meſſeigneurs) que vous n'euſſiez eſpouſé la Baſtille, & quelques-uns pis ſans deux vertus de ce temps qui vous ont protegez. » (D'Aubigné, tome I, page 513, édit. Lemerre.)
>
> Le bas-langage eſpagnol appelle la priſon : *la marâtre* (madraſtra).

MAUNETTE, dans les *Actes des Apôtres,* doit s'entendre : *malpropre, mal nette.* C'eſt là un jeu d'eſprit fréquent ſur les noms des perſonnages; les valets s'appellent *Maumyſert,* les artiſans *Saouldouvrer.*

MÉTAL, *qui ſous l'ongle croque :* vermine, puces, poux, dans les *Actes des Apôtres.*

MIE, particule négative, dont l'uſage eſt conſervé en certaines provinces.

MILLOURS, MILOURS, corruption de l'anglais *mylords : meſſeigneurs,* dans la *Paſſion Jeſu-Criſt;* eſt d'un uſage général pour déſigner les gens riches ou richement vêtus.

COQUILLART, t. I, 64 :

> *Par faulte d'argent & de draps,*
> *Entre nous fringans & milours*
> *Ne foyons tous veftus de facz.*

LE MÊME, I, 77 :

> *Chaines d'or courront meshouen* [1]
> *Pour feindre millours & grobis.*

LE MÊME, II, 281 :

> *L'une, pour un millourt faifir,*
> *De l'oueil gettera maint larme.*

VIE DE SAINT CHRISTOPHE, deux. journ., fol. R. iiii :

> *Voyla ung terrible millourt*
> *Quant je regarde fon mynois*
> *Qu'il feroit bon à cueillir noys!*
> *Il ne lui fauldroit point d'efchelle.*

Le perfonnage dont il s'agit, dans ce dernier paffage, eft faint Chriftophe même.

MINCE DE CAIRE, locution du bas langage, *peu de vifage, de mine*, littéralement : *de pauvre mine, de peu d'apparence.*

Caire ferait ici le vieux mot *chiere, chaire* ou *chere* : vifage. Il fubfifte fous cette forme dans le dialecte wallon.

Les exemples fuivants font d'accord avec ce fens, adopté auffi par M. d'Héricault dans fes notes de l'édit. de *Coquillart* (V. MINCERIE & MYNCE.)

COQUILLART, tome I, 145 :

> *Mais les fiennes font defchirées,*
> *Tant eft povre & mince de caire.*

---

1 Cette année, dorénavant.

Le même, tome I, 172 :

> *Quant ung homme eſt mince de caire.*

Le même, tome II, 136 :

> *Il fut fait & creé notaire*
> *Ou* (au) *bailliage de Mincequaire.*

Le même auteur emploie ailleurs *mince d'argent;* & les frères Gréban, dans les *Actes des Apôtres : mince de pécune :*

Monologue du Gendarme cassé, II, 269 :

> *Le gendarme fumeux caſſé,*
> *Mince d'argent, povre endoſſé*[1]...

Actes des Apôtres :

> *Tu es bien mince de pécune.*

M. A. Vitu traduit le *caire* de Villon par : *argent.* Quelle que ſoit la valeur de cette interprétation, on voit que les contemporains ſe ſervaient d'un autre mot pour ſpécifier des eſpèces ſonnantes.

MINCERIE, qualité de ce qui eſt *mince,* minime, de peu de valeur, réduit.

Viel Testament :

> *Or taillé avons quelque endoſſe,*
> *Elle n'eſt point de mincerie.*

Dans *Coquillart,* on rencontre *Dame mincerie,* perſonnification de la réduction dans les dépenſes :

---

1 Pauvrement vêtu.

Les Droits nouveaux, I, 64 :

Penſez, ſe Dame Mincerie
Nous empoigne ung peu aux coſtez.
On verra bien par fringuerie
Porter maintz habitz chicquelez.

Dialogue de Deux Enfants, Roger de Collerye, page 108, vers 3 :

Fy, fy ! ce n'eſt que mincerie !

MOUE A LA LUNE (faire la). Les foudards, dans la *Vie de ſaint Chriſtophe*, nous font comprendre qu'il s'agit d'un compagnon roué. Le patient, après avoir eu les quatre membres briſés, agoniſait en effet ſur une roue de chariot horizontalement placée, la face tournée vers le ciel. (Pour le détail du ſupplice, V. Rec. des anciennes Lois françaiſes, tome XII, page 400 : Ordonn. de François Ier.)

Cotgrave ne rapporte pas cette locution, quoiqu'il nous en ait conſervé pluſieurs dans lesquelles la lune joue un rôle.

MOULDRE FRANC, *avoir du pain gratuitement*, dans la *Paſſion Jeſu-Criſt*.

Alluſion au droit de moutûre établi au profit de certains ſeigneurs ou abbés, le plus ſouvent un ſeizième du grain apporté.

MOULLE DE MON CHAPPERON (LE), *ma tête*. C'eſt Agrippart, l'un des foudards ou tyrans, qui, dans les *Actes des Apôtres*, craint de perdre « *le moulle de ſon chapperon.* »

L'expreſſion, qui ſe rencontre auſſi dans la chronique de Jean Chartier, n'a pas été perdue ; on la retrouve :

Vie de saint Christophe, fol. AA, verſo :

> Telle chancon leur chanteron
> Que le moulle du chapperon
> Aux chappelis n'eſchappera.

Rabelais, liv. I, à la fin du chap. IX : « Bien ay-je eſpoir d'en eſcripre quelque jour plus amplement... ſi dieu me faulue le moulle du bonnet. »

Au XVIIe ſiècle, d'Aubigné dit encore : « le moulle du perpunt. » (*Aventures du Baron de Fœneste*, livre IV, chap. I.)

MOUSSUS, *plantureux*, comme un arbre mouſſu.
Farce de Frère Guillebert, anc. théât. fr. I, 306 :

> Tetins mouſſus, doulces fillettes...

Ou : *ſe faiſant mouſſer*, expreſſion vulgaire encore en uſage.

Dialogue de Mallepaye et de Baillevent, vers 259 :

> ..... Sang bieu! la mouſſe
> M'a trop couſté...

MOUST, ou *moût* : vin doux, vin nouveau non encore fermenté.

MUE, *priſon, cachot*, au figuré.
Au propre : *cage*, lieu obſcur où l'on engraiſſe la volaille.

MYNCE, minime; s'employait pour : *pauvre, peu fourni*, & qualifiait le plus ſouvent la mine ou le coſtume. (V. Mince de Caire.)

Vie de saint Christophe :

> Et l'aultre mynce de coton
> Eſt lombard, regardez ſa mode.

Un italien peu fourni de linge, cela se voit encore de nos jours. (V. au mot AUBERT, un exemple tiré du Monologue du *Varlet à louer.*)

DIALOGUE DE MALLEPAYE ET DE BAILLEVENT, vers 13 :

Nous sommes, puis troys ans passez,
Si minces. Si mal compassez.

LES SEPT MARCHANS DE NAPLES, anc. poéf., II, 108 :

Mince de pietaille,
Sans denier ne maille,
Exempt de santé,
Plus sec que muraille,
La basse bataille[1]
M'a tout desgouté.

Après des fortunes diverses (mince représente les billets de banque, les assignats, dans l'argot du XVIII° siècle) l'expression est revenue dans la langue populaire.

NARQUIN (UN) ou *narquois : un gueux, un fourbe, un imposteur.* Cotgrave est le seul qui donne NARQUIN ; les *Curiositez Françoises* de Oudin contiennent : « NARQUOIS, *un fin gueux.* »

FARCE JOYEUSE DE JEHAN DE LAGNY, Rec. Techener :

Qui vienne avec nous pourfuyvant
Jehan de Lagny le faulx nerquin.

M. Fr. Michel suppose *narquois* formé par la contraction de : *un archer, un archois, un archin,* gens de mauvaise réputation.

Arquin est le nom propre d'un bandit dans la scène reproduite de la *Vie de saint Christophe.*

---

[1] Le combat amoureux.

NOUER, ancien verbe : *nager*, dans le *Viel Teſtument*. (V. Poeson.)

ROMAN DE LA ROSE, vers 12.644 :

*Mes ge m'i plonge & m'i afonde
Et m'i aeſe & baigne & noe.*

CLÉMENT MAROT, RÉPONSE A CLAVIER, vers 7 :

*J'ay iuſque icy en eau baſſe noué.
Mais dedans l'eau Caballine tu noues...*

PASSANS (LES), ceux des tirandes ou haut-de-chausses du foudard Barraquin font probablement les *paſſants*, ou *anneaux*, de la boucle qui retenait le vêtement.

VIE DE SAINT CHRISTOPHE :

Les paſſans rompus il y pert...

Dans le Jargon réformé ou Argot du XVIᵉ siècle, *paſſans* signifiait *ſouliers, chauſſures,* comme au paſſage fuivant, mais cette interprétation ne ferait pas bonne pour notre exemple des Miſtères :

LE TESTAMENT DE FIN RUBY, vers 56 :

*Mes tyrandes, mon gyppon & paſſans
Bobelinez, bien couſus & puyſſans,
Que je portoys au Pallays par bonneur.*

PÉCUNE, *argent*, mot vieilli mais encore au Dict. de l'Académie.

PATHELIN, vers 502 :

*Pour m'en aller...
Cheuz maiſtre Pierre Pathelin,
Et là recevray-je pécune.*

CLÉMENT MAROT, rondeau III, à un créancier, vers 7 :

Car de pécune un peu ma bourſe eſt tendre.

PELLE (UN TOUR DE), allusion à la correction infligée au Moyen-Age pour certains méfaits.

> Le patient, demi-nu, attaché à l'arrière d'une charrette, était promené par la ville ; à chaque carrefour on lui frappait « au cul la pelle. » C'était une pelle de bois, une sorte de battoir de blanchisseuse.

VILLON, DOUBLE BALLADE SUR LE MÊME PROPOS, vers 34 :

> *J'en fuz batu, comme à ru telles[1],*
> *Tout nud, jà ne le quiers celer.*

VILLON, RONDEAU DU GRAND TESTAMENT, vers 8 :

> *Rigueur le transmit en exil*
> *Et lui frappa au cul la pelle,*
> *Nonobstant qu'il dit : j'en appelle.*

VIEL TESTAMENT, couplet de Micet, valet du bourreau :

> *Je suis Micet, bateur sur les carreaux[2].*

FARCE DE FOLLE BOMBANCE, an. th. fr., t. II, 265 :

> *Ou, par la foy que je vous doys,*
> *D'une grosse pelle de boys*
> *Vos trouz du culz seront sellez.*

COQUILLART, LES DROITS NOUVEAUX, I, 169 :

> *Celle qui fist la tromperie*
> *Sera fustiquée & batue,*
> *Demy vestue & demy nue,*
> *Pour recongnoistre son delit,*
> *Non pas en carfour, n'en la rue...*

---

[1] Comme toile ou linge au ruisseau, tout nu, maintenant je ne cherche à le céler.
[2] Carrefours.

La Comédie des Proverbes, anc. th. fr., t. IX, 55 :

« De peur que le brimart ne nous chaffe les mouches de
« deffus les épaules au cul d'une charette... » *(Brimart,
fobriquet donné au bourreau à la fin du feizième
fiècle.)*

Le *Journal d'un Bourgeois de Paris fous le règne de François Ier* mentionne plufieurs fois l'application de cette peine;
& à la page 428 :

« L'an 1532, vers la Pentecoufte, fut crié à fon de trompe
« ... que dorefnavant nulz pauvres n'allaffent... men-
« dier ne querir leur pain, foit jour ou nuict, fur peine
« d'eftre battuz au cul de la chairette par le bour-
« reau. » *(Collection de la Soc. de l'Hift. de France.)*

PÉPIE, prendre un bon marchand *à la pépie*, pour le bandit *Freminaud*, c'eft le prendre à la gorge (siège de la foif, de la pépie) pour lui empoigner fa facoche.

PERT (il y), du vieux verbe *paroir* : paraître.

Vie de saint Christophe :

Les paffans rompus il y pert.

Roman de la Rose, vers 10.927 :

Des genoux li pert la rondefce[1]

Complaincte de la trop tost mariée, édit. des *Joyeufetez* de Techener, page 22 :

*Ie me fouhailte en ung puis
Caiché, fans que rien n'y pere.*

---

1 La rotule.

PIARD, (V. GOURDE PIE, GOURD PIARD.)

PIEÇA, *déjà, depuis un certain temps ;* mot disparu & qui n'a pas été remplacé. Contraction de : *pièce [il y] a (de temps.)*

VIE DE SAINT CHRISTOPHE :

Le galier est pieça vendu.

ROMAN DE LA ROSE, vers 16.618 :

Midis estoit pieça passés...

VILLON, BALLADE AU MOMENT D'ÊTRE PENDU :

Quant de la chair, que trop avons nourrie,
Elle est pieça devorée & pourrie,
Et nous, les os, devenons cendre & pouldre.

LE FRANC-ARCHER DE BAIGNOLLET, vers 4 :

Si ne vis-je pieça saison
Où j'eusse si hardy courage
Que j'ay !

PIE, PIENCE, PIER, *le boire, la boisson, boire.*
Expressions populaires couramment employées, même par les plus lettrés.

CHARLES D'ORLÉANS, Rondel, p. 375 :

Et y boit on du viel & du nouveau
On l'appelle le desduit de la pie.

SERMON JOYEUX DE BIEN BOYRE, anc. th. fr., II, 8 :

Mais où a-il si bien pyé ?
Il a tant beu qu'il ne voit goutte.

FARCE DU GAUDISSEUR, idem, 297 :

Il n'a pas bien croqué la pye
Il souffle souvent en ses doigtz.

Le Testament de Pathelin, vers 177 :

> Je vous prye que j'aye à pier
> Un coup de quelque bon vin vieux.

Farce du Munyer, d'André de la Vigne, vers 12 :

> Baillez-moy...

La Femme
> Quoy?

Le Munyer
> La gourde pie,
> Car mort de si très près m'espie
> Que je vaux moins que trespassé ;
> Avant que j'aye au moins passé
> Le pas, pour Dieu ! donnez m'à boire.

Mathurin Regnier, satire X, vers 346 :

> Leur voyant de piot la cervelle eschauffée...

(V. Gourde Pie, & au Gloss. de Villon : Gourde piarde.)

PIETONNER, marcher ou courir à pied. (V. au Gloss. de Villon.)

PILLORIEUX, *pilorieur*, celui qui met au pilori. Le bourreau Gournay, dans le *Viel Testament*, se qualifie : *pillorieux de voir*, c'est-à-dire *de vrai*, pour de bon.

Farce de Pathelin, vers 486 :

> Souviegne-vous du samedy,
> Pour Dieu ! qu'on vous pilloria.

PLAINT (METTRE EN), rime avec *avant*, dans le *Viel Testament*, ce qui m'a conduit à traduire par : mettre en plan, *laiſſer ſur place* (il s'agit du cadavre de Aman.) On ne peut lire : *mettre en plainte, en douleur* ; à ce moment de la ſcène, Aman eſt déjà exécuté.

PLUC, terme du Jargon, *nourriture, pitance, maraude*. (V. au Gloſſ. de Villon.)

POESON, *poiſſon* ; on rencontre quelquefois *poueſſon*.

VIEL TESTAMENT :

> *C'eſt un poeſon mais quoi il noue.*

Il y a ſur ce mot une équivoque triviale expliquée en note au bas du texte.

Bouchet, *Serées*, tome III, page 130 : « Des noüans, font des poiſſons. »

FARCE NOUVELLE DES POURES DEABLES, Rec. Techener, page 20 :

> *De menger chaire ne poueſſon,*
> *De boyre de nulle boueſſon.*

POINDRE, *piquer, percer*. Tombé peu à peu hors de l'uſage.

ROMAN DE LA ROSE, après le vers 9.390 :

> *Comment Lucrece par grant ire*[1]
> *Son cuer point, derompt & deſſire.*

POUE (LA), *la patte*, terme trivial fort rarement employé.

VIEL TESTAMENT :

> *Se deſſus euſſiez mis la poue...*

---

1 Colère.

Vie de saint Christophe :

Hé gueux! advance-moy la poue!

(V. pour plus de détails : Poe, Gloss. de Villon.)

POULCE, ou *poulceon*, la plus petite mesure de liquide, rarement usitée, la vingt-quatrième partie d'une chopine. C'est le pouce cube, environ deux centilitres, la capacité d'un « petit verre » de cabaret. « Le literon contient deux demis literons : le demi literon, dix-huit poulceons. » (Ol. de Serres, *Th. d'Agriculture*, éd. Chouet, 1619, page 8.)

Passion Jesu-Crist :

Il n'a tirandes ne endosse
Aubert temple ne pain ne poulce.

Cette quantité minime devait être dédaignée de ces buveurs qui nous sont montrés comme vidant un *lot* (mesure de deux litres environ) sans prendre haleine :

Monologue de Maistre Hambrelin, Rec. de Copenhague, vers 157 :

Ie sçay bien...
Manger pastez & michelot[1]
Boyre en ung traict de vin ung lot.

Montaigne relate ce détail de mœurs : « I'ay veu vn « grand Seigneur de mon temps, personnage de hautes « entreprinses, & fameux succez, qui sans effort, & au « train de ses repas communs, ne beuuoit guere moins « de cinq lots de vin : & ne se montroit au partir de « là, que trop sage & aduisé aux despens de noz « affaires. » (*Essais*, II, 16, édit. Courbet & Royer.)

---

[1] Diminutif de *miche*. Sorte de gâteau.

Le *poſſon, pouſſon* ou *pouchon, poiſſon*, eſt une autre meſure de cabaret, la moitié du demi-ſextier : « un canon. » On la retrouve plus aiſément que le *poulceon*, mais je ne crois pas qu'elle s'applique au paſſage de la *Paſſion Jeſu Criſt*.

Cotgrave : « *Poſſon*, the quarter of a chopine not alto-« gether ſo big as the quarter of our pint. »

FABLIAU DU PREVOST D'AQUILÉE, Méon, II, 192 :

> *Leur aporta une grant piece*
> *De pain noir de dure ſaiſon*
> *Et de fontaine plein poçon.*

« Monſieur du Mayne en prend tous les jours (de ceſte drogue) dans un poſſon de laiɛt d'aſneſſe. » *(Satyre Menippée*, I, 15.)

« Gette pinte, où j'ai fait mettre un poiſſon d'eau-de-vie... » (*Les Ecoſſeuſes*, ſcène VII, OEuvres badines du comte de Caylus.)

QUIE (JE), prononciation picarde de : *je chie*.

QUOQUINAILLE, *coquins, bande de coquins*.

FARCE DE MARCHANDISE ET MESTIER, anc. th. fr., III, p. 249 :

> *Au grant dyable en ſoit la quoquinaille!*

VIEL TESTAMENT, Hyſtoire de Judich, Turelututu, ſoldat aſſyrien, parlant des habitants de Béthulie :

> *C'eſt une rude quoquinaille*
> *Et ſont courageux à merveille.*

RAGE (voicy), *voici une ſurpriſe, voilà qui eſt étonnant*. Cette locution de la *Vie de ſaint Chriſtophe* ſe retrouve dans les exemples ſuivants, avec le même ſens :

Clément Marot, Dialogue de deux Amoureux, vers 235 :

> Second
>
> *De quel aage?*
>
> Premier
>
> *De quatorze ans.*
>
> Second
>
> *Ho! voyla rage :*
> *Elle commence de bonne heure.*

Farce moralisée de deux Hommes et leurs deux Femmes, Rec. de Copenhague, vers 491 :

> *Je fais veu à Dieu, voyla rage!*
> *Est-il rien plus doulx ne plus beau!*
> *Ils s'entrelefchent le morveau*
> *Comme les chats au moys de may.*

Charles d'Orléans, chanfon, page 233 :

> *Si l'en me dit : Vous contez rage ;*
> *Blafmez ma langue trop legere.*

RAVAULT, perche, bâton, gaule; ancien mot de la langue courante confervé feulement comme terme de chaffe : « branche pour battre les oifeaux dans les arbres. »

Actes des Apotres :

> *Ravault brouera fur fon endoffe...*

Ravault eft ici le nom de guerre dont le bourreau Agrippart décore fon gourdin : « Mon baton Ravault s'abaiffera, roulera, marchera fur fon échine, fur fon dos. »

Coquillart, Monologue des Perruques, II, 277 :

> *Quel defcharger d'une maffue*
> *Et d'ung ravault fur leurs endoffes.*

Vie de saint Christophe :

Mais du ravau du grant rouart...

RESSOURDRE, *fortir* ou *furgir* de nouveau. On ne trouve plus que *fourdre* dans nos Dict.; Cotgrave avait recueilli *refourdre* & *reffourdre*.

Dialogue de Mallepaye et de Baillevent, vers 44 :

BAILLEVENT
J'ay train de feigneur.

MALLEPAYE
Pas de faige.

BAILLEVENT
Reffourdant.

RIBAULT, *débauché*.

Roman de la Rose, vers 9.862 :

Par ces jardins, par ces praiaus,
Avec ces ribaus defloiaus
Qui traifnent cefte efpoufée
Par l'erbe vert à la roufée.

S'employait auffi à tous propos comme injure :

Farce de Pathelin, vers 1.338, (le drapier parlant du berger.)

Ce ribault-cy m'embloit les laines
De mes beftes.

RIFFLER, ce verbe avait deux fens différents indiqués par Cotgrave : « *enlever, pourfuivre*, etc. » (V. au Gloff. de Villon); et : « *manger gloutonnement, goinfrer.* » C'eft ce dernier qu'il faut entendre dans les *Actes des Apôtres*, comme dans la réplique suivante :

La Condamnation de Bancquet, Rec. P. Lacroix, page 360 :

> *Helas! j'ay bien beu & rifflé*
> *Mais faut-il mourir pleureticque?*

RONFLER, jouer à la *ronfle*, jeu de cartes très répandu comme le flux & la triomphe, qui ont aussi formé deux verbes relatés dans ce glossaire. (V. Esguillette.)

« On appeloit aussi *ronfle* au jeu de piquet ce qu'on appelle aujourd'hui point. On disoit *compter sa ronfle* pour compter son point. » *(Furetière.)*

Ronfler l'esguillette, c'est « jouer à l'esguillette, avoir le point à ce jeu, » locution érotique. L'édit. de 1541 *(Actes des Apôtres)* imprime : *jouer* au lieu de *ronfler*.

Les Ditz de Chicheface, anc. poésies fr., XI, 290 :

> *J'avois cinquante & cinq de ronfle...*

Exemples avec le sens de « jouer » :

Les Droits nouveaulx sur les Femmes, anc. poésies fr., II, 132 :

> *Mais je jouray mon personnage*
> *Si je puis, tant que j'en auray,*
> *Et maulgré les dens & visage*
> *De mon mary, le presteray;*
> *C'est bien ronflé & entendu.*

Actes des Apotres, feuillet c. v. recto :

> *Ryez, ronflez & tabustez,*
> *Abbatez boys & clicquettez*
> *Comme une cygongne qui couve.*

RONT.

Dans les deux fcènes fuivantes, il s'agit de vêtements; la meilleure traduction paraît donc être : *chapeau de feutre,* par allufion à la forme & au pelage de ce couvre-chef.

VIEL TESTAMENT :

Et entonne ce ront au creux.

VIE DE SAINT CHRISTOPHE :

Le ront eft pelé & tondu.

ROUART, ROUASTRE, furnom donné foit au bourreau, foit au prévôt, fitôt que le fupplice de la roue fut connu en France, au commencement du XVIe fiècle. On trouvera quelques détails fur cette importation allemande, au mot MOUE.

Cotgrave : « Un officier de juftice qui rompt ou regarde rompre les malfaiteurs fur la roue. »

La *Vie de faint Chriftophe* (1527) nous en fournit feule ici des exemples; les miftéres du XVe fiècle, parmi le grand nombre de bourreaux & de tyrans qu'ils mettent en fcène, ne contiennent pas ce fobriquet.

Rabelais, liv. III, chap. LI : « Il ne feut oncques rouart;
« c'eftoit Pantagruelion (le chanvre) faifant office de
« hart, & leurs feruant de cornette. »

LES SOUHAITS DU MONDE, vers 154 :

Je fouhaitte mie frifque & gaillarde
Et le rouart eftre au dela du Caire :
Car c'eft celuy qui deffus moy regarde.

Villon, dans fon Jargon Jobelin appelle le prévôt : « *le grand Can,* » & le bourreau ou tourmenteur : « *Lamboureux.* » (V. TAULART & au mot PELLE l'expreffion *brimart* dans un exemple de la *Comédie des Proverbes.)*

SAULCONDUYT A TORCHES DE FER, saufconduit ou passeport au fer rouge : *la marque*. C'était alors une fleur de lys.

VIE DE SAINT CHRISTOPHE :

> *Et Lambourreur, pour tout potage,*
> *Me mist dehors par saulconduyt*
> *A torches de fer.*

VIEL TESTAMENT, couplet du valet de bourreau :

> *Je suis Micet, pour flestrir d'un fer chault.*

J'ai entendu dire, par un viel administrateur de la marine, que les derniers forçats marqués appelaient encore leurs lettres T. F. ou T. P. : *le passeport rouge, le passeport royal*.

SEPTZ (LES), pour *ceps* : *liens, fers, chaînes,* que l'on mettait aux pieds des prisonniers.

MIRACLE DE SAINT IGNACE, théâtre fr. au Moyen-Age, p. 283 :

> *Je vous enjoing sans plus preschier*
> *Qu'en chartre obscure le tenez*
> *Et de fors chaines l'enchainez*
> *Et si soit là en un sep mis.*

VILLON, PETIT TESTAMENT, XXIX :

> *Et à ce malostru Changon...*
> *Laisse trois coups d'un escourgeon*
> *Et coucher, paix & aise, en ceps.*

SORNE (LA), *la brune, la tombée de la nuit*. Ce n'était pas un mot du jargon comme son assonance le ferait volontiers croire ; il a les honneurs du Dict. de Nicot : « SORNE, est « le commencement de la nuict quand l'obscurité d'icelle « oste la cognoissance de ce qu'on void. »

Cotgrave : « The evening, » *la foirée, le foir.*

Actuellement dans l'argot, fous la forme *forgne* ou *forgue*, avec le même fens qu'au xve fiècle.

Le fubftantif *fornette*, l'ancien verbe *forner* (*Pathelin*, vers 534 & 540), & l'ancien adjectif *fornetteux* (Cotgrave) paraiffent être des dérivés. — L'un des paffages de Pathelin figure au mot COQUART.

SYROIS, diminutif de *fire*, pour la rime avec *mynois*. (*Vie de faint Chriftophe.*)

TAILLE (LA), *l'impôt de la taille.* (V. TAILLER.)

Acad. : « Impofition de deniers qu'on levait fur toutes
« les perfonnes qui n'étaient pas nobles ou eccléfiaf-
« tiques, ou qui ne jouiffaient pas de quelque exemp-
« tion. »

VIE DE SAINT CHRISTOPHE :

Sont-ilz affranchis de la taille?

On voit que Barraquin demande fi les nouveaux arrivants ne font pas quelques feigneurs ou abbés, bonne aubaine pour ces détrouffeurs.

TAILLER, percevoir l'impôt de la *taille.*

C'eft ainfi qu'il faut l'entendre, lorfque, dans le *Viel Teftament,* le bourreau Gournay dit :

Or, taillé avons quelque endoffe[1]
Elle n'eft point de mincerie[2].

Ces allufions ironiques à l'impôt impopulaire par excel-

---

[1] Costume, vêtement, dépouille.
[2] De peu de valeur.

lence, puifqu'il ne frappait que le Tiers État (V. TAILLE), devaient avoir grand fuccès près de la foule.

ROMAN DE LA ROSE, vers 11.622 :

> Se ge puis riche home bailler [1],
> Vous me le verres fi tailler,
> Qu'il n'aura jà tant mars ne livres,
> Qu'il n'en foit en brief tens delivres.
> Faillir li ferai fes deniers.

SERMON CONTENANT LE MESNAGE ET LA CHARGE DE MARIAGE, vers 140, Rec. de Copenhague :

> Et maintes fois luy faut ouvrir
> La bourfe, pour payer la taille.

BERGERIE DE MIEULX QUE DEVANT, ancien théâtre fr., t. III, 230.

PLAT PAYS dit à PEUPLE :

> Par vous rabefferont les tailles.

ARREST DU ROY DES ROMMAINS (1509), anc. poéfies françaifes, VI, 143 :

> Dont on mettra fus quelque taille
> Sur le menu peuple indigent,
> Lequel fouvent fi fort on taille
> Qu'il eft logé au plat d'argent [2].

LE MONDE QUI EST CRUCIFIÉ (1522). Le perfonnage de *Labeur* qui repréfente le Tiers-État s'y plaint amèrement dans un langage net & vigoureux, vers 145 :

---

[1] Obtenir, posséder. — Plus loin le mot *mars* est pour *marcs*, monnaie de compte.
[2] Jeu de mots fort en faveur et souvent répété.

> *Car on me vient tailler & retailler*
> *Taille fur taille; c'eft faict cruellement.*
> *A tout le moins fi, valleureufement,*
> *On employoit mon argent que defplye,*
> *Je porterois le faiz legierement...*
> *Au temps prefent chafcun me crucifye.*

TATIERE (LA), *le tafte-vin, le cabaret*, ce que l'on a nommé plus tard : *un bouchon.*

   VIE DE SAINT CHRISTOPHE :

> *Mon comble eft à la taticre,*

et plus loin :

> *Qui ont tous leurs grains defpendus*
> *A la tatiere, au temps paffé.*

Les recherches pour rencontrer ailleurs cette expreffion font reftées inutiles, mais celles sur la même famille vont nous éclairer. La langue anglaife a confervé le fubftantif *tafter*, déguftateur de vin, & une pièce des plus curieufes : *Le Téftament de Tafte-vin, roy des Pions* (buveurs) termine le recueil Y, 4.405 de la Bibl. nat. Ce recueil eft compofé du *Pathelin* de 1490, & du *Villon* de 1489.

Tafte-vin était donc un fobriquet d'ivrogne, de pilier de *tatière.*

   MAISTRE HAMBRELIN, Rec. de Farces de la Bibl. royale de Copenhague, vers 178 :

> *Je fcay bien le bon vin tafter,*
> *Tondre brebis en la faifon,*
> *Et trop mieulx garder la maifon*
> *Que ne feroient trois chamberieres.*

TAULART (LE), TELART (LE), *le bourreau, le pendeur*, par oppofition à *Rouart* (V. ce mot) bourreau qui roue. Formé, d'après Nicot, fur l'ancien verbe *tollir*, enlever.

Nicot : « TOLLART, ou bourreau ; on appelle ainſi par op-
« probre les archers d'un preuoſt des mareſchaux, &
« les ſergens d'un chevalier ou capitaine du guet. »
Cotgrave : « An executioner, a hang-man[1]. »

VIE DE SAINT CHRISTOPHE :

> L'on n'atendoit que le telart
> Pour te pendre hault comme ung lart.

&, à la fin des extraits de ce miſtère :

> Que pleuſt aux dieux que le taulart
> Vous euſt branché en la tourtouſe[2].

LES SOUHAITS DU MONDE, vers 160 :

> Je ſouhaitte...
> Hors du maſſif je fuſſe en ſaulve garde
> De ce tollart qui eſt ſi dangereux.

TEMPLE, figure dans ces vers de la *Paſſion* :

> Il n'a tirandes ne endoſſé
> Aubert temple ne pain ne poulce

C'eſt-à-dire : *Il n'a chauſſes, ni pourpoint (ou manteau), argent,... ni pain ni boiſſon.*
Recherches vaines pour trouver une autre traduction que celle-ci : *bijoux*, d'après les notes ſuivantes :
Nicot : « TEMPLETTES, ſont les bandeletes que les femmes mettent à leur teſte. »
Cotgrave : « TEMPLETTES, joyaux ou bijoux, pendant ſur
« le front des femmes par des épingles placées dans
« leurs cheveux. »

---

[1] Pendeur.
[2] Corde.

DE LA MORT LARGUECE, Rutebeuf, tome III, vers 62 :

> *Aus templieres que vi apertes*
> *Apparut qu'ele ot tefte blonde.*

DEBAT DES DAMES DE PARIS ET DE ROUEN, anc. poéfies fr., XII, 43 :

> *Traifner velours, fatin, martres, genettes,*
> *Bagues, anneaux, coquilles & templeɑes.*

Rabelais, *Pantagruel*, ch. XXI, Panurge à la Dame parifienne : « Voulez vous chaifnes, doreures, templettes, bagues ? Il ne fault que dire ouy. »

Tandis que ces différents paffages fpécifient des ornements pour la chevelure ou les tempes (qu'on écrit régulièrement *temples* jufqu'au XVIIe fiècle), Palfgrave donne feul une verfion qui s'appliquerait à tous les bijoux faux ou de minime valeur : « *Templet*, a thynge made of latyn, » un objet fait en laiton (cuivre jaune). (*L'Efclairciffement de la langue françoife*, Londres, 1529, page 279.)

Seconde hypothèfe : Il eft poffible que *temple* foit, comme *aubert*, le furnom d'une des nombreufes monnaies circulant à cette époque, tiré, ou de l'exergue, ou des attributs frappés fur les faces. Le langage vulgaire affeɑionne ces furnoms : *croix, hardis, moutons, angelots,* etc. (Les Saluts, pièces d'or de trente-fept fous tournois, portaient d'un côté Notre-Dame & un ange difant : *Ave*[1] ; mais cette image expliquerait mal *temple*, pris alors au fens de : « lieu confacré à la divinité. »)

TIRANDES, *chauffes* ou *haut-de-chauffes*. Dans le langage populaire, on difait : *un haut-de-tire*.

---

[1] *Documents relatifs à l'hiftoire des monnaies*, F. de Saulcy, Imprim. nationale, Paris, 1879.

Bouchet, Quinziefme Seree, *Des larrons, des voleurs, des picoureurs & mattois :* « Ils appellent des chauffes, des tirantes. »

Le Testament Fin Ruby, anc. poéfies fr., XIII, vers 56 :

Mes tyrandes, mon gyppon & paffans...
Que je portoys au Pallays par bonneur.

TOURTOUSE (LA), *la corde, la torfe*; argot du xvie & du xviie fiècle.

Vie de saint Christophe :

Que pleuft aux dieux que le taulart
Vous euft branché en la tourtoufe.

Dict. Richelet (1680) au mot Hard : « Ce mot fignifie les « cordes dont on étrangle une perfonne, mais le bour- « reau les nomme aujourd'hui tourtoufes. »

Dict. de Furetière : « Terme de l'exécuteur de Paris. « Cordes qu'on met au cou du patient qu'on pend. « *Les tourtoufes font bien mifes.* »

Roman de la Rose, vers 10.093 :

Autrefois à cefte barl torfe
De mains maftins a efté morfe.

TRAINÉE (LA), *le piège, le traquenard*; au figuré : *le complot, l'intrigue, le mauvais tour.*

Acad. : « Trace qu'on fait avec des morceaux de cha- « rogne pour attirer un loup dans le piège par l'o- « deur. »

Coquillart, II, 122 :

Les plus efmerillounées
Ont entre elles inimitié
Et font de mauvaifes trainées.

TRANSSY, *tranfpercé*. C'eſt une extenſion exagérée du verbe tranſir, car je ne crois pas qu'on puiſſe lire : *trépaſſe, défunt*, qui était alors le ſens courant de *tranſy*, comme plus loin dans les vers de Villon.

Vie de saint Christophe :

*De ſi pres echiqués
Que leur habit eſt tout tranſſy.*

Requeste au Parlement, vers 25 :

*Conſiderez que je fuſſe tranſy,
Foye, poumon, & rate qui reſpire.*

TRIUMPHER, jouer à *la triomphe*, jeu de cartes dans lequel l'atout (mot moderne qui a remplacé *triomphe* : la carte qui triomphe) décide du gain de la partie. Il y a ſur ce verbe, dans la *Vie de Saint Chriſtophe*, une équivoque érotique expliquée au mot Bigard.

Dans l'énumération des jeux de Gargantua, ch. XXII, le *flux* eſt le premier nommé, la *triomphe* eſt le cinquième, la *ronfle* le trente-troiſième. — *Flouer* & *ronfler*, verbes formés, comme *triumpher*, ſur ces noms de jeux de cartes, ſe trouvent déjà dans ce gloſſaire.

La Superfluitez des Habitz, anc. poéſies fr., VIII, 307 :

*A la triumphe un ſoulz joueras
Juſques à Sorbonne ſonnant*[1].

« *La Triomphe*, la couleur de la carte qu'on retourne :
« la triomphe eſt de cœur, de trèfle. Combien avez-
« vous de triomphes? » (*Furetière*.)

La langue populaire a toujours puiſé volontiers dans le vocabulaire du joueur : *chance, haſard, haſarder* (jeux

---

[1] Neuf heures du soir. — Sur ce sujet, V. une note du mot Floterie au Glossaire de Villon.

de dés); *bredouille* (jeux de lourche & trictrac); *décaver* (jeu de renvi); *matador* (jeu de l'hombre) etc. On voit que certaines expressions ont subsisté malgré la disparition du jeu qu'elles rappellent; c'est ici le cas pour *flouer*.

VENDENGER, VENDENGE, *voler avec adresse, filouter, filouterie.* (V. Vendengeurs au Gloss. de Villon.)

VERDIS (SUR LE HAULT). Cette locution signifie : portant une branche *verte*, le plus souvent du houx, à la coiffure. C'était le signe de ralliement des *feuillarts* ou bandits réfugiés dans les bois. (V. Feullade, & au Gloss. de Villon : Fueilles.)

 Roquefort *(Glossaire)* dit au mot Feuillart : « brigands
 « ainsi nommés d'une branche d'arbre qu'ils portoient
 « à leur chapeau comme signe de reconnaissance. »
 Si l'étymologie donnée par Roquefort est discutable, le
 fait du « hault verdis » ne l'est pas.
 Dans le *Dialogue de Mallepaye & de Baillevent*, au vers 34, les deux gueux se qualifient de « *gens à porter le houx* » & plus loin, vers 122 :

  Baillevent
  Je vous feroye, au résidu
  Gorgias sur le hault verdi.

Moralité des Enfans de maintenant, anc. th. fr., t. III, page 33 :

  Où vont ces compaignons gentilz ?
  Ils sont bien sur le hault verdus.
  Vous estes bien enfans perdus
  D'aller ainsi à l'adventure.

VOIR, VOYRE, *vrai, vraiment.*

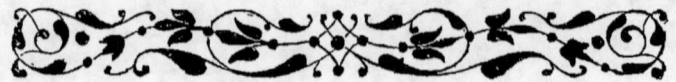

INDEX

DES OUVRAGES CITÉS

Anciennes Poésies françaises des xve & xvie siècles, réunies par A. de Montaiglon & James de Rothfchild, 13 vol. de la *Bibl. Elzévirienne* 1855-78.

Ancien Théatre Français, recueil de foixante-quatre farces, moralités, etc., des xve & xvie fiècles, reproduit, en 3 vol. de la *Bibl. Elzévirienne,* par M. de Montaiglon, Paris, Pierre Jannet, 1854, fur l'exemplaire unique appartenant au British Mufeum. Les fept vol. fuivants contiennent les œuvres comiques de la fin du xvie fiècle.

Bouchet *(Les Serees de Guillaume),* éd. Roybet, chez A. Lemerre, 6 vol in-12.

Charles d'Orléans *(Poéfies de),* édit. Marie Guichard, 1842, reproduction du célèbre manufcrit de la Bibl. nat.

Coquillart *(OEuvres de),* avec notes de M. Ch. d'Héricault, 2 vol. de la *Bibl. Elzévirienne,* Paris, P. Jannet, 1857.

COTGRAVE (SIR RANDLE). — *A Dictionarie of the French and English Tongue,* London, 1611.

FARCES, SOTIES ET MORALITÉS DU XVe SIÈCLE, recueil publié par M. *Paul Lacroix,* (Bibl. Jacob), 1 vol. in-8°, Paris, Garnier frères.

FRANCISQUE MICHEL. — *Philologie de l'Argot,* 1 vol. in-8°, Firmin-Didot, Paris, 1856.

GODEFROY (FRÉDÉRIC). — *Dictionnaire de l'ancienne langue françaife* & de tous fes dialectes, du IXe au XVe fiècle, en cours de publication, Paris, chez Vieweg.

JOYEUSETEZ, FACETIES ET FOLASTRES IMAGINATIONS, recueil publié à 76 exemplaires, par Techener, Paris, 1830. Chaque pièce eft paginée féparément, 12 vol. in-12.

LACURNE DE SAINTE PALAYE. — *Gloffaire de la langue françaife,* rédigé vers 1760, en manufcrit à la Bibl. nat., imprimé feulement depuis peu en cent fafcicules, Favre, éditeur, Niort, 1882.

LE ROMAN DE LA ROSE, édit. Firmin-Didot, 1864, 2 vol. in-8°. Cette édition contient une erreur dans la numérotation des vers, erreur dont je me fuis rendu trop tard un compte exact. Le vers 4,000 y fuit le vers 3,399, la différence eft donc de 600 en fus. L'addition d'un paffage la fait monter à 730 environ (à partir du vers 4,413) fur l'éd. de Méon, que l'on prend fouvent pour type.

LI LIVRES DE JOSTICE ET DE PLAIT, recueil de Lois & Coutumes du XIIIe fiècle, reproduit dans les *Doc. inédits fur l'Hiftoire de France,* Paris, Firmin-Didot, 1850.

LONGNON (A.). — *Étude biographique fur François Villon,* Paris, Menu, 1877. V. auffi : *François Villon & ses légataires,* Paris, 1873, chez A. Lemerre.

Nicot (Jean). — *Le Vrai Thréſor de la langue françoiſe*, Paris, 1606, in-fol.

Nouveau Recueil de Farces Françaises, d'après un rec. unique appartenant à la Bibl. Royale de *Copenhague*, publié par Émile Picot & Chriſtian Nyrop, Paris, 1880, Morgand & Fatout, in-12.

Oudin (Antoine). — *Curioſitez Françoiſes pour ſupplément aux Dictionnaires*, Paris, 1666.

Palsgrave (Jean). — *L'Eſclairciſſement de la langue françoiſe*, publié en anglais, Londres, 1529. Un ſeul exemplaire connu en France conſervé à la Bibl. Mazarine; reproduit dans la *Coll. des Documents inédits ſur l'Hiſtoire de France*, Paris, 1852, Imp. nat.

Pathelin *(la Farce de maiſtre Pierre)*, ſouvent citée, eſt indiquée par : *Pathelin,* avec le vers numéroté. — Lès autres farces de Pathelin ont leur titre libellé en entier.

Petit de Julleville. — *Hiſtoire du Théâtre en France, depuis les Miſtères juſqu'à Corneille,* en cours de publication. Les deux premiers volumes (*Myſtères*) ont paru : Hachette, 1880.

Rabelais, Clément Marot, etc. Les citations portent un titre détaillé &, s'il y a lieu, le vers numéroté.

Raynouard (F.-J.-M.) — *Lexique Roman,* 5 vol. in-8° & un ſupplément, Paris, 1838-1844.

Recueil de Farces, Moralités et Sermons joyeux, *Techener*, Paris, 1837. Reproduction par les ſoins de MM. Leroux de Lincy & Franciſque Michel de ſoixante-quatorze pièces diverſes, chacune imprimée & paginée ſéparément. Tirage à ſoixante-ſeize exemplaires.

Roger de Collerye *(OEuvres de)*, publiées par Ch. d'Héricault, 1 vol. Paris, P. Jannet, 1855.

ROQUEFORT FLAMÉRICOURT. — *Gloſſaire de la langue Romane,* avec les mots uſités juſqu'au xvıᵉ fiècle, 2 vol. in-8° & un fupplément, Paris, 1808-1820.

RUTEBEUF *(OEuvres de),* trouvère du xıııᵉ fiècle, publiées par A. Jubinal, 3 vol. Paris, 1875.

SAUVAL. — *Recherches des Antiquites de Paris,* 3 vol. in-f°, Paris, 1724.

THÉATRE FRANÇAIS AU MOYEN-AGE, du xıᵉ au xıvᵉ fiècle, publié par Montmerqué et Franciſque Michel, 1 vol. in-4°, 1839.

VITU (AUGUSTE). — *Le Jargon du* xvᵉ *fiècle,* étude philologique, 1 vol. in-8°, Charpentier & Cᵉ, Paris, avril 1884.

ADDITIONS & CORRECTIONS

Page 22, note 1. *Boulingrin* se traduit exactement par : *verdure, gazon pour jouer aux boules*. L'origine anglaise en est indiquée dans le passage suivant : « Le jeu de boules « qui n'est en France que l'occupation des artisans & « des valets, est tout autre chose en Angleterre ; c'est « l'exercice des honnêtes gens. Les lieux où l'on joue « sont des promenades délicieuses. On les appelle « *Boulingrins*. Ce sont de petits prez en gazon... » Hamilton, *Mém. de Grammont*, page 347 de l'édition Lemerre.

Page 83, note 5. *De ce aventures*, lire : *de ces*.

Page 104, note 7. Au lieu de *pronom*, lire *adjectif*.

Page 114, ligne 20. Supprimer : *c' est*.

Page 133, ligne 13. Au lieu de *chaiere*, lire : *chiere*.

Page 147, ligne 18. Au lieu de *drind*, lire : *drlnd*.

Page 180, ligne 14. *Havre* n'eſt pas une corruption, mais une autre prononciation de *Affre*. Tous deux viennent de l'anc. haut-all. *aibar, eiver*, hériſſé. Le Dict. de Nicot contient un exemple de *affre* au ſing. : « Je lui ai donné une mauvaiſe affre. »

Page 217, ligne 18. Au lieu de BOUTEUX, lire BOUE-TEUX (boiteux.)

Page 224, ligne 20. Au lieu de *laulpicquet*, lire : *ſaulpicquet*.

Page 231, ligne 2. Au lieu de *s'alargent*, lire : *s'atargent*.

Page 260, note 1. Au lieu de *le ronfle*, lire : *la ronfle.*

Page 321, ajouter à la ſuite du mot BRODE : « Le pain bis qu'on appelle pain aux brodes [fera] du poids de six livres. » Collection de la Préfecture de Police, pièce 4 : *Ordonnance pour la police du pain*, du 23 nov. 1546. Ce document permet de conjecturer que *brode*, appliqué aux Suiſſes ou aux Allemands, ſe confondait pour nombre de gens avec leur mot *brod* ou *broth*, pain.

Page 373, ajouter au mot VERDIS (SUR LE HAULT) : Pour être complet, je dois dire que les débiteurs insolvables étaient aſtreints à porter un bonnet vert, mais que l'explication donnée au gloſſaire convient mieux à cette locution du Jargon. On peut lire encore au XVIIᵉ ſièc. *(Correſpondance adminiſtrative ſous Louis XIV*, 25 mars 1678) des lettres-patentes du Roi pour exempter un mauvais débiteur de porter le bonnet vert.

TABLE

TABLE

NOTICE

I.	La Vie & les Œuvres de François Villon.	3
II.	Le Jargon & Jobelin	11
III.	Bibliographie	25
IV.	Une ballade nouvelle	29
V.	Le Jargon au théâtre	49

BALLADES DE VILLON

Ballade I	66
Ballade II	72
Ballade III	78

```
Ballade IV..........................   84
Ballade V...........................   90
Ballade VI..........................   96
Ballade nouvelle....................  102

GLOSSAIRE DU JARGON ET JOBELIN..  109
```

LE JARGON AU THÉÂTRE

```
Viel Teſtament......................  240
Les Actes des Apôtres...............  254
La Paſſion Jeſu-Criſt...............  264
La Vie de Saint Chriſtophe..........  274

GLOSSAIRE DU JARGON AU THÉATRE.  313
Index des ouvrages cités............  375
Additions & corrections.............  379
```

Achevé d'imprimer

Le dix-huit octobre mil huit cent quatre-vingt-huit

PAR ALPHONSE LEMERRE

25, RUE DES GRANDS-AUGUSTINS, 25

PARIS

www.ingramcontent.com/pod-product-compliance
Lightning Source LLC
Chambersburg PA
CBHW052043230426
43671CB00011B/1769